>>> **The Compleat Academic:**
A Career Guide Second Edition

21世纪高校教师职业发展读本

学术界的
生存智慧

（第2版）

〔美〕约翰·达利
〔加〕马克·扎纳　编
〔美〕亨利·罗迪格三世

卢素珍　译

北京大学出版社
PEKING UNIVERSITY PRESS

著作权合同登记号　图字：01-2006-0964

图书在版编目(CIP)数据

学术界的生存智慧/(美)达利(Darley,J.),(加)扎纳(Zanna,M.),(美)罗迪格(Roediger Ⅲ,H.)编;卢素珍译.—2版.—北京:北京大学出版社,2014.1
(21世纪高校教师职业发展读本)
ISBN 978-7-301-23255-2

Ⅰ.①学… Ⅱ.①达… ②扎… ③罗… ④卢… Ⅲ.①高等教育-研究 Ⅳ.①G640

中国版本图书馆CIP数据核字(2013)第225934号

Copyright © 2004 by the American Psychological Association. All rights reserved. Except as permitted under the United States Copyright Act of 1976, no part of this publication may be reproduced or distributed in any form or by any means, or stored in a database or retrieval system, without the prior written permission of the publisher. An exception to this copyright is chapter 7. This chapter was prepared by an employee of the United States government, as part of official duty, and, as such, is considered to be in the public domain.

The translation first published by Peking University Press on October 31st, 2008.

This work was originally published in English under the title: *The Compleat Academic: A Career Guide*, *Second Edition*, as a publication of the American Psychological Association in the United States of America. Copyright (2004) by the American Psychological Association. The work has been translated and republished in **Simplified Chinese** language by permission of the APA. This translation cannot be republished or reproduced by any third party in any form without express written permission of the publisher.

书　　　　名	学术界的生存智慧(第2版)
著作责任者	〔美〕约翰·达利　〔加〕马克·扎纳　〔美〕亨利·罗迪格三世　编 卢素珍　译
丛 书 策 划	周雁翎
丛 书 主 持	周志刚
责 任 编 辑	泮颖雯
标 准 书 号	ISBN 978-7-301-23255-2/G·3708
出 版 发 行	北京大学出版社
地　　　　址	北京市海淀区成府路205号　100871
网　　　　址	http://www.pup.cn
新 浪 微 博	@北京大学出版社
电 子 信 箱	zyl@pup.pku.edu.cn
电　　　　话	邮购部 62752015　发行部 62750672　编辑部 62767346 出版部 62754962
印 刷 者	三河市北燕印装有限公司
经 销 者	新华书店
	650mm×980mm　16开本　15.75印张　261千字 2014年1月第1版　2014年1月第1次印刷
定　　　　价	38.00元

未经许可,不得以任何方式复制或抄袭本书之部分或全部内容。
版权所有,侵权必究
举报电话:010-62752024　电子信箱:fd@pup.pku.edu.cn

前　言

　　正如所有的机构一样,学术界也有正式和非正式的运行规则。正式的规则在教师手册里有明文规定,可供每一个人参考。可是,那些支配着整个领域发展的不成文的规则却难以发现。《学术界的生存智慧》将在每个人都应该了解的、有明文规定的规则之外,提供一些未成文的规则,这些规则在学术游戏中也发挥着关键的作用。许多经验丰富的大学教师从自身的经历中学会了这些内在的规则,并且认为这种规则是理所当然的。我们希望能够使这些潜规则明晰化,为研究生、博士后和职业生涯刚刚起步的新教员提供帮助。在编辑这本书的过程中,我们自己也学习了很多知识,了解了其他人是如何思考问题的,他们在该领域里是如何进行操作的。

　　我们不想赘述本书的内容和结构安排,只要浏览一下目录,通过章节的题目和排列顺序,你就可以了解我们的思考结果。

　　本书对初入学术界的新人所面临的许多问题都做了一些分析,但并不全面。书中提到的许多建议都需要读者在自身所处的具体环境中进行检验。本书提供的建议也不是绝对正确的。相反,我们希望本书能在教师和研究生中就书中的话题引发辩论。事实上,不同章节作者的见解也不尽相同。在相对较早的事业初期你是否该考虑编写教材?或者根本不应该?在不同的章节里你将会看到不同的观点。要记住,作者们是不同的个体,他们不过提供了适合他们自己的建议。你可能会听到自相矛盾的观点,你必须把自己的性格和倾向因素考虑在内,然后再决定哪些建议对你有用。

　　最后,衷心感谢本书的作者、编辑和其他许多人,没有他们的努力,就不可能出版这本书。凯文·卡尔史密斯原来是普林斯顿大学的研究生,后来在弗吉尼亚大学任教,他监督了整本书的编写过程,在许多方面为我们的事业提供了帮助。卡尔史密斯正在准备编写本书的姊妹篇,题为《优秀研究生的成长之路》,目的是为刚进研究生院的学生提供建议,其做法和本书为助理教授提供建议的做法颇为相似。美国心理学协会的几位工作人员在本书编写过程中提供了服务。编辑黄芳通读了全书,并对每一章都提出了深刻的批评,我们尤其要表示衷心的谢意。

我们希望《学术界的生存智慧》这本书将对读者有所帮助。祝愿你们的事业顺利,在自己领域里作出伟大的发现。

目 录

第一篇 开启职业之路

第一章 博士毕业后何去何从? …………………………… (3)
 博士后研究职位的诱人之处 ………………………… (3)
 就业的好处和从事博士后研究的弊端 ……………… (7)
 选择中存在的其他限制因素 ………………………… (9)
 谋求一份博士后研究职位 …………………………… (9)
 充分利用博士后研究职位 …………………………… (11)
 结论 …………………………………………………… (13)

第二章 学术界的招聘过程 ……………………………… (14)
 开始:确定并申请可能的工作 ……………………… (14)
 如何广泛深入地申请职位 …………………………… (16)
 个人简历 ……………………………………………… (17)
 向招聘大学递交完整的应聘材料 …………………… (18)
 动身参加面试前 ……………………………………… (19)
 (可能)影响应聘结果的发言 ……………………… (20)
 了解你可能生活和工作的地方 ……………………… (24)
 招聘单位还希望了解你的哪些情况? ……………… (26)
 面试 …………………………………………………… (28)
 应聘失败:遭到拒绝或者没有回音 ………………… (30)
 应聘成功:接受这份工作 …………………………… (31)
 结论 …………………………………………………… (33)

第三章 寻找学术界之外的就业机会 …………………… (34)
 学术界之外有哪些就业机会? ……………………… (34)
 学术类与非学术类工作有何不同? ………………… (35)
 为学术界之外的职业做准备 ………………………… (45)

结论 ·· （46）

第二篇　教学与导师职责

第四章　高效教学的诀窍 ·· （49）
　　教师的角色 ·· （49）
　　备课 ·· （51）
　　上课第一天 ·· （60）
　　树立你的教学风格 ·· （63）
　　师生关系 ·· （67）
　　评估与促进教学 ·· （71）
　　教学技术的应用 ·· （74）
　　结论 ·· （74）

第五章　妥善处理教师与研究生之间的关系 ······························ （77）
　　"改良的学徒制"模式 ·· （77）
　　指导研究生的困难所在 ·· （80）
　　结论 ·· （87）

第三篇　研究与写作

第六章　建立自己的实验室，开始课题研究 ······························ （91）
　　分析所处境况 ·· （91）
　　你想要什么样的实验室？ ·· （94）
　　指导学生 ·· （95）
　　选择什么样的研究模式 ·· （97）
　　整理成文 ·· （99）
　　一般原则 ·· （100）
　　结论 ·· （104）

第七章　获取科研经费：拨款机构的看法 ································ （105）
　　找到资金提供者 ·· （105）
　　推销你的研究思路 ·· （106）
　　准备极具说服力的申请报告 ·· （108）
　　对申请报告的指导意见 ·· （112）
　　同行评审 ·· （113）

最后结果…………………………………………………………（115）
　　为获得第一笔经费做准备……………………………………（116）
　　结论………………………………………………………………（117）

第八章　获取科研经费：申请人的观点……………………………（118）
　　为何要申请科研经费?…………………………………………（118）
　　谁为研究提供资金?资助方法如何?…………………………（119）
　　经费获取过程的总体概述……………………………………（121）
　　心态………………………………………………………………（123）
　　科研计划书………………………………………………………（125）
　　对科研计划书的评价……………………………………………（128）
　　结论………………………………………………………………（129）

第九章　撰写与发表论文……………………………………………（131）
　　应该撰写什么样的文章?………………………………………（131）
　　好论文的标准……………………………………………………（133）
　　论文写给谁看……………………………………………………（133）
　　论文的格局………………………………………………………（134）
　　绪论………………………………………………………………（135）
　　方法部分…………………………………………………………（139）
　　结果部分…………………………………………………………（140）
　　讨论部分…………………………………………………………（144）
　　标题和摘要………………………………………………………（145）
　　修改与润色………………………………………………………（145）
　　发表论文…………………………………………………………（150）

第十章　知识产权……………………………………………………（152）
　　制定法律阶段……………………………………………………（152）
　　学术背景下的版权………………………………………………（157）
　　建议………………………………………………………………（166）
　　结论………………………………………………………………（167）

第四篇　学术界的环境

第十一章　学术界的权力、政治和生存法则…………………………（171）
　　大学的分类………………………………………………………（171）
　　大学的结构………………………………………………………（175）

  权力和金钱 …………………………………………………（176）
  院系内部的权力格局 ………………………………………（177）
  结论 …………………………………………………………（181）

第十二章　成功处理与系领导的关系 …………………………（182）
  一些基本假设 ………………………………………………（183）
  跟领导走,但首先要搞清相关背景 ………………………（183）
  为人所知与众所周知 ………………………………………（186）
  自我防御的艺术 ……………………………………………（191）
  情况不利时该如何应对 ……………………………………（193）
  结论 …………………………………………………………（195）

第五篇　将事业进行到底

第十三章　学术马拉松 …………………………………………（199）
  起跑阶段 ……………………………………………………（199）
  加速阶段 ……………………………………………………（206）
  冲刺阶段 ……………………………………………………（220）
  结束语 ………………………………………………………（225）

第十四章　做好长远打算 ………………………………………（226）
  为未来打算 …………………………………………………（227）
  职业生涯规划:早期 ………………………………………（230）
  职业生涯规划:中期 ………………………………………（232）
  职业生涯后期指导 …………………………………………（236）
  退休 …………………………………………………………（237）
  结束语 ………………………………………………………（238）

英汉译名对照表 …………………………………………………（239）

第一篇
开启职业之路

第一章
博士毕业后何去何从？

本章阐述大学教职和博士后研究职位各自的一些好处和弊端。我们将把重点更多地放在讨论博士后研究职位的利弊上，因为大学教职传统上一直被认为是博士生毕业后的自然"首选职位"，其好处广为人知。我们首先考虑的是申请博士后研究职位的一些好处，其次是走这条路线的一些弊端。我们还将提到做此决定常常受到的限制，换句话说，这并不总是一件单纯决定什么是最好的职业选择的事，而是决定何种选择能最好地满足你个人生活的一些局限性。

之后我们将探讨一下谋求一份博士后研究职位的过程，最后简要谈谈人们真的选择了这条路后，尽力做好博士后研究的重要性。

博士后研究职位的诱人之处

博士后研究职位的诱人之处在于其众多的好处，这些好处相互联系，彼此交织，形成两大主题：拓展你的科学背景、技能、兴趣及研究经历；增加你获得第一份大学教职并在该职位上事业有成的机会。

增加就业优势

博士后研究职位最明显的好处之一是它提供了拓展并充实你个人简历的机会。几年后当你开始谋求职业时，你的竞争力会因此而增强许多。而且还会有熟悉你科研工作的人为你写一份详尽的推荐信。

博士后研究职位让你有机会展示你的长处。对于那些其研究项目要花费比正常时间多一点才能完成或其研究成果可能需要多花几年时间才能绽放光彩的人来说，这点显得尤为重要。对于那些读博期间成绩斐然、能够完成一系列研究项目的人而言，博士后研究职位为他们提供了向世界展示自我的机会：是你，而不仅仅是你的博导，能胜任有相当分量的研究工作。一个读博期间表现不凡的人可能已经或还没有为大学教职做好准备。如果一个人在读博及从事博士后研究的那些年里能在多个实验室和多项研究的分支领域里取得成功，那么他很可能就具备了靠个人力量也能成功的技能和经验。

简而言之，招聘委员会寻求的是那些极有可能平稳过渡成为一名富有成效的大学教师的年轻求职者。在他们看来博士后研究资历能增加这种可能性。除了上面提到的因素，你的就业优势，或许更重要的是，你成为大学教师后的能力至少部分会因为博士后研究资历带来的好处而提高。下面将一一列举这些好处。

拓宽研究领域

从事博士后研究的一个主要原因是该职位为人们提供了拓宽知识基础的机会。寻求能就多个传统学科的分支领域进行跨学科研究或具有跨学科研究视角的未来人才，这对于各院系来说正变得越来越普遍。通过博士后研究，你就有可能成为这样一个把读博期间受过的培训和新领域的专业知识结合起来的研究者。这种新的专业知识可以以多种形式出现——学习一门不同的学科，实践一种新的方法或技能，或研究不同的受试群体。相关的例子有：一名认知心理学博士通过在动物神经生理学实验室里从事博士后研究而把本专业延伸到了认知神经系统科学；一名社会心理学博士通过在使用先进的统计方法（如结构方程模型设计）的实验室里从事博士后研究而学到了统计学方面的专门知识；一名临床心理学家渴望拓展其研究方向而非停留在研究生院所允许的临床服务要求的范围之内；还有一名人格心理学博士通过在一个以儿童为主要试验对象的实验室里从事博士后研究而把发展心理学的研究方法融入了自己的研究领域。

为自己的博士后研究选择什么样的专业领域取决于你具体的研究对象及你个人的兴趣。不过，我们想强调一下：只有当从事博士后研究的目的是将自己的研究拓展到一个能把读博期间所学的研究方法加以完善而非单纯重复的领域，这样的职位才有可能是最有价值的。研究中探求主要问题的角度越多，效果就越好。

加速由依赖到独立的过渡

博士后研究职位所提供的最重要的（而且可能是未得到充分赏识的）好处之一是，它能让你有机会以一个独立的研究者的身份开始工作，而又无须受到那些作为大学教师会受到的种种要求和限制。博士毕业径直进入大学教书，其间的过渡可能太过突然。持续的导师引导戛然而止，大多数博士学位课程所设定的最后期限体制也瞬间不复存在。你面对的将是委员会的工作、教学、研究生（有些情况下）、指定由你指导的本科生，以及建立自己的实验室并开始一个全新研究项目的前景。许多大学期望新教师到位后不久就提交经费申请报告，还可能要求他们为学术期刊的编辑审核原稿。此外，你得写出有质量的论文并使之得以发表。校方对你创作水平的期望也往往高于你读博期间一贯的水平。这突然的变化会让你无所适从。

博士后研究职位为这一转变提供了一段缓冲期。作为博士后研究员，一般来说，你不必教书、指导学生或者承担其他带有服务性质的责任。不过，你也不会再得到当学生时可能已习惯的那种指导。不会再有委员会来检查你的进度，给你布置阅读任务，或帮你设定最后期限及确立未来目标。许多导师对其从事博士后研究的学生所采取的保护兼培养的态度，在程度上不及他们对待自己的博士生那样。他们的观点往往是：一个人一旦取得博士学位，将来的成败就全靠你自己了。博士后研究生导师通常把自己的角色定位为为学生提供经济资助，为其创造有利于出成果的工作环境，以及一定程度的指导。但是，他们不可能去悉心照料你。因此，这是你开始独立工作的一个机会，工作中没有大学教师那样的各种各样的紧张因素。你可以从你的研究中获得信心和专业知识，在一份稳定的（即使是暂时的）工作带来的相对舒适环境中提高你的论文写作能力。

提高科研技能

许多研究人员刚取得博士学位时并没有完全做好成为一个真正独立的研究者的准备。我们认为这可能是一种常见的现象。

一名理想的大学新教师应具备许多技术和能力。他（或者她）要能够写出实证论文，能够发起并引导大型的研究项目，能够促进合作，能够建立一条完整的有规划的研究路线，能够就如何拓展这样一个研究项目提出合适的想法，能够写出令人折服的经费申请报告，能够进行精彩的口头陈述，能够激发学生的学习兴趣并对他们予以指导，能够管理实验室的日常事务，能够有效地选择及购买设备，能够记录研究项目的预算，能够适当地引导内部评审委员会（IRB），最后但绝对是最重要的一点是，要能够成为一名称职的教师（参见第四章）。博士刚毕业就具备所有（或大多数）这些技能的可能性不大。博士后研究职位无法保证你获得这些技能。而你的第一份工作也并非一定需要这些技能。但是，当博士后研究工作使你能得心应手地行使其中的大多数职能时，这将大大有助于你向第一份大学教职过渡。

此外，攻读博士学位的那几年时间还不够长，不足以让人决定一个研究型机构的工作是否真的适合自己，一份以教学为主的工作是否才是自己更好的选择。博士后研究职位能让你有时间全身心地投入研究，从而更清楚研究工作在你生活中的位置,或重新审视你可能想从事的职业类型。要注意,你未来的博士后导师很可能会向你建议研究型的职业规划,因此,让自己能在研究领域找到一席之地,至少带着这样的愿望开始博士后研究学业,这一点很重要。另外,如果你确信自己更热衷于以教学为主的大学职位,那么博士后研究职位可能就不是一个明智的选择,因为它主要是提供一个机会,使人能增强研究能力、丰富经验并为未来的研究制订计划。

培训/经历

每个人都有自己的长项和弱点,我们认为有必要对它们进行定期评估。即使在你的研究领域内,你可能也有不足之处。如果你的导师特别强调方法论,那么你博士毕业时在理论理解方面可能就有欠缺。相反,如果你的导师思维广博,特别偏好宏观理论,那么你读博期间可能就没有学到严密的观察实验法的所有细微之处。我们建议:在可能的范围内寻找这样一个实验室,其长项恰好是你学业上的薄弱之处,然后设法在该实验室谋求一份博士后职位。你将有可能为你的新实验室提供一套技术或理论设想,以改善现有的环境。反过来,你也将受益于你的新环境。在许多情况下,你从现有的领域到新领域迈出的步子越大,你由此经历中学到的东西就越多。

平衡个人目标与专业目标

从事博士后研究的几年间,你的专业能力将得到发展。同时,你对自己在成功的学术生涯中应对挑战能力的信心也会增强。能够应付几乎难以承受的工作压力而同时还能抽出时间享受生活——要树立这样的自信,我们相信博士后研究职位可以在这方面提供极大的帮助。这种信心伴随一种视角而来,而这种视角只有通过额外的经历才能获得。刚开始大学教师工作时你常会感到焦虑,那么你所做的任何一件能减少这种焦虑的事都将使你受益。从博士后到大学教师,这一步自然不及从博士生到大学教师迈得大。我们并不想暗示说,博士后研究职位主要是为那些工作没保障的人设置的,相反,我们是在说明:无论一个人对自己的能力是否有信心,他都可能在博士后研究职位上提高技能、拓宽视角。这些技能和视角将有助于他(或者她)更加娴熟从容地应对自己的第一份工作。

我们一直对管理人员管理实验室日常运作的技能的重要性颇感惊奇。在一个学术环境中,你周围的人将会有多种不同的动机、背景和工作风格。试图用相似的方法来管理每个人,或采用独裁的管理模式显然都是不理想的。有些人比较喜欢接受指令,热衷于人际交往,习惯由导师限定截止日期;而另一些人可能单干时工作效果最佳。有些人喜欢通宵达旦地干活,而其他人则要按时下班去接孩子放学。底线是：作为实验室的负责人，你的任务是促进与你共事的每个人的创造力和生产力。你在把握实验室内部运转方面越有经验，你就越能得心应手地处理你所在实验室的这些事务。我们的建议是，仔细观察那些特别有成效的导师是如何与他们的学生、博士后以及同事打交道的。也可以观察那些年轻教师（甚至老教师），努力从他们的失误中学到东西。他们在所难免地会犯错误！（我们自己当然也会犯错误。）

研究工作之乌托邦

博士后研究职位可以提供研究职业的种种好处而无须受其负面影响。你可以利用你导师的资源来做研究，而在你事业的初始阶段靠你个人的力量不太可能拥有这些资源。你无须承担与培训相关的责任（如上课、写论文）却能继续享有读博时的一些有利条件（导师的指导和帮助）。此外，你还能得到作为一名大学教师所拥有的一些好处，而不用承担大学教师的一般性工作（如教书、委员会工作、学生辅导）。你可以有几年时间不受干扰、全力以赴地投入研究。你可以把这看作是一次为期几年的公休假。利用好的话，博士后研究职位可以成为你开始研究生涯的一块强有力的跳板。

根据你最终将从事的工作性质，你的博士后研究阶段有可能暂时成为你和那些研究方向与你类似的本地同事共事的最后阶段（至少在你建立起自己的实验室小组之前是这样）。大学招聘新教师往往是为了填补系里正空缺的某个领域。例如，你可能是你所在系唯一的一位发展心理学者。如果是这样，那么你周围可能就会缺乏一批随时能就你的工作提出深刻见解的有学识的同事。

博士后研究职位一个吸引人的方面是：在大多数情况下，你不用受许多条条框框的限制。不过，我们应该注意到，有些博士后研究氛围是相当严谨的。一般来说，通过与你未来实验室的博士生或其他博士后交谈，或者通过与你未来的博士后导师（或博士生导师）交谈，你能预先了解到实验室的总体研究氛围。资金来源将可能影响你在博士后研究过程中所承受压力的大小程度。如果你自己有研究经费，那么相对于依靠拨款完成导师指定的研究任务而言，你可供自己支配的时间将会多很多。你的个性及专业目标将有助于你决定是选择还是刻意避开一种井然有序的研究环境。

就业的好处和从事博士后研究的弊端

本章主要论述的是即使在有一份大学教职可选择的情况下认真考虑博士后研究职位的理由。如前所述，强调博士后研究职位之优势的原因是，这种想法只是最近才在心理学领域出现。我们坚信,该职位还有更多潜在的好处。我们的这种坚定态度或许已在你的预料之中①。

当然,选择博士毕业后即就业也有其理由。这些理由大多数你可能都熟悉。不过,下面我们还是简要谈谈其中的几点。

有些人非常看重独立性。在一个人的研究生生涯中,无疑总会有这样的时候:他们厌倦了为别人工作,热切希望有一天他们无须再直接回应他人的要求。另外一种情况是,作为一名独立的大学教师和在他人的实验室工作,人们从前者的工作中得到的赞誉要多于后者。实验室的负责人几乎总是被看做是研究项目的首席调研员(PI)。自己当老板的欲望恐怕是学术界最大的诱惑之一。一个独立的、意志坚定的人可以说具备了典型的学术个性。这种人或许很快就能独立工作,他们不会考虑在别人的手下干太久。这对于那些在读博期间已获得充分独立并因此富有成效的人来说也许尤为正确。在这种情形下,要继续从事没有多少自由发挥个人思路空间的循规蹈矩的博士后研究职位可能不太合适。

最有可能不选择博士后研究职位的是那些想要一份能快速发展的工作的人。对于这样的人来说,继续博士后研究可能就像通往目的地的一段弯路——他们的目标是获取一份能快速成为终身制职位的工作。然而,值得考虑的是,成功的博士后研究经历能帮助一个人更快地获取一份终身制职位。就转变成终身制职位所需的年份而言,从事博士后研究的这几年未必就是浪费。

选择学术生涯的下一步可能还有家庭方面的考虑。有配偶或孩子往往使人们想安定下来,尽量减少变动的次数。大学教职的稳定性可能要胜过博士后研究职位,而且其薪水一般也比后者高。尽管博士后职位能让你得到一份更高等级的工作(或多付给你夏季一两个月的薪水,所增加部分薪水日后可从你的项目基金中扣除),但这种经济上的暂时差别可能很快能得到弥补。

当然家庭方面的考虑也能促使人去追求博士后研究职位。如果你的配偶在你原先读博的城市有一份稳定的工作,你也许想原地不动一段时间。在这种情况下,我们强烈建议你在另一个实验室继续你的研究,尽量利用这段时间

---

① 你可能会好奇本章作者做了什么样的职业选择,两位作者的选择不同。其中一个(KM)拒绝了大学教职,而是在毕业后接受了一份博士后研究职位。当时很多同事争论说这是一个冒险的选择。(如文中所述,我们认为最近大家在这个问题上的看法已有所转变。)另一位作者(TB)主要出于个人(而非专业)的原因,博士学业未完成就接受了一所研究型大学的一份大学教职。尽管他对自己的决定很满意,但他还是看到了博士后研究职位所具有的巨大优势。如果当时个人情况允许,他会选择申请博士后职位。总之,虽然我们两个作者走的是不同的路线,但我们都认可博士后研究职位能够提供独一无二的机会,而这种机会有时可能会被忽视。

去学习一个新的领域,而不是把它简单地当作是博士生学业的继续。

选择中存在的其他限制因素

在你博士生生涯接近尾声时,你需要就自己的成就和能力作出客观的评价。你得回答这样一个难题:如果你想在就业市场谋求一份可成为终身制职位的工作,可能性有多大呢?你可以和你的导师以及你信得过的大学资深教师谈论此事,因为他们能就你的个人简历和其他应聘者的比较结果给你一些指导和忠告。如果你所在系正在招聘教师,你不妨试问一下能否让你看看其他面试者的个人简历。(虽然求职者的完整档案被视作特许保密信息,但个人简历一般还是当作公开信息对待。)如果你的就业前景看起来不容乐观,你可以集中精力找一份有把握的博士后研究职位。还有一种情况是:你在就业市场上前景看好,但你仍然坚信博士后研究职位能够提供你所追求的好处。

如前所述,这一决定可能会与一些个人决定相互作用。即使就业机会不大,有些人可能依然决定要找工作,因为出于家庭状况考虑他们可能感觉自己需要这份保障。也许他们需要稳定或者工作带来的较高收入(相对于博士后研究职位而言)。也许他们有孩子,需要一个更安稳的环境,而博士后研究职位所提供的环境是暂时的。在双职工家庭,许多就业选择受到地域或个人因素的影响(如配偶的职业)。原本可能成为你首选的选择也许会因为这些个人因素而不得不进行调整。你职业的最佳选择和你在综合考虑了生活的方方面面后所做出的你自身的最佳选择之间,多多少少可能存在着差别。由此产生的结果可能就是你心甘情愿地接受了一份你原本或许不会选择的职位。

据我们观察,假如你愿意做出让步,那么你有可能找到一份大学教师的职位或博士后研究职位。你的个人简历越有吸引力,你不得不做出的让步就越小。

谋求一份博士后研究职位

博士后研究职位可以通过申请人自行解决研究经费而获得。在这种情况下,有资历的博士生可向某一机构或基金会申请博士后研究经费。就心理学领域而言,在美国,一个常见的途径是通过向国家卫生研究院(简称NIH)申请国家研究服务奖(简称NRSA)来获得经费。为此你需要有一位自愿赞助人(也就是说,该申请是为了与某一个具体的人共同从事某项具体的研究,而不单纯是为了拿到钱去某个未特别指定的学校搞研究)。基金会也对博士后研究生提供赞助,且有类似的申请手续。该申请手续可以通过从基金会的一份具体的经费申请的追踪过程中了解到。对于少数学生来说，会有特殊的资助计划（如通过国家科学基金会提供赞助）。

另一个方法是，找一个手头有现成款项可以用来资助你的自愿赞助人。他或许是单个调研者，手里有一笔经费、培训经费或中心经费，这笔经费则来自更大的资助机构。这乍看起来似乎是一种更诱人的选择。毕竟，由于确保经费到位的重担是由赞助人而非未来的博士后研究生承当，因此你的事会减少许多。不过，你得考虑到很重要的一点，那就是：在所有此类情况下，这些资助者都要求你从事已受到资助的研究项目。好消息是，你可能将有很多钱来开展你的研究工作；而没有这些钱，你或许只能等拿到自己的经费后才能拥有这些研究资源。不利之处是，你的创造力和独立性将受到限制，因为他们聘用你主要是为了让你从事他们所承诺的工作。在接受这样一份资助之前，你一定要确定自己是否愿意并渴望从事他们所安排的研究工作。

就申请过程我们的主要建议是：尽早开始。在一个月的有效申请期内请求未来导师的赞助是打动不了他（或者她）的。相反，提前一年先探究博士后研究职位的选择方案再提出申请，这不失为一个好办法。最合适的博士后研究职位往往是那些很早就公布排列出来的职位。许多博士后研究职位的广告途径和大学职位的招聘广告是一样的，譬如通过学术报刊[美国心理学协会（简称 APA）的《监察》、美国心理学学会（简称 APS）的《观察者》和《高等教育记事报》]、院系邮件（一般张贴在某个中心位置或办公室）或电子传播媒介（布告栏、群发邮件、时事通讯）广而告之。不过，大学教职和博士后研究职位之间一个关键的不同点是：未来的博士后研究职位常常广告范围有限或根本不做广告。在此类情况下，常常是调研者虽然手头有基金，但并不急于寻找申请者。因此，和那些需要寻求外部资金的情况一样，你必须首先确定未来的导师是否有意让你加盟他的实验室。

第一次接近可能的博士后导师会令人生畏。可能的话，最好由人介绍认识（比如，在某次学术会议上通过自己的导师或同事认识）。就如何获得一份博士后研究职位向导师征求建议，看看他（或者她）是否愿意介绍你和相关人士认识（也许你还可以了解一下他（或者她）是否愿意提前和你可能的博士后研究赞助人讨论此事）。

如果你不选择这种方法（通常是不会的），我们建议你给你可能的赞助人精心撰写一封短信（用普通邮件或电子邮件均可），连同你的个人简历一并寄出也不错。你可以在信中谈谈你的研究兴趣，问他们是否愿意和你探讨让你加盟他们实验室的可能性（通过给你提供一份现成的、有经费资助的职位或是赞助你申请博士后研究职位）。不要期望对方立刻给你一个肯定的答复。赞助人可能想看一些你的论文复印件和你的研究兴趣声明，他们还会找你的推荐人谈谈，并听听你对此安排的意见。有机会的话，你的赞助人很可能要在一次学术会议上对你进行一次非正式的面试，或至少在电话里和你交谈。有时，赞助人可能会让你乘飞机赶来参加一次正式的面试，甚至可能要求你在实验室乃至全系教师面前发言。我们建议你对待这一阶段要像你对待申请一份大学教职那样认真：认真准备申请材料，面试着装职业化，发言时有条不紊准备充分。你要做的最重要的事情是：让你可能的赞助人对你感兴趣。

充分利用博士后研究职位

博士后研究职位能提供重要的有利条件，这一建议当然是基于这样一种前提，即：你充分利用了博士后研究职位这一经历。如果你没有抓住机会拓宽你的研究领域并展示你的研究成果，仅仅从事过博士后研究——即使是在一个很有影响的实验室或一所享有盛誉的大学搞研究——几乎是毫无作用。随着事业的不断发展，耀眼的"出身"背景越发显得不那么重要。从长远看，更重要的是一个人自身的成就。完成博士后研究后你需要带着具体的成果（最理想的是经推荐的学术论文）和一份认真准备的未来规划进入就业市场。在决定继续博士后研究后如何最大限度地保证这一阶段研究工作的顺利完成，在这一部分，我们就此简要谈谈我们的想法。

有一个很重要的隐患需要注意：由于博士后研究职位缺乏统一的组织管理，人们往往容易失去工作重点。对于博士后研究员来说，一般不要求他们有突破性研究成果或具体成就。然而，你不能因为没人密切注视你的研究进展而放松自己，你需要自我监督。我们相信，最成功的博士后研究员（还有大学教师）是那些能迅速学会规划自己研究工作的人。这通常意味着私下给自己设立一些最后期限。一般来说，最好能知道自己第二天、第二个月乃至第二年想要具体（且切实可行地）完成哪些任务。制定一个计划。最理想的状况是，你甚至可以有朋友或同事与你一起讨论你的近期规划。我们喜欢和另一个人交换彼此近6个月（左右）的一组目标，这样大家就可以相互帮忙对彼此的研究进展进行阶段性的评估。

此外，博士后研究阶段是制定长远研究规划的极好时机。博士一毕业就进入大学工作，要想从撰写博士论文（及对其有限的扩展）一下跨越到全新、独立的工作领域，这可能蕴含着艰难的过渡。即使你的博士后研究包含了对某一具体资助项目的有针对性的工作，它仍然提供了一个机会让你去思考并为如何开始助理教授生涯所进行的个人研究项目拟定一个翔实的方案。

如果你还没有一份有分量的个人简历，那么博士后研究职位能给你一个"开始燃烧"的机会。从事下列活动的可能性要视具体情形而定。无疑，在博士后研究阶段,你会想花大量的时间写论文,当项目带头人。可能的话,在此期间开始指导学生(通常是本科生)也不错。设法和你博士后研究赞助人之外的其他人建立合作关系。不过,如果你的研究基金来源于你的赞助人(而不是你自己通过 NRSA 或其他机构争取来的),那么这种选择就不存在了。然而,即使不可能建立正式的合作关系,你仍然可以和系里的其他人交谈,了解他们的兴趣,努力使自己融入所在院系的文化氛围中。开始这类交流的一个或许很有用的方法是,主动在系里的研讨会上发言。这不仅能让你有发言体验,有得到意见反馈的机会,还能为那些感兴趣的同事能和你谈论你的工作打开方便之门。另一个好办法是加入(或发起)一个学术俱乐部以便和系里其他与你有着共同研究兴趣的同事进行交流。其他类似的做法是,参加系里的讲座能让你有机会了解你周边正在开展的工作,或许还能引起你和同事之间有趣的讨论(甚至可能是合作)。

你可能还想和你的导师谈论有关开始为学术刊物评审稿件的潜在机会。他(或者她)会就此给你一些建议。其中可能包括由你导师出面征得刊物编辑的同意,把他们没时间看的稿件转交给你审阅;或鼓励你给刊物编辑写信,表达你想为该刊物评审稿件的愿望(信中可三言两语地概述一下你的研究兴趣和专业领域)。如果可能,你不妨把你最初的几篇评论先请你的导师过目然后再提交给编辑。你导师可能会就语气或方法提出些修改意见,从而提高你的评论力度。

同样,在进行博士后研究期间,你可能想开始了解如何撰写经费申请。如果你导师正从事这方面的工作,那可能对你会有所帮助。单纯学到经费申请报告的框架和结构就可以成为极有价值的经验。在有些情况下(例如,对那些正考虑医学院未来一些职务任命的人或正需要大笔经费从事其项目研究的人而言),学会写经费申请报告将成为博士后研究期间最重要的成就之一。

我们注意到一个倾向:博士后研究员有时会脱离其他教师,在只有为数不多的几名博士后的院系里尤其存在着这种现象。有时候,教师和博士生两边的活动都没有安排他们参加,这仅仅是因为他们既不属于教师,也不属于学生。我们认为这种疏忽是可以被纠正的。但如果你真的决定接受一份博士后研究职位的话,以下两点恐怕是你要考虑做的事。一个建议是:和他人交谈,设法接触各类人,登录电子邮箱了解相关信息(如讲座、院系活动等信息),让大家都认识你(以恰当的方式)。此外,你还应该和其他博士后研究员保持联系,相互沟通,从而使自己所在群体在系里更为突出。在你应邀出席的活动中看见你的人越多,他们越会把你视作系里的一员,也就越会记得在其他事务中让你参与进来。不过,还有另一种情况,那就是:鉴于你的博士后研究时间有限,放弃工作而把自己完全投入到没完没了的社交活动中,对于两三年后还可能变换环境的博士后研究员来说，这么做是不明智的。毕竟，博士后研究的主要目标通常是，在短期内完成尽可能多的工作，然后再继续向前奋斗。

结　　论

博士毕业后何去何从，要做出理想的选择很困难。没有一个单一的答案适合每个人。而且对于大多数人来说，答案可能也没有正误之分。多产、有进取心且能力强的人，无论他们的研究生学业是在哪里开始的，他们都会在本领域取得成功。上面我们以博士后研究职位的利与弊为重点概述了可能影响你决策的几个因素。不管你研究生阶段的头几年学习情况怎样，我们都鼓励你在自己所选择的职位上干出最好成绩。

（本章作者：凯瑟琳·麦克德模特　托德·布拉弗）

第二章
学术界的招聘过程

作为大学教师,我们的工作年头和曾执教过的学院已多得记不住了。我们经常参与新教师的招聘工作。招聘过程中的一个巨大反差给我们留下了深刻印象:大学和学院有一系列招聘新教师的步骤和规定,但这些规定却几乎不为求职者所知或理解。因此,我们曾目睹优秀的毕业生因不能很好地展现自己的才能而与好工作失之交臂。求职过程中你的任务是把自己作为一个独立的、有自我组织能力和主动精神的个体推荐给对方。我们希望本章能帮助你做到这一点。

开始:确定并申请可能的工作

你从哪里来

现在,越来越多的博士研究生正在从事博士后研究,之后他们才会接受第一份科研与教学的大学职位。在下面的论述中,我们将多次使用"博士生"或"博士后"这一通称来指代求职者。但我们会经常注明专门针对博士后求职者的一些考虑。例如,我们建议一个正在找工作的研究生有必要和他(或者她)的大学导师谈一次话。博士后也需要和他们的导师进行类似的交谈,他们的谈话可能包括有待指导的另外一个复杂的情况。博士后研究的年限常常是一个不定数。也就是说,该职位受资助并存在的时间可以是一年、两年、三年或者更长。一个人在该职位上呆的时间长短需要仔细把握。应考虑到以下情况:如果有导师指导,博士后在该职位上呆一年以上很有助益。加快步伐在一个新环境中顺利开展工作一般也要花不止一年的时间。换句话说,如果博士后一年后离开其职位,那么他到达新的工作环境的时间将恰好是他申请次年大学职位的时间!当然,博士后导师由于不了解博士后的情况,也无法写推荐信。另外,也没有任何新的研究能得以完成,可以为你的简历添上几行。基于这些原因,我们认为从事博士后研究的最短期限是两年。

无疑，所有这一切都应该成为博士后和其可能的博士后导师谈话的主题，以便双方共同决定一起朝着提供职位—接受职位这一方向而努力。通常的安排包括：两年期（或三年期）的博士后在其研究期间的第一年（或第二年）秋季以博士后的身份可以先申请几份特别中意的工作，然后在第二年（或第三年）秋季再申请其他比较合适的工作。

老师的推荐信

如果你是博士研究生，那么在你读博的最后一个夏季就应选出最了解你的三四位大学教师。除了你的研究指导教师，你还可以考虑曾与你一起搞研究或讲课的教师，或者你修满的课程量足以能让他们就你的技能和天资给出一个肯定评价的教师。

接下来是至关重要的一步：和你的导师（以及其他教师）讨论你正在寻求的工作种类。教学、研究和实践这三者之间，你希望达到怎样一种平衡呢？你希望从事的是基础研究还是应用型研究？你寻求的是学院、大学还是应用型的工作环境？提醒教师们你的哪些优势能让你胜任各种工作，以便他们能在推荐信中予以评述。此外，弄清教师们对你技能和天资的看法。他们的口头和书面推荐在决定你的就业机会方面将起到举足轻重的作用。这种讨论将明确适合你寻找的工作类型。

如果你是博士后，那么你的任务更为复杂：你得找人写证明信，证明你的博士生学历及博士后研究生涯。阅信者会期待写信人分别来自相应的两个机构。写信人中应同时包括你的博士毕业论文指导老师（以下简称博导）和你的博士后研究导师。另外，如果你的博士毕业论文指导老师能在大致了解你博士毕业后的进展情况的前提下进行评论，那对你会很有好处。因此，务必将你的博士后研究进程随时告知你的博导。说到这个话题，我们应该提及的是，由于博士后研究工作压力大，研究员偶尔可能无法完成"欠"博导的一篇或多篇研究报告。沉寂几年后突然请博导为自己写一封证明信，这不会是一件令人愉快的事，而且博导此时起草的信中可能也会提及此事。不要让自己处于这种境地。

找到可能的工作

当前的求职者认为就业市场形势严峻，因此，你不太可能找到或得到你较为乐观时所幻想的柏拉图似的完美工作。这一事实将以各种方式影响你的求职。首先，虽然本章主要讨论的是如何获得心理学方面的学术职位（因为这是我们熟悉的领域），但你应该对非学术类的就业机会也进行一番明确的探索。企业、联邦和州/省级政府，以及教育系统都需要心理学者。和大学教师谈谈这些非学术界的就业机会(参阅本书第三章)。不过要记住一点,学术圈外可能没有像学术圈内那样有一套完整的联系网络。如果最近有和你读相同专业的博士毕业生得到了企业或政府部门的工作,那么努力向他们学习。(事实上,可以邀请至少一名与你同专业的已谋求到一份非学术界职位的博士参加为你所在系举办的合适的系列讲座。如果你所属大学有商学院或医学院,就可以和在那儿工作的心理学者谈一谈,了解他们具体做什么,是如何获得这份工作的。现在越来越多的心理学博士开始在工商管理学院谋求一席之地。)

另一个就业机会是博士后研究职位。它能让你相对自由地搞研究,免受一名刚走上工作岗位的大学普通教师所需承受的教学压力(虽说在从事博士后研究的同时获取一些教学经验是可取的做法),而且该研究或许还能有成果发表。基于这一主要原因,博士后研究职位在心理学的所有领域正成为越来越热门的选择。博士后研究工作在加拿大可由社会科学与人文学研究理事会和自然科学与工程学研究理事会提供赞助,在美国可由国家卫生研究院和国家科学基金会提供赞助。我们已就博士后研究的合适年限谈了自己的看法。欲了解该职位选择的更为详细的信息,请参阅本书第一章。

如何广泛深入地申请职位

当你仔细权衡所有这些或其中任何一个就业选择时,我们的建议是,不要因为对地域或生活方式的偏好而排除在其他方面条件优越的工作。一些即将毕业的博士生清楚自己一直希望能生活在温和的气候中,因此想把求职范围限定在美国的加利福尼亚州或加拿大卑诗省。其他人觉得自己不可能生活在大都市之外。还有一些人则认为他们在那些地方无法生存。希望在自己喜欢的地方找一份工作这无可厚非,但对不能满足这些偏好的工作则不予考虑就太不理性了。你的生活方式对你很重要,你的职业对你也同样重要。让我们说得具体些。本章的两个作者都生长在明尼阿波利斯,一个极具美国中西部特征的美好城市,那儿常常很冷。当毕业生们宣布他们将只考虑在气候条件或周围环境能满足其个人喜好的地方求职时,我们虽保持沉默但内心反应强烈——他们对心理学科并不完全具备一种献身精神。我们很可能会因此对推荐信内容作相应的改动。

当然,求职中的地域限制也存在着一些真正站得住脚的原因。一个对择业灵活度的真正限制来自于一个人的伴侣对其自身职业的忠诚。许多已婚夫妇是靠分居至少一两年来解决这个问题的,但我们也知道许多离婚案由此而生。

如果你的求职有地域上的限制,那么考虑写一封通用求职函寄给所有在地域上适合你的大学,即使它们并未公开招聘某一职位。或许秋季开学时它们会发现一个职位空缺。另外,你可安装一套系统来跟踪各系之间来往的电子邮件,或许当秋季学期临近时,各系会发现需要增加教师来满足教学需求。

另一个潜在的求职局限来自美国和加拿大边界。伊科诺依据自己的亲身经历争辩说,美国人在加拿大的大学获得职位要比加拿大人在美国的大学得到工作来得容易,因为美方大学只会为出色的外国应聘者费心办理移民手续。虽然按照北美自由贸易协定,边界不是一个大问题(就双边而言),但我们仍然感到应聘者和大学不同,情况会随之有很大的变化。一般来说,我们会建议你申请你感兴趣的每一份工作,无论它在边界的哪一边。

最后一点:在如今文字处理和邮件群发高度发达的时代,建立一个似乎高效且能最大限度地发送邮件的系统是很容易的事。不过稍等片刻。首先,不要去申请经冷静考虑后就知道自己不会接受的工作。这对于提供你这份工作的大学来说是无礼的,会给你导师造成不良影响(很可能还会殃及你未来的师兄妹),并将妨碍真正需要的人得到这份工作的机会。其次,如果某大学对所需职位进行了实际描述,那么给你的导师注明那些完全适合(或者至少基本适合)你的工作是有好处的。有时你的导师会在他(或者她)为你写的一般推荐信中加上具体的评语,证明你适合该职位。但是,如果你拿着一份列有 50 所你想申请的大学的清单来找你导师(我们看见学生这么做过),那么他(或者她)要增加这些具体评语就有困难。这里有一个可能的折中办法。锁定几所你感兴趣且所述工作适合你的大学。草拟一份写给那些大学的求职信,说明你的兴趣完全符合它们的工作描述。把写有你认为自己如何适合这些大学的段落交给你的导师看。这或许能使你导师写给那些大学的推荐信与众不同。

对于其他那些吸引你但其工作描述却不完全适合你的专业的大学该怎么办呢?是的,一旦了解了你的专业、你的论文发表量以及有文件证明的你的教学能力,它们或许会赞叹不已,从而请你前来面试。但这种情况不太可能发生。我们得正视这一点。因此,你导师的推荐信连同你个人的求职信就是期待这些大学对你有所了解的所有可能的渠道了。

个人简历

个人简历是很重要的文件。它,连同你的推荐信,决定了用人单位是否考虑录用你。个人简历没有单一固定的格式。先列出你所有的经历,然后审阅一番以确保你所有的相关技能(比方说,如果你曾担任过助教,记得附上你的教师评价摘要)、兴趣爱好和才能都已包含在内。如果其中有些技能没有明确的文件证明,那就写几段文字进行说明。另外,还应介绍一下自己的工作"进展",尤其是你的论文选题和你将来的研究方向。参看往届毕业生写的个人简历。写简历要像写其他任何文稿一样认真。这一点很重要。把你的初稿拿给包括你导师在内的几位教师看,征求他们的意见后再进行修改。

你还可以列出你所能教授课程的名单。不要太褊狭也不要太浮夸。不要列出五门课程结果经审查全是你论文的变体。另一方面,也不要声称自己能教授大学课程一览表中的每一门课程。心理学系常常会招聘教师来教授基础心理学和各种统计学课程。如果你能教这些课程,并对此感兴趣,就在你的简历上注明。不过,此声称会被视作一种承诺。不要轻易做出。

论文和出版物是个人简历的一个要素。一个老问题是要不要把它们寄出去。我们认为应该寄。复印件不厚,对于决定聘用人选的委员会而言却很有用。把正在付印中的论文复印稿也一并寄去。正在撰写或编审中的论文不要寄出,除非你确信该成稿能充分反映你的研究成果,但最初的几稿一般都很难充分反映你的研究成果。

向招聘大学递交完整的应聘材料

当招聘大学准备招聘时,他们会从具备完整的应聘材料的候选人中进行筛选。确保你是其中之一。招聘广告通常会写明申请的截止日期,暗示你有几个月的时间把材料准备完整。不要等待!不要受幻觉的诱惑,以为把那些旧资料整理成文,或自己的那三篇大会提交论文被采用,或期刊编辑终于抽出时间来决定接受你的原稿后,你的个人简历会一下子变得有多么吸引人。有些大学会在广告登出的截止日期前,许多就开始缩短时间,寄发面试邀请了。所以尽快把材料准备好,使之较早到达招聘单位。你可以在之后的某个时间寄去你的简历补充材料。

一份完整的求职申请一般包括个人简历、你认为合适的任何已发表或即将发表的文章的复印稿、你导师和另外两位大学教师分别写的推荐信,以及你本人的求职信。现在,求职者的申请材料中常会包含一两页概述其对一个5年期研究项目想法的研究方向陈述和一页有关本人教学观点的介绍,这种做法越来越常见。

把必要的地址交给为你写推荐信的人,一段时间后再婉转地与之联系,确保他们已将信件寄出。大学教师们都知道这些信函对你的职业生涯至关重要,但他们都很忙,而且这种信很难写。因此,他们需要相当一段间隔时间,第一次被请求写这种信函时尤其如此。

聘用体制

所有材料寄出后,你现在必须忍受等候回复的不适感。这种等待可能会是很长一段时间,而且等来的答复可能并非你所期待的。所以要有心理准备!大学的招聘体制并非效率的楷模。招聘决策人是在业余时间承担此任的大学教师。他们工作超负荷,对招聘不在行,往往缺乏完善的组织管理。他们对拥有如此巨大的影响他人生活的决策权力很可能会多少感到不自在。因此,你收到的来信内容可能会有些模棱两可,甚至——如果写信人不同——会明显冲突。

显然,这种招聘情况的极度含糊性会使你焦急或沮丧。如果你没有被邀请参加面试,你会对那些没对你发出邀请的人愤恨不已,怀疑为你写推荐信的教师们对你的推荐力度不够。同时,你会对自己的技能、天资及自我价值感到绝望。对于这些后果做好心理准备,如果你对此有所准备,事情就比较容易办了。

动身参加面试前

假设令人开心的事情出现了。你被邀请参加工作面试。祝贺你!你已经取得了迈出了一大步。大学每发出一个职位广告都会收到成百上千封应聘信,通常他们最多只邀请三四个人前来面试。岗位稀少,你能被视作其中之一的候选人已经相当不错了。现在我们告诉你一些注意事项以增加你获取此份工作的机会。

1. 提前制订好出行计划。回复邀请函前,核查你的日程计划表和旅行安排。何时能进行面试?如何到达那里?大学或学院的网站常常会提供这些信息,一定要查到。有关出行你可以指望你的联系人提供给你的唯一信息是当地具体的交通情况和食宿安排。这是你展示自我做事井然有序且富有成效的第一次机会。不要错过。

2. 动身前研究一下该大学。浏览你所在大学的存档目录以了解背景信息。查看该大学的网站。在农村还是在城里?校史如何?优势及引以自豪的人或者事是什么?找到你们心理学系对该大学有所了解的教师,向他们打听这些情况。

3. 对将要面试你的系做一番研究。接到做求职发言的邀请时,你可以请你的联系人给你寄一份该系为未来的研究生准备的宣传册,或直接从该系的网站上获取其教师名单。不过,不要以为所有系的网站都会及时更新网页。纵览与你目前专业相同的教师已经发表的成果。在心理学资料库中通过作者搜寻渠道查找他们的一些作品。阅读几篇摘要和一些文章。院系的网站往往能让你对此人的一般兴趣和其当前的研究方向有所了解，可能还允许你下载正在付印中的文章。如果有些人的研究领域与你的相近，就去了解清楚。这一点很关键。你还应该知道那些相邻领域的教师们都做了些什么，如果他们是知名学者则更应对其工作有所了解。我们有位知名同事极富幽默感。当一名求职者问"你确切的研究领域是什么"时，他觉得此人毫无幽默可言。

4. 动身前（或访问期间）尽可能多地了解招聘过程。虽然有关这一过程我们只听说过两个个案研究，但你应该找得到人回答有关你正在访问的大学的招聘程序。候选人通常是分别接受面试？还是几个人同时进行面试？所有教师都参加对候选人的投票呢？还是招聘结果完全由招聘委员会或系主任全权决定？就你申请的职位而言，系里寻找的是一名优秀的全能型候选人还是某些专业技能更为重要？

5. 了解求职发言的相关事宜。大多数招聘大学会期待候选人作一次求职发言，但它们并非都会明确表达这些期望。有些大学使用的是婉转的语言，如"和我们几个简要谈谈你的研究工作"。回应这种要求时，你要搞清对方期待的确切的发言内容是什么。同时，你也可以就发言时要用到的设备提出要求。

（可能）影响应聘结果的发言

不管是好是坏，你的发言可能是唯一一个决定你能否得到这份工作的最重要因素。一般认为，你组织发言材料的方式能让人对你的研究和教学能力、理性思维能力，以及你个人的总体风格有很多了解。对于许多教师来说，你的发言将是他们与你的唯一接触，因此，他们对你的印象在很大程度上将依此而形成。在准备和演练此项发言时，把它想成是一次演出。记住：只有当认真准备好剧本且表演者对剧本内容掌握自如时，一场演出才能达到最佳效果。

诚然，一次求职发言并不能过多地预言此人今后的工作表现。这是许多社会科学家熟悉的组织心理学的一个研究发现。知道了这点，即使你的发言不圆满，那些认为你会是合适的录用人选的人也将设法创造条件录用你。可是为什么给他们增加那种负担，要他们花费为你的情况辩解所需要的社交资本呢？

发言内容

让我们非常吃惊的是，在本书第一版中我们就求职发言所做的评述引起了一些争议，因为我们当时认为此"发言"只能围绕求职者的研究工作展开。

当然,实际情况并不总是这样,而且例外现象越来越多。有时,它可能是一门基础教程中的一次模拟讲座。这种情况常常出现在以教学为主的大学。罗杰·布朗围绕着"'灵长目动物曾听得懂人类语言'意味着什么"这一问题所做的发言是我们听过的最出色的讲座之一。他回顾了并非他本人的研究工作。然而,他做此讲座时已是一位具有国际知名度的杰出的科学家了。本书专为科学界的新手而写,我们仍然认为典型的求职发言应该是陈述求职者本人的研究工作。不过,事先弄清楚对你发出邀请的大学期望你做何种发言是有利无弊的。

假设现在希望你就你的研究工作做一次发言。如果是关于一个已经完成的研究项目,那么这种发言的陈述效果会比较好。如果提出了假设,描述了方法,但没有提供数据,那就在所难免地会给人一种虎头蛇尾的感觉。另一方面,如果你计划在未来的研究中继续深化你的论文主题,即使你没有数据可提供,你也应该将此作为你的发言内容。因为相对于你和你的导师共同完成的其他研究而言,你的论文或许更能反映你个人的思想。你的论文陈述可以有助于确定你工作的独立性,不再依附你的导师。理想的状况是,你手头至少有一些数据,能陈述出研究进展,使听者能够听懂你论文各部分的内容。这个方法对进行一次非常出色的学术报告大有益处。

听众的构成

你最好事先找到这个问题的答案,根据听众的构成来思考你的发言内容。主要的听众可能是大学教师,可能还有优秀研究生。如果该大学没有开设研究生课程,那么本科在校生将是你听众的重要组成部分。来自各个领域的心理学者常常参与决策过程,因此他们有可能出席你的发言会。听众构成的复杂性意味着你得解释更多的专业术语。你还需要尽可能详细地解释你的研究背景,以使研究领域不同于你的听众能听得明白。报告会后最常听到的评论就是:"这项研究从技术角度来说还行,不过他(或者她)为什么一开始会想搞这么个研究呢?"

发言时间及提纲

你的发言时间应该在 45 分钟左右,相当于正常的一节课的时间,而比一次常规的学术报告会稍短一些。陈述观点时不要像写书面论文那么复杂。记住:人们的口头理解力远不及其阅读理解力。

开始发言时先作个介绍,使所有的心理学者都能理解你研究工作的背景,并通过暗示让他们明白该研究的重要性。谈谈你所从事的研究工作的历史背景,描述一下该领域的最新发展,不过要简洁。(务必提到开创这一研究总领域的个人以及任何一个从事该领域研究、此刻有可能就坐在听众席上的人!)你应在10分钟内结束介绍,开始谈论你自己的研究工作。

你应在10分钟内结束介绍,开始谈论你自己的研究工作。我们曾看过有学者引用此建议时表示出不屑,所以我们最好解释一下。提出这个建议并不是说在你所做的任何类型的发言中,你都应该在10分钟内开始谈论你自己的工作!相反,我们的意思是,如果你正在做一次45分钟内必须完成的普通的研究报告,那么大约10或15分钟就是你能够掌握用来衔接你的研究工作和某个学术背景的所有时间。根据我们的经验,在任何情况下,求职者仅留出10至15分钟来谈论他(或者她)自己的研究工作的那些求职发言最后往往都以彻底失败而告终!

除非你最重要的研究创新是程序上的创新,否则你只需在方法部分对程序细节作适当阐述,使听众清楚你给实验参与者安排的实验内容。把结果和讨论两部分合二为一。提出相对较小的一组数据,加以点评后再进入下一组。例如,你可以先陈述表明你研究方法奏效的结果,得出结论;接着再论述能印证你假设的结果。

发言快结束时要明确表示你清楚自己发言的局限所在。所有的研究都有其局限性。如果你对此类局限的存在表现出一种理性的认识就会给人们留下更深的印象。结束发言时简短明了地展望一下未来的研究方向,概述(或精辟地总结一下)你的发言内容。

使你的发言程式化

我们可以把21世纪称作电脑幻灯片(PPT)的世纪。但可能也不能这么说。我们听说有些机构现在已经禁止PPT演示,因为他们认为这种演示会禁锢思想,使大脑麻痹。或许最好的建议是准备某种类似幻灯片的材料,但使用时要发挥想象力。例如,你可以展示仪器设备和参与实验的有代表性的实验参与者的图片。介绍研究工作时,你可以在第一张幻灯片上展示你的方案,在第二张上填入对照组的结果,在第三张上添加与你的假设有关的来自实验小组的数据。靠这个方法你可以为自己的发言营造一种悬念。

虽然这么说连我们自己也感到吃惊,但无论演示什么内容,都要确保坐在大小适中的一间房间后排的人都能看得清。(这是电脑幻灯片的一个好处。它标准的字体大小从远处也能看清。)

替换电脑演示的方式有:发言时使用高射投影幻灯片或者事先分发数据材料。我们不主张分发材料,因为人们可能会在不该看的时候去看它。(我们曾见过这样一位大学教师,当发言者还在兴致勃勃地介绍研究背景时,他已猜出了研究结果。于是他打断发言者,就结果的阐释提了一个问题。)有了高射投影幻灯片，你就能控制发言的进度，不过，人们看幻灯片上演示的内容可能会比较吃力，而且这种方式会让你的发言显得有点儿不够专业。

关于这一点我们到后面还会提到。在为发言做准备时要记住，你的发言有可能会在与你本校现有的大不相同的条件下进行。预先做些最坏的设想，考虑一下如何应对。因为某种莫名的电脑故障，你的幻灯片无法在你应聘职位的这所大学的设备上投影出来怎么办？（我们中有一人在进行一次相当重要的演讲时就曾碰到过这种事。幸亏他事先想到了把自己的电脑连同投影仪都带来，这才挽救了局面。（这就是我们所说的预测不利局面及其应对策略。）在我们认识的使用电脑幻灯片作演讲的有经验的发言者中，大多数人都会同时携带高射投影幻灯片以备不测。当其他演讲者由于无条件地信赖那些更为尖端的投影技术而使发言受到了严重干扰时，我们经常看到他们在使用这些幻灯片。

当然，这些类似的灾难曾经发生在我们很多人身上。所以，当它们也发生在一名求职者身上时，我们不应该对他横加指责，对吗？不完全对。虽然听众可以尽量不去指责，但求职者还是失去了一次留下好印象的机会，这当然会影响到他的求职——甚至对心理学者也一样。他们理应知道基本的归属错误！

在谈到这个问题时，我这儿有一道选择题。选项 a 或 b，哪个比较好？(a) 穿着已经穿过一天的衣服作了一次精彩的求职发言；(b) 穿着干净衣服作了一次没有幻灯、结结巴巴的求职发言。答案是 a。这说明你发言所需的一切物品都应随你一起上飞机，而不是放在行李间等着送往某个并非你面试目的地的异域他乡。一套替换的衣服、化妆品，以及发言稿都应全部装进手提包！

我们有点儿吹毛求疵，这我们自己知道（因为我们所有的朋友都是这么对我们说的）。我们正尽力在做的事是塑造一种心态，使你能万事俱备地去参加工作面试。我们希望，如果你具备了这一心态，你就可以放松——一点点。

发言演练

你的发言不能只练一次而应反复多练。你甚至可以把其中一次演练进行录像，但最好不是第一次的，因为那可能会让你泄气。先在你的研究生同学面前试着发言，然后让大学教师当听众，特别是其他专业的教师。把大家的提问记下来，并着手把其中的一些答案添加进你的发言中。你可能无法确切回答大家提出的所有问题，但在演练中听过的问题，在实际发言时你就能很快回答出来。在你模拟的几次发言中，可能有一次效果不错但超时 14 分钟。在真正的求职发言中这不是靠加快讲话速度就能解决的问题！你需要做出决定删减或略去某些内容。

发言稿，念还是不念？

许多发言者知道自己刚开始发言时会很紧张，给自己的发言准确定调很重要，因此，他们会把发言内容的头几段完整地写下来。他们还可能把最后几段也写下来，以便能准确地陈述结论。其间他们则依赖提纲或一系列高射投影幻灯片来提示自己。另一些发言者能够借助于写在一页纸上的一连串要点，甚至没有任何要点提示而进行成功的演讲。以往的经验告诉我们，求职者不属于这类发言者之列。

了解你可能生活和工作的地方

当然，正考虑要聘用你的院系会想了解你的很多相关情况。不过，你也同样想了解有关它们的很多情况。记住这一点是明智的。但是，非常容易让人忘记的是，假定你偶尔会花至少几小时"享受生活"，那么有关这所大学所在的城镇以及城里人喜欢的生活方式就有很多事情是你想了解的。让我们来逐个审阅一下这些问题。

该系的相关情况

尽管你需要了解许多情况，但不要直截了当地提出每一个问题。在你访问期间，答案常常不经意间就会出现，很多必要的信息对方都会主动提供。在某个参观点，你可以独自一人在一个角落下车，浏览一下问题清单，看看已有了哪些答案。明确还需了解哪些情况，然后巧妙地提出来。

1. 教学工作量是多少？在研究生和本科生课程中如何分配？你需要上一些特定的课程吗？可以开新课吗？普通班的规模有多大？第一年的新教师教学工作量会少些吗？如果进行暑期教学，拿的是"夏季薪水"吗？

2. 可提供哪些教学辅助资源？有藏书量大、预约系统组织有序的图书馆吗？影印材料有预算吗？胶片呢？有研究生助教吗？教学准则是什么？

3. 系里对教师的研究工作有何期望？指望你拿到研究经费吗？如果是，什么时候？有些系因为教学安排过于繁忙，因此教师们罕有论文发表。其他系期望教师的研究源源不断出成果。该系对研究产量的标准是什么？

4. 你的研究空间有多大？是你独自拥有还是与其他教师合用？有哪些合用规定？研究空间相对较多还是不足？

5. 搞研究能得到何种支持？有哪些研究设备？商店和电脑设施的情况怎样——它们是什么档次？如何付款？学校会为新教师的研究划拨启动资金吗？有无经费用于研究空间的改造？有交通费吗？如果有，领取这些经费的条件是什么？有秘书活动室吗？免费使用还是要记账？条件如何？

6. 实验参与者如何招募？有没有一个与心理学基础教程相关的实验参与者数据库？与学校各个方面的联系建立起来了吗？类人动物如何获得？饲养动物的设施有哪些？有动物管理员吗？是否需要组织这样一批人员？费用谁出？

7. 获得终身职位的机会有多大？系里用于评定终身职位和职称晋升的标准是什么？这些决定如何做出？什么时候？以往的晋升率是多少？这份工作事实上可成为一个终身职位吗？如果不能,那么它变成这样一种职位的可能性有多大？（了解清楚整个大学,特别是心理学系是否有预算或招生计划。把情况核实一下。这样的数字有助于说明终身职位的形势。）大学新教员对终身职位的形势作何感想？他们在乎并急于获得终生职位和职称晋升吗？由于认为彼此是竞争对手,他们合作的可能性会因此而降低吗？新教员和资深教师之间有明显界限吗？

8. 该大学的咨询政策是什么？系里的咨询模式是什么？

9. 本科生的质量如何？（当然,这个问题在只招收本科生的大学里尤为重要。）至少在本科生高等课程的学习中,学生们学得好吗？学习积极性高吗？心理学专业的知名度如何？本科生对于与大学教师的联系有着怎样的期望值？有优秀论文出现吗？谁写的？最近有无学位论文发表？

10. 如果该招聘大学开设有研究生课程,那么你的许多研究时间将和研究生们一起度过。他们有从事研究的能力和兴趣吗？他们相互支持相互帮助吗？有积极向上的研究生文化吗？他们的就业理想是什么？在过去的几年中他们得到过哪些工作安排？他们以何种方式参与研究？受助方式如何？他们得用业余时间挣钱以继续学业吗？它们是全日制学生还是走读生？在有些大学,新教师不能马上指导博士论文。如果该大学属于这种情况,那么问问新教员指导研究生是不是很困难。

该大学的相关情况

由于这方面的很多信息是统一的,因此各大学往往印有小册子加以介绍,特别是对争议较少的情况都有介绍。

1. 最初的薪水是多少？近几年的增长模式是什么？原先的加薪决定是如何作出的？
2. 第一次的标准合同期是多长？续约的标准合同期是多长？
3. 学校提供安家费吗？
4. 学术假的政策如何？产假有何规定？
5. 学校的退休政策是什么？它可为教师提供哪些其他的福利？有些大

学有团体健康或人寿保险计划、教职工医务室、牙科诊所、日托中心等。

6. 每所大学都会在一些方面就各系对学校的贡献作出评估。弄清该大学奖励的一些附带情况。教师在全国范围内享有盛誉，其所在系会因此而"获利"吗？教学效率对该校的管理重要吗？重要的话，如何衡量教学效率？

在了解一所新大学、一个新系时，要抱着虚心的态度。我们经常遇到被我们称之为"有母校情结"的求职者。也就是说，他们往往想当然地认为我们大学的运作和他们大学是一样的。更糟的是，当他们发现实际情况并不总是如此时会很生气，哪怕两者之间只是在规章制度的细节上存在微不足道的差别。我们的建议很简单，那就是：别以为每所大学都是完全相像的。

社区的相关情况

虽说作为一名大学新教员，你的大多数时间无疑都将在学校里度过，但你仍然需要一个住所。了解一下其他新教员的居住情况。学校帮助找住房或提供住房补贴吗？顺便拜访一位当地的房地产商，对当地的住房租金和房价做个大致了解。浏览当地报纸以了解待售和出租的房源信息。

弄清有什么样的就业机会适合你的配偶。你应聘的系可能不会专门回答这些问题，但应该有人能告诉你去找哪些人了解这些情况。你还应该去了解日托中心的总体情况和你的孩子们可能要上的学校的质量。

最后，尽可能多地了解该社区的物质、文化和娱乐氛围。你得买一个全新的衣橱或培养对乡村音乐的爱好吗？购物方便吗？餐馆有哪些？这些问题或许不是你决定是否接受这份工作的关键所在，但它们也很重要。

招聘单位还希望了解你的哪些情况？

我们已就人们试图从你的求职发言中了解到哪些情况进行了讨论，但是还有各种人想了解其他一些有关你的专业自我评定的情况。下面我们将考虑其中的几个方面。

找准自己的学术位置

大学教师，特别是那些研究领域不同于你的教师，会试图搞清你的心理思维的大致背景。你属于哪种研究风格？近来心理语言学的发展对你有影响吗？你是一位社会认知心理学者吗？你可以和本研究领域的教师详细描述你的工作，但是当这些问题由其他教师提起时，你应该做好准备用精选的一两句话在心理学领域为自己合理准确地找到位置。

五分钟演练

能够做另一种陈述是很有助益的。我们把它称为五分钟演练。可能有一位大学教师错过了你的求职发言；可能你想为另一位教师描述你在学术报告中未提及的某个（或未来的）研究领域。我们建议你做好准备谈谈你研究的理论背景、你正在求证的一些具体假设、你所采用的一般的验证步骤，以及你正在试图取得的研究结果的概要——所有这些陈述在五分钟内完成！你的主要任务是简要地表达该项研究的重要性及其令人兴奋之处，以便能随时与此人就你的研究工作展开讨论而不是对着他（或者她）说教。

要说明你正从事的工作而又不过度渲染是一件非常困难的事。首先，这需要进行大量的思索和磨炼。我们建议你仔细考虑要说的内容并加以演练。练习时要记住，你可能是在对一位从事不同领域研究的同事陈述你的工作，他（或者她）可能需要对你这项研究的某个方面（如研究方法）再多一点点了解。我们的建议是，根据各类可能的听众的不同，事先考虑好如何调整你的论文陈述。

尽管我们认为一个人具备简要陈述其研究工作的能力对求职面试很重要，但我们同时也想指出，这种形式的陈述实际上正是资深的心理学家们在学术大会、年会或研讨会上相互交流各自的研究工作时采用的方式。能够做好这一点不仅说明你能就自己的研究进行有效的交流，而且说明你具备了资深心理学者的素质。

教学

考虑一下你想教什么。对于那些你本人想教授的课程和那些按计划该上的课程，要清楚将使用的教材和基本的授课内容。如果你对该系的教学需求和模式作过调查，那说明你做事有条理，对该大学感兴趣，同时还表明你会成为一名好教师。

潜在的日程安排

不可避免的是，关于你候选资格的优势总会有一些保留意见。一般来说，这些保留意见源自两个方面。一方面，一个系的多种需求或教师们对这些需求的种种看法会引发担忧。例如，本科生指导老师可能一直在指望你教授心理学基础课程。另一个人却在计划找人帮忙上本科生或研究生的统计学课程。还有一些人或许希望你既能教学又能从事充实他们自己的研究生培养计划的研究工作。

另一方面，许多教师对你最深刻的印象来自你的求职发言。当然，在那种情况下，要应对每个人头脑里想的所有问题是不可能的。譬如说，如果你当时没有详细论述你的统计步骤，可能就有人会担心你在这方面的经验。如果你在发言中提供了详尽的统计资料，可能又有人会担心你是否有能力较生动地讲授基础课程。

考虑到这些可能性，一个理智的做法是，向招聘大学询问就你的候选资格可能存在的保留意见以便你在该校访问期间能着手处理。这是一件很微妙的事，因此我们建议你设计一些问题，让对方确认哪些是由于系里的需求多样性而引发的对你的候选资格的可能的担忧。当然，提出这些问题是需要技巧的。你的任务是要明确这一点：有那些担忧完全是情理之中的事，它们不是针对个人而言。在接下来的有关"招聘大学和你的日程安排"这一部分中，你将看到也许有人愿意回答这一类精心措辞的问题。

面　　试

尽管各个系对面试活动的安排大不相同，但仍存在相似之处。面试时间通常持续至少一整天，也可能一天半或两天。尽量提前一晚到达，搞张地图，让自己熟悉一下校园及市区环境。这么做有一定难度，但这一简单的独立行为会给教师们留下深刻印象，其意义要深远得多。

招聘大学及你的日程安排

很可能将会有一位系里的教师——通常他（或者她）的研究领域与你的相近——负责协调你的面试活动。招聘大学会对你的日程做出安排，但若时间没排满你不要感到惊讶。如果日程表上还有空余时间可以由你支配，那么你可以主动要求拜见你想会晤的人或者要求参观你特别感兴趣的设施。

此人也许还可发挥另一个更为重要的作用，这就是：从他（或者她）个人的角度告诉你该系是如何运作的。特别是如果此人是一位新教员——或者你能找到这么一位——那么你就有了人类学家所谓的"信息提供者"。此人往往会得到许可向你客观地介绍事情运作的真正方式。系里把这一信息传达给应聘人是明智的。资历较深的教师不告诉你这些信息并不完全是想隐瞒你，而是因为他们再现年轻教师的视角有困难。

个人见面会

招聘方很可能将安排四五次个人见面会，让你和那些自认为与你感兴趣的领域最接近的大学教师交谈，最好是那些你来学校面试前就已有所了解的教师。再次核实他们的情况，弄清他们可能对你谈些什么，在风格上是否有些独特的偏好。比方说，他们中有谁推崇高压面试吗？你对大多数教师都了解甚多，还要勇于打听陌生教师的情况。在实际的访问过程中，你可以谈论该校教师的研究工作以及自己所从事的研究的一些情况。

会议主持人（可能是系主任）

在这种见面会上，你很可能将被告知有关该职位的一些更直接的方面——起薪、固定的附加福利等。其间你或许还可问及招聘决定的时间安排——即，他们决定最终人选的时间。

发言准备

到达招聘大学后，尽早要求去看一看你将进行求职发言的房间。不要觉得吃惊，这种房间常常是"临时性"的，没有固定的投影设备（不过对方承诺会为你的发言及时准备好便携式设备）。可能没有投影屏幕，所有的窗户可能都没有窗帘；可能没有讲台也没有指示棒。不要惊慌，但务必测试一下你将使用的这个房间的实际设备。记住：如果你的发言因为这些设备的某种原因而被搞得一团糟，人们会"理解"的。然而，他们将听不到你发挥最佳的发言，而你则不可能有第二次展现自己的机会了。

发言前，安排大约半小时的独处时间以便好好思考自己的发言内容。有些系习惯在发言前安排一小时的喝咖啡时间。如果是那样的话，就在这一小时前完成你的准备工作。

了解一些细节和当地的习惯做法。会有人介绍你吗？你的发言结束后会有人动员大家提问或者在某一具体时间宣布发言结束或者期望你自己这么做吗？大家会中途提问还是会等到你发言结束再提？如果你的发言内容相对有序，你可以建议大家把问题留到最后，除非某个不清楚的细节会影响到他们对后面内容的理解。了解——或许可以从招聘大学那儿——人们会有什么样的评论。该系在传统上是以礼貌见长呢，还是习惯"拷问"发言人？做好受煎熬的准备，但不要把这看做是针对你个人的行为。不同的大学有不同的传统，不要因此感到吃惊。

说句题外话：经过反复实践我们发现，当求职者在上午而不是在惯常安排在下午举行的学术报告会的时间段里发言时，整个工作面试会进行得更为顺畅一些。不仅因为有了具体可谈的事情个人见面会变得自然，而且求职者本人也不会那么疲惫。特别是当他们头天夜里穿越几个时区飞往西部时，情况则更是如此。

"社交"活动

你发言结束后可能会有一小时的社交活动,或与该系教师们共进晚餐,或有一个餐后聚会。不要被这些活动的"社交"性质所迷惑:人们对你的评估仍在进行。教师们想从各个方面了解你,但他们同时也在给你一个机会,让你决定是否愿意成为他们的同事。这些都是你打算与之共度许多时光的人。和他们在一起感觉会怎样?研究生们会来参加晚会吗?研究生和教师之间、年轻教师和资深教师之间是否存在些许隔阂?他们看起来相处得愉快吗?

这些活动都提供酒水。如果你会喝就和大家一起喝。不过你要掌握好分寸。其他人可以早些回家,而你是贵客。明白自己的特殊性,适时离开,睡足觉,以便在第二天的活动中保持大脑清醒。

面试之后

面试活动终于结束,你甚至很享受其中的部分环节。别松散,还有很重要的细节要处理。

1. 如果对方没有特别指定其他人的话,你就将附有发票的花费清单寄给会议主席。只要可能,尽量不要为钱的事纠缠不休,哪怕这需要你办理短期贷款。如果你能自己妥善处理此事而不要求特殊对待,那么你会更受欢迎。每个人都知道研究生不富裕,他们会尽快处理你的报销申请。

2. 如果你在面试期间曾向任何教师许诺过任何材料,马上寄给他们。

3. 静心等候。会议主席或招聘大学可能已经告诉你校方做出决定的大概时间。根据我们的经验,他们几乎总是过于乐观。如果他们说两星期,那么等上一个月或更长一段时间不足为奇。

最后一点:实践效果

根据我们的经验,求职者承受的任何压力和焦虑在第一次面试后都会大大缓解。事实上,经过一两次实战,他们在后来的面试过程中常常表现出和系里的招聘委员会成员同样的镇定,而且表达有条不紊!

应聘失败:遭到拒绝或者没有回音

等了一段时间后,你可能会遇到以下三种情况中的其中一种:被聘用、被拒绝或者没有得到任何回音。

遭到拒绝

你可能会收到一封措辞礼貌的信。信上说你曾面试的这所大学将不能为你提供这份工作。尽量不要太沮丧。根据我们的经验，求职者参加面试后没被聘用极少是因为招聘委员会对其评价偏低。更有可能的情况是，招委会发现该求职者的能力和兴趣与这份工作有些不吻合，而这种失调只有在面试中才得以显现。相信我们。接到我们的面试邀请的求职者一般都给我们留下了深刻印象，即使是那些我们最终没有录用的人。

没有任何回音

到现在为止你一定已经知道，大学教师的聘用决定总要花费很长的时间才能做出。不过你应该面对另一种可能性。因为你已接到面试邀请，显然你就是这份工作的最佳候选人之一。然而，你当然不是唯一的优秀候选人。因此该大学或许已把这份工作许诺给了另一位候选人。但这并不意味着你已被淘汰出局。如果那个人谢绝了这份工作，那么接下来它就可能是你的了——但是该大学之前并不想解释说你是他们的第二选择，而是通过采取不和你联系的方式来摆脱困境。最终，你将很有可能收到他们的来信。

应聘成功：接受这份工作

尽管你觉得难以相信，但对于大多数学生来说，经过了许多轮的求职和面试过程，一份申请的工作真的就会成为现实。那么接下来该做什么呢？

如果这是你真正向往的工作

让我们做这样的假设：你对该大学总的来说很有热情，想接受这份工作，那么请打电话告诉他们。不过在正式签约前，先把任何对你来说很重要的问题解决好。或许你和你的配偶应该再去一次那所大学，两人都看看接下来的几年你们可能生活的地方。明确该大学是否可以报销此趟旅费。

你的合同会是什么样的呢？这份合同很可能包括系主任或会议主持写给你的一封信，其中说明聘你为助教，薪水适度。你应该回信表示接受这份职位，同时用一两段的篇幅提及那些对你来说很重要的事项。你这么做不是为了在他们不能履行合同义务时"起诉这些不讲信用的家伙"，而仅仅是想提醒他们你的一些期望，以使他们能为你的发展提供便利。

你可以和该大学协商一些问题，但对于接受第一份工作的你来说，在讨价还价方面你处于劣势。一定要明确而坚定地说明你的需求，但除非你真的很在意,否则不要把谈妥这些问题作为你接受这份工作的条件。系里有可能会希望你愉快且富有成效,因此,尽管该职位的有些方面,如起薪,往往是全校统一规定的,但对于那些处于其掌控范围内的有关方面他们可能会采取灵活措施。(这种情形下有一个例外:如果你手里还有另一份聘用函,那么你和对方谈条件的资本就要多一些。)

如果这份工作并非你的最爱:谨慎行事

现在假设一种稍微复杂的情况。你接到了聘用通知,但不是来自你的首选大学。对方可能会要求你在两周内给予答复,因此你最好抓紧时间行动。

如果你已访问过你心仪的大学,你或者你的导师完全可以直接问对方要不要聘用你。对一些含糊其辞的回答要有心理准备,如"是的,如果学校能批准今年的预算申请"或"是的,如果某某候选人没有接受这份工作的话"。假如时间紧迫,那么这两种回答都毫无用处,不过你可以请决定聘用你的那所大学再多给你几天时间做决定。他们一般会同意你的要求。

如果你把个人简历寄给了一所你非常向往的大学但一直没接到访问邀请,那么你被聘用的机会就很小。但我们知道该如何收尾。你可能需要继续争取直到你确定自己被该大学录用是不现实的。你或者你的导师可以给该大学打电话,尽可能多地了解到你在他们的决策过程中所处的位置。同样,你最可能得到的答复也是模棱两可的。

鉴于这种含糊其辞的答复,根据我们的经验,人们常常会接受被聘用的第一份工作。做过种种尝试后,握住手里的那只鸟结果证明比在一簇可能压根就没藏着鸟的灌木丛边旁敲侧击要好得多。

收兵

祝贺你!你有了一份工作:现在收兵回校。看到角落里那堆落满灰尘的材料吗?那是你的学位论文。**完成它!**这恐怕是本章中一个最重要的建议了。我们的经验清楚地表明,学生们在没心思的状态下试图完成学位论文,其精神痛苦会剧增。在第一年的教学中,你将没有多少(或者完全没有)时间去写你的论文。而且,大学教师的角色与研究生完成学位论文这一根本任务并不统一。基于这些原因,许多离校时除了学位所有学业都已完成的学生最终就再也没能拿到学位。学位论文没完成会让你付出极大代价。在有些大学,你的薪水会较少,职称会较低;如果论文拖得太久没完成,你还可能真的失去工作。在所有大学,人们都意识到没拿到学位是一个真正的障碍。

结 论

本章介绍的是我们理解中的招聘过程,但是其他人有其他的看法,你需要多作了解。我们希望你能以本章为起点,开始与你的导师及大学里其他相关教师就招聘过程进行更为广泛的探讨。

(本章作者:约翰·达利　马克·扎纳)

第三章
寻找学术界之外的就业机会

本章的中心是考虑学术界之外都存在哪些工作,从事其中一份工作情况会怎样,有哪些利与弊以及如何为这样的工作做准备。虽说每一位研究生都曾被告知这个世界上没有任何工作比得上当一名终身教授,但是非学术类的工作较之于学术类工作中的同行常常会有一些明显的好处。

学术界之外有哪些就业机会?

根据美国心理学协会非学术类职业网站的消息,大约有50%的非学术类工作分布在私营企业中。这些企业中有些是营利性的(占37%;如微软、心理咨询公司),有些则是非营利性的[占13%;如美国教育考试中心(简称ETS)]。大约20%是政府部门的工作(如国家科学基金会),剩余的28%是自由职业者。我曾在其中的两种环境——政府部门(国防部)和ETS(非营利性机构)中工作过。工作中我也和其他行业的许许多多人打交道,其中包括一些大承包商、小承包商、咨询公司、网络公司、计算机公司以及自由职业者。另一类重要的行业是医疗行业,不过我从未涉足过。

心理学者在这些领域从事着各种各样的工作,其中包括研究、制定政策、培训、策划和评估。这些工作涉及认知、社交、个性以及其他重要方面。例如,认知心理学者在实用型实验室工作,对新信息技术产品进行测试。教育心理学者为联邦和州属机构对学校的教学大纲进行评估研究。工业组织心理学者在企业中随处可见,他们扮演着各种角色。例如,在保险公司负责培训部的工作或者为那些对评估或改善其组织环境感兴趣的公司撰写调查报告。我曾共事过的一位数学心理学者现在是一家小型咨询公司的首席科学家。他什么工作都干——评估、可比价值研究、为招聘和晋升考试确定分数线。另一位数学心理学者在为摩托罗拉测试产品。我所观察到的情况是,在政府部门和非营利性机构工作的心理学者其工作性质常常和学术界的相似。但是在这些部门之外的机构工作的心理学者，无论是作为自由职业者、当顾问，还是受雇于营利性的私人公司，他们的工作范围往往要广得多，而且工作性质也与其研究生阶段的专业训练有所不同，不同的方式相当有趣且富有创意。

学术类与非学术类工作有何不同？

除了有许多朋友和同事在大学教书外，我本人实际上也在大学里工作过——我曾在佐治亚大学度过了极其愉快、催人奋发且非常充实的三年。离开佐治亚大学只是因为我当时正在空军研究实验室从事大量的研究工作。当我正从事的那个实验室项目的经理辞职时，我得到了接替他的机会。我觉得如果由其他人接替那份工作从而把该研究项目引导到一个我认为不能同样富有成效的方向，我一定会后悔的。于是我毅然辞职，这使得一位大学同事评论说我正迈出致命的一步，还说她以前从未听说过有人主动辞去大学职位。不过，这一经历为我提供了将学术类职业与非学术类职业进行比较的基础。

尽管这两大领域内各有变数，而且所有这些规律也都存在着例外情况，但我仍将在接下来的部分就我认为最能区别这两个领域的一些特点进行讨论。哪个领域比较好？这当然得视情况而定。它取决于具体的工作，取决于评定标准。不同的人侧重不同的标准。

自主性

在就职业满意度的相关因素所作的调查中，自主性往往位居前列，而没有几份工作能提供比大学职位更多的自主性。大学教师可以选择研究课题，时间长了甚至可以选择要上的课程。他们压根就没有老板在一旁指手画脚的概念。尽管有外表的点缀（宽敞的办公室、私人秘书、预算权），但一个系的系主任并不是真正意义上的老板。非学术性工作背景下的情况就不同了。一般来说，会有另外一个人在决定着你所从事的研究工作。当你还是一名初级研究者时，此人常常是给你分配研究任务的老板。当你成为一名高级研究者时，此人则往往是一个客户或基金机构。如今在现实中，这种区别已没有听起来那么严格了。大学研究人员，尤其是那些享有盛誉的研究型大学的研究人员，常常会在争取大笔研究经费和研究合同上感到压力，这使得他们更关注基金机构正在资助的项目，而不是如何探索自己的研究思路。非学术界的研究人员研究范围之广使得以在很大程度上从事自己选择的研究项目——当然是在许可范围内。尽管如此，这仍然是学术类职业与非学术类职业之间的一个根本区别。

时间就是金钱

非学术类工作的会计制度不尽相同,但通常情况下人们知道它们是以时间来计算报酬的。大家都有一种感觉:必须把时间花在各种项目上。例如,在ETS,每小时都是计费的。每天下班前我们通过输入项目财务密码和我们花在每个项目上的工作时间总量(四舍五入至半小时)来完成时间记录单的登记任务。与此相反,你极少会遇到一位对时间与金钱的关系有哪怕一种模糊意识的大学教师(业余兼职的咨询工作除外)。甚至那些正在从事有一两笔经费资助的项目研究的学者们也往往对他们应该以及实际花费在某一项目上的具体小时数显得不以为然。而为获得这笔经费他们已提交了一个预算案,上面列有他们将投入在该资助项目上的时间百分比。

非学术类工作中的这种按时计酬法存在的一个明显问题是:人们没有足够的时间去思考、去写文章、去参与有时被称为专业的活动。一般来说,非学术类工作中没有什么项目包含这些"不必要的"活动。当然,开明的雇主——比如我的老板——懂得允许或鼓励其雇员参与这些活动的价值所在。尽管如此,这仍然是学术类职业与非学术类职业之间的一个相当重要的区别。

压力、最后期限和 80-20 规则

按时计酬的另一个含义在于 80-20 规则的重要性。80-20 规则说的是 80% 的产出由 20% 的投入所致,因此,这 80% 的价值是由花在一个项目上的最初的 20% 的时间创造的。这意味着从有利于成本回收的角度来看,最佳的停工时间远远早于你可能认为的工作完成或准备就绪的时间。在学术界,一些琐细的、微不足道的差别可以引发人们在一家有威望的期刊上热烈地争论三年。与此不同,在非学术界,人们没有闲工夫去证实每一条由数据提供的最后线索,或者进行那项有可能最终解开你的研究结果之谜的最后分析。相反,这里更典型地具备了生产流水线的特点:你得到了一个项目,你一边开展项目一边把研究过程详细记录下来,这一项目结束后你再转向下一个项目。认为坚持对事物进行重新解释或另加分析将创造很多价值,或者至少相对于你在此段时间内致力于其他工作的可能所得而言,认为这么做将创造很多价值,我们觉得你是在自欺欺人。这种想法或许也有一定道理。对于一名刚刚完成自己心甘情愿去写的学位论文的研究生来说,这种态度可能让他感到困惑,因为他或许认为"一件事要么好好去做要么干脆不做"是很重要的。或者,一名研究生可能会把做项目看成是思考、学习和成长的机会,而不仅仅是解决眼下的问题,更不用说把它整理成文、发表在一家知名的科学期刊上以便让研究生院的朋友们知道还有人仍然活跃在这一领域里。

较难成为世界级专家

因为涉及最后期限这一概念和 80-20 规则,非学术界的研究人员面临的项目进展速度及多样性使得发展任何特定领域的真正专业技能变得很困难。不是不可能——我们有许多来自非学术界的世界级专家——只是在通常意义上会更困难。学术界的研究人员因为从事一个无人探索过的课题研究以及探究一个狭义问题时的耐心和持之以恒而有所回报。与之不同,非学术界的研究人员常常被迫成为通才,在课题间穿梭,四处蜻蜓点水:这个月研究性别偏见,下个月研究年龄歧视,次年则是智能教学系统。并不是说这个特点不好。许多人似乎很喜欢这种多样性和节奏的变换以及了解新领域的机会。毕竟,你在某一个领域所学知识的 80% 是在从事该领域研究的最初的 20% 的时间内获得的。

团队理念

学术类和非学术类工作的一个主要区别是团队概念。学术界存在着团队组织,由一位教授和若干研究生(偶尔也有博士后)组成,但他们的角色是事先定好的。虽然研究生完全能够自我导向且技术熟练,但他们仍然清楚自己的学徒身份。获取经费、作重大决策以及布置研究任务的是教授。非学术类工作在几个方面与此有典型的不同。首先,角色不断变化。一个人有可能在一个项目中是领头人,而在另一个项目中则是配合者。每一个项目的研究小组通常会重新组合——每一两个月重组一次。而且,学术界由一个专家和许多学生或学徒组成的团队模式在非学术类工作中很罕见,这里更多见的是以专家组的形式出现,每位专家提供一种不同的专业知识。例如,可以有一个功能领域的专家组——专司研究、开发、市场营销和策略,或者具备几种专门知识——认知心理学、社会心理学、计算机科学、语言学——的专家组。当然,更常见的还是专家组合。例如,由一位来自研究小组的认知与社会心理学家、一位来自技术支持组的计算机科学家、一位营销人员(此人或许专门学过心理学)以及一位来自产品组的工商管理硕士组成的专家组。

个人荣誉与荣誉分享

与团队理念相关的是成功的荣誉理念。我记得有一位来自一所主要的研究型大学的同仁曾评论说,他参加过一次会议让人很有新鲜感:与会者大方地抛出一些富有成效的好主意,丝毫不担心将来有谁会声称那些想法是他们个人的。我本人在和一些学者打交道时有时也会发现自己很受挫,因为他们对某些想法似乎采取一种防护态度,生怕讨论起来会失去对它们的控制权(和某个有可能用到这些思路的人交谈时他们尤为如此)。一位同事曾对一个正抱怨有人试图借用她的想法的资深研究员说:"在你这个阶段你不该总抱怨,你应该为有人真正读了你的文章而欢呼雀跃,更别说他们想实际借用你的观点了。"这是我最喜欢的几句话之一。较之于学术类职业,我认为荣誉分享总的来说在非学术类职业中实行起来要轻松得多。这很可能至少部分是因为在非学术界,底线是你的项目产出的结果是什么,而非你能独立研究什么。学术界实实在在没有这样的概念——他们对你的评估是基于你个人的学术成果;你个人独立撰写的文章比与他人合著的文章更受好评;而且合著文章的署名先后很重要。当然,同样的情况在非学术界也存在,但由于他们对一个人的评估是基于较广范围的成果,因此发生的几率较低。

合作者

在大学,一个人的合作者主要是学生,偶尔也会是另一位教师,但这种情况似乎极少(夫妻搭档例外)。其中部分原因在于大学封地似的结构——君主间在一段安全的距离范围内有可能进行合作,但合并是根本不可能的。还有部分原因是,在系里,人们常常发现自己是某一特定研究领域里唯一的专家,偶尔会有本学科的同事来访几天或利用学术假前来研讨。有时这样的拜访会促成一种合作,但这种情况极少。相比之下,在非学术界,一个人的合作者往往都是与自己地位平等的同事。常常有足够数量的人在相同或相似的领域中共事,或就某一特定领域提供互补的视角。的确,我过去总是认为一些非学术类职业的一个诱人之处就是:许多人共同合作一项研究,拥有共同的知识兴趣——它们再现了我年轻时田园诗般的读研经历。

合作 VS 竞争或者建立 VS 粉碎

批评与鉴别是学术界涉及心理学职位的关键概念。一个人在研究生院所学到的在很大程度上是一种怀疑论,在实践中举例来说表现在如何评论一个观点或理论,或在社交生活中表现为与流行的看法或普遍的观点格格不入。这种怀疑态度还延伸到了学术研究机构。许多重要论文实质上都是对他人作品的评论文章。非学术类职业在对工作的评论方面似乎远非那么重视,而对其创造方面则要重视得多。换句话说,雇主一般关心的是你有一个解决问题的方案这一事实,不管这个方案从何而来或由谁想出;而对一篇针对某个解决方案存在的纰漏所写的详细的评论文章却并不那么在意。如果这个方案并不十分奏效,没关系;重要的是它是一个方案!也就是说,相对那种能让你准确找出一个复杂的推理句中存在的细微纰漏的怀疑态度而言——这种态度在学术类职业中是有利的——雇主对你的要求和期待总体上带有一种"激励"的重实效的特点。

与他人共事

一天中大部分时间与他人共事，这种可能性对于从事非学术类职业的人来说似乎要大得多。当然，大学教师要定期授课，所以也会和学生在一起，与所在的研究小组成员碰面，偶尔和同事、系主任及委员会成员交谈。尽管如此，他一天中相当多的时间是独处，关着门看书或写作。至少人们的传统印象是这样。这和大多数非学术类工作形成了对比。在非学术界，人们通过电话、电子媒介或面对面的方式不断与他人进行接触和交流。

会议

事实上，我一天中有三分之一的时间在与人会面，对象一般是监管人、被监管人、项目合作人、客户以及来访者。话题各不相同。和我的监管人在一起时，我们讨论的是业绩、规划、新方向、预算和人事问题。和那些受我监管的人在一起时，我则与之谈论研究策略（想法和客户）、商讨相关事宜（如统计数字或设计方案）、为他们提供咨询服务（如个人问题、请求等），偶尔对他们提出表扬（如完整的提案）或批评（如未如期完工）。还有正式的年终评估会议或年初、年中的目标制定会议。虽然学术界有年度评审，但我的经验是非学术界似乎更重视正式的评审过程。这可能是因为其含义更深远（结果差异更大）。此外，我们每月开一次全中心大会，让每个人在5或10分钟内明白我们的工作进展，我们正面临的困难，在什么环节上我们需要帮助等。我们还有每月一次的"自备午餐"会议，由我们其中一人或来宾较详细地谈论一个项目。别忘了现在日益流行的与客户及项目组成员之间的电话会议。我们偶尔召开可视电话会议，但这似乎并没给通过扬声电话召开的会议特别增加更多的功效。

研究的"重要性"

我在研究生院工作时，一位愤世嫉俗的同事曾就搞研究以及将其成果发表在优秀期刊上的过程进行过评论。他总结说："整个过程都无关紧要。它不过是一个游戏。"这个游戏指的是以下过程：选择研究课题，收集、分析数据，当第一组假设不成立时对数据进行再分析，一边"迫使数据就范"，一边调整思路和假设。最后，考虑到数据所限，整理成文时尽可能使该研究能吸引最负盛名的期刊。整个过程完成后，把文章装进信封，贴上邮票，然后等候6个月看看自己是否"赢"了这场游戏。这种评论可能多少有些夸张，但它触及了"不发表即灭亡"文化的本质。相比之下，非学术界总体来说对研究工作本身相当重视。真正采用研究成果的是论文评审员和编辑之外的其他人，而且一切发生得相当快。取得研究成果往往有很大的时间压力,而其未来的使用者常常对该成果是否发表在科学期刊上毫无兴趣。对于使用者而言,当研究人员有成果可发布时,这项研究往往就被认为已经结束。这就是为什么在非学术界,对研究工作的口头陈述一般就意味着该研究的终结,较正式的书面材料要推迟到很久以后才会出来。

有些人喜欢自己的研究成果被用来解决现实世界的问题,喜欢新问题的挑战、速度和层出不穷。另一些人似乎认为在尝试阶段不可避免地要做出的妥协——比方说提前中止一项工程或者在实际工作中而不是在实验室里收集数据——影响了进行基础研究可能取得的进步。随着时间的推移,个人偏好会有所改变。打个比方。就我个人来说,我现在对研究成果的实际运用的迷恋比当初在或者刚离开研究生院时要强烈得多。我接受 ETS 的工作后,ETS 在写给我的简单情况介绍信中谈到,我将会因为"和客户打交道"而心怀感激。如果是在十年前这句话的含义会让我困惑不解,但当我四年前再次看到这句话时,我明白了。

非学术界存在着基础研究工作,但总伴有潜在的后果要承担。一个从事非学术类职业的人,如果他对基础研究感兴趣且其雇主愿意给予支持的话,必须事先弄明白该基础研究的总体环境。这可能包含对该基础研究及其将来可能产生的广泛应用之间联系的设想。在顶级大学,为研究而研究是有可能的,甚至是提倡的,但是在非学术界,这种情况一般至多是可以容忍,最差是被禁止。极少有人会想到去从事长达几年的项目研究。真有这种情况发生时,那是因为首席研究员富有创意地表明了第二年的活动如何完全不同于第一年的活动。

发表研究论文,陈述研究成果

这里提出了一个问题:为什么非学术界的研究人员不曾在一般科学期刊上发表论文?例如,在最近的一个项目中,我和几位同事为一家策略咨询公司研制了一套问题解决评价系统。该公司有意将此系统用于挑选应聘人。一旦我们研制完成了这套系统,用它来收集数据,并提供了分值说明,客户对该研究的宣传便不再有另外的兴趣。尽管在研制过程中,我们曾解决了一些复杂的问题,取得了一些有意义的进展(这些进展完全值得写成一篇科学论文)。然而,事实上,该客户不仅无意于写这样的文章,还要求我们签署一份保密协议,要我们对外少谈这套系统。我的上司很高兴我们完成了这个项目,客户也对我们的工作感到满意。其他的行为便毫无必要了。这种情况在非学术类研究中并非反常,在有些行业(如计算机)和机构(如 CIA),机密和保密是规矩而非例外情况。

与此同时,雇主也有理由允许甚至鼓励雇员发表研究论文和陈述研究成果。一方面,许多雇主承认,对他们的雇员来说,要想在最新的研究成果发表前的几个月,甚至几年的时间内在该研究中处于领先地位,要想和某一领域的权威人士保持联系,要想知道事态发展动向,那么成为圈内人很重要。另一方面,就像摇滚音乐人和职业健美运动员一样,博士们并不想在默默无闻中度过整个职业生涯,而希望把自己经过多年辛苦和持之以恒所取得的成果完全展现在众人面前,更何况还能和研究生院的同事保持联系。这意味着在学术刊物上读到彼此的文章,在学术会议上能碰碰面。要满足这个需求,雇主们恐怕不得不容许甚至鼓励员工发表文章,在年会上宣读论文,以此来吸引顶尖人才。

忠于公司与忠于职业

大学教师是自由人。为提高自身的市场价值她不断充实自己的简历;在研究生院工作期间,她曾是一名研究助手,拥有助教经历并获得过一两部著作的合著资格;作为助理教授,她发表过学术论文,参与过书籍编写工作;她先后加盟多种委员会,成为各种会员,不断获奖,进入编审委员会,获得编辑资格。一个人对本学科("社会心理学"或"神经科学")的忠诚往往胜过对自己所在单位的忠诚。这反映在"吉卜赛型学者"这一概念上:为谋求更好的待遇,争取更多的研究经费,少教书,有一间更好的办公室或更优秀的研究生,他们从一个单位跳到另一个单位,但始终对自己的学科不离不弃。在这种背景下,无论你在 APA 或全国研究理事会或某个编审委员会任职,还是被任命为一个科学社团的编辑或官员,只要你能履行自己的专业职责,你就能提高知名度,进而增加自身的市场价值。这些都是学者们追求的目标。尽管其中绝大多数都是义务活动(即没有报酬),但这并没有降低它们的价值。相比之下,在非学术类职业背景下,参与这些活动的回报程度就没有那么大。一方面,对雇主来说,一个雇员的价值是和他为雇主所作的贡献大小相关的。在非学术类职业中,这常常意味着一个人从事的是什么研究,而不是他所任职的某个委员会有多高的声望。说明自己的教师在重要的国家级委员会中任职以及主管着享有盛誉的科学期刊,这对于一所大学的声望(和随后的市场运作)非常重要。对于非学术类单位而言,宣扬员工的这些成就则常常不是很重要,而且它们的员工参加这类活动也得不到多少奖赏。只要员工是在业余时间参加这些活动,雇主一般不会有意见。但另一方面,雇主不可能允许员工把 30% 的时间花在专业活动上。同样,对"雇主通过容许这类活动来吸引更好人才"这一通则所作的解释仍然有效(参阅前面"发表研究论文,陈述研究成果"部分)。

不教书，没学生

学术类与非学术类工作最明显的区别是有否教书。非学术类工作不涉及教书。对此有些人喜欢，有些人不喜欢。教书具有刺激性和挑战性，它提供了目睹热情好学的学生在学习中成长的机会，这种机会是很有意义的。另一方面，教书意味着很大的工作负荷，尤其是当一个人刚刚开始他的教学生涯时。教书分散人的研究精力，因为课前你得花时间没完没了地备课，课后还得再花无谓的几小时让自己从讲课的兴奋中平静下来。不仅如此，人们还可能不把研究重点放在重要课题上，而是针对教学本身出现的问题或者学生感兴趣的话题展开研究。换言之，教学可以推动研究，而不是研究带动教学。

报酬

报酬是一份工作的重要方面（对许多工作而言，这是最重要的方面）。许多人，特别是从事非学术类工作的人，似乎都认为报酬是非学术类职业的一个诱人的优势。例如，有人听说非学术类职业的初始薪水比学术类职业高出20%甚至更多，而且这一优势在非学术类职业中贯穿始终。由APA和工业组织心理学学会之类的机构对薪水所做的调查明确显示，非学术类职业的薪水普遍具有优势，但也存在很多因素使这一问题变得复杂。非学术类职业本身根据具体行业（例如，咨询公司的工资比政府部门高）和工种（从事管理比搞研究工资高）的不同薪水差别极大。学术类职业根据是否有博士头衔、是公立还是私营机构以及院系的不同（例如，商学院和医学院付给心理学家的报酬比心理学系要高）而有所不同。资历在学术类和非学术类职业中都是强有力的调节剂：薪水随着工作年限的增加而提升。这种情况一直延续到20至25年工龄左右，此后薪水不再升高，再后来甚至开始下降。因此，非学术类职业在报酬方面可能会略显优势，但这只是一般情况，因为两类职业中都有很多依具体情况不同而存在的变数。在学术界挣不到高薪这种想法是错的。公司的工资也未必总是更高。

终身制压力锅和安全

针对大学教职的一个好消息是，如果在熬人的、磨炼人意志的压力锅里呆上6年，作为回报，你就可以获得世界上最安稳的工作：终身教授职位。这个压力锅意指工作极度勤奋、工作时间长、压力大、没有时间做其他任何事情。在此期间，你给昏昏欲睡的本科生们大班上课，讲授你并不感兴趣的领域的基础课程；你长期不懈地搞研究终于为自己在狭窄的研究领域谋取了一席之地；你获得研究经费，不断陈述研究成果和发表论文；你在大学教工委员会任职，展示自己良好的教师风范。有了终身制职位,你从此可以转而去教你想教的班级,让基金机构与你联系,对你不感兴趣的委员会的请求不屑一顾,陶醉在以往的成就中。当然,这是终身制产生的重大影响的一个结果。这有点儿像参加一个为期6年的教师能力测试。非学术类工作在这方面没有可比性,因为你永远无法得到永久性就业保障(终身制只存在于学术界)。如果非要比较的话,非学术界有一种颠倒的压力锅现象:雇主对新雇员设的门槛很低,他们能够轻易地找到另一份工作,但他们对雇主来说很有价值,因为相对于初始工资水准他(或者她)的知识水平和精力程度都算高的。随着资历的加深,非学术界从业人员的工资不断提高,相应的工作压力也随之增加。这一优势在两类工作中都有所体现,只是出现的时间不同。在最初的大约6年的时间里,非学术类职业的稳固性(或许还有工作满意度)很可能高于学术类职业,但之后,这种稳定优势无疑将偏向后者。有关人们为什么选择非学术类职业而不选择学术类职业,我私下听到的最多的一个理由是:他们不想承受终身制压力锅长达6年的煎熬。

资源

我曾听助理教授们无数次地抱怨说,他们得为基本的办公设备与电话安装和雇主斗争,更不用说获得台式电脑、笔记本电脑、掌中宝、电子邮件账户或上网了。与"自由人"主题相吻合,大学的院系常常把获取资源和争取资助看成是教师个人的事。其中新来的教师日子最难过。由于系主任并非真正的老板,因此新教师无人可求助。这非常令人沮丧,被视作另一个挑战,一个在为终身制职位奋斗中需要逾越的障碍。相比之下,非学术类职业中的雇主通常会对新员工给予大力支持,以使时间不被浪费,新手一到就能开始研究工作。例如,在ETS,我们在新员工开始工作前对他们先进行摸底调查以了解他们需要什么样的帮助。我们将他们的电子邮件账户安排就绪,确保他们能上网,且软件运作正常。我们甚至对支持组的工作人员进行评估,检测他们在新员工到来之前能提供的支持程度。新员工到达后马上会发现周围有许多秘书和研究助手,他们在尽其所能地提供帮助。这在非学术类职业中很普遍。当然会有例外——非学术类职业不提供这种支持(例如小公司)而学术类职业却提供(例如当这种支持被用作一种招聘诱饵时)。不过总体上说,非学术类职业提供的支持会比较多。

出差

学术类与非学术类两种职业环境下出差的总量很可能差别不大,当然存在着个体差异:两类职业中都有人经常出差,有人偶尔出差或根本不出差。主要的区别似乎在于大学通常把所有的出差时间集中安排在不用教学的暑假几个月里,而且提前很多做好安排。非学术类职业中的出差时间在一年中分布较均衡,发生的随意性更强(事先安排的较少)。在学术界,出差往往是参加会议,特别是出席年会;而非学术界人士则更多的是前去与人会面,较少参加年会,而且会晤的对象经常是客户以及可能的资金提供者。在非学术背景下出差的有利之处是,校历并不影响(进而干扰)出差计划。如果你需要会见某人,即可安排会面事宜。你需要忍受的只是几天或几星期的预约时间,但如果你约见的是大学教师,那么找到一个会面时间并安排好包含旅途在内的这次会面可能得花上好几个月。

工作要求

学术类和非学术类职业还有另外几点不同之处,在其他地方未提及,现归纳如下。

不要把工作带回家

在大学,你不用打卡上下班,甚至没有固定的工作时间,但你也没法把工作撇下。无论你走到哪里,它都像影子似的坚定地跟着你。晚上和周末是看书、备课、批改学生作业和试卷的极好时间。不管你已经做了多少,总还有更多的书要看、文章要写、作业要评分、课要备。这需要你克制自己,放下手中的工作,把它们排出脑外,去休息。非学术类的工作则更偏向于朝九晚五,工作时间往往较死板。毕竟,因为是团队性质,有支持组的人员存在——这种情况比学术界常见得多——一天中你依赖他们,他们也依赖你才能把工作完成。同时,到了下班时间,你可以更轻松地放下工作,晚上回到家时心安理得。

显然,这些都是理想状况。许多从事非学术类职业的人至少偶尔在深夜和周末也得工作,尤其是研究项目、研究报告或研究经费的申请快到期的时候。许多大学教师努力想确定正常的工作时间。但这两类职业倾向上的不同是明白无误的。我曾听很多从事非学术类职业的人把下班后能将工作撇在脑后这一优点说成是自己选择该职业的重要因素。

项目的多样性

在非学术界,同时进行四至八个项目是常有的事。这些项目所处阶段不同,强度也各异。有些可能处于整理成文阶段,有些可能处于分析阶段,有些可能是概念形成阶段,有些可能是预申报阶段。一个项目也许就占据你本周80%的时间,剩余的时间由其他项目瓜分;也许所有项目分配时间均等。协调好各种责任,确保无一环节出问题,把项目进展、状况和最后期限记录下来,这些都是工作的重要部分。当然,在学术界情况也一样,但是大学里不同项目往往界限分明——教学、给论文评分、约见学生、搞研究——而且通常一个时期只集中进行一两个项目的研究。

被推入行政轨道

大学教师的职业轨迹始于博士后、讲师或助理教授，进而升为副教授，然后是正教授。其间或许还担任系主任一职，有时甚至是学院院长。但这些行政任职一贯是自愿的，且往往是暂时的，院长和系主任一般会在某个时候让位，回到他们最热爱的岗位——专职教学和搞研究。在非学术类的岗位上，职业轨迹常常直线得多，没有迂回：最初是在实验室工作者，然后依次是项目经理、监管人、研究室或学科带头人、部门领导、副总裁等。每一次职务升迁都给飞黄腾达者增加了更多的监管责任，其报酬也随之增多。但与此同时，他（或者她）也开始越来越远离数据收集、分析和解决问题这些原本可以把他（或者她）先拉进心理学领域的种种活动。我们听人谈起过非学术类职业中的双轨机会，意思是一个人除了不断增加监管责任外，有可能通过在某个技术专业方面变得越来越博学和能干而在一个机构中有所发展。然而，事实上，非学术类职业中真正的双轨情况常常是很难找到的。

为学术界之外的职业做准备

让心理学博士受雇主青睐的技能正是研究生们博得其导师好感的技能。这包括将问题概念化并构思出研究方法，懂得如何收集和分析数据，能以报告、备忘录、PPT 演示以及一对一面对面会谈的形式书面和口头表达你已完成的工作等能力。分析和交流能力通常是心理学专业毕业生的强项。那些由于兴趣所致和专业训练所需已花费多年时间习得了解世人、剖析世人的行为科学方法的人们自然而然就拥有了其中的许多技能。

就研究生院的正规学习中最有用的知识而言，我发现研究方法论和分析及量化技能往往最具市场价值。从本质上说，我读研时上的所有量化和方法论课程就其自身价值和因为选上它们而给我日后带来的种种机会而言，回报率已高达好几倍。

我发现还有一些读研时没有得到真正培养的技能在毕业后却很有价值。在这一类技能中，我把向非心理学专业人士——包括技术类（如工程师、物理学家）和非技术类（如市场营销人员、经理）群体——说明研究设想、成果、理论或模型的能力排在最前面。这一技能特别令人关注的一个特点是，它为这类说明的说教性倾向注入了说服的成分。说服一个就你正试图阐明的问题可能持完全相反观点的非心理学专业人士——这种能力的培养尤其重要且富有挑战性。在十秒钟、一分钟、五分钟或其他任何许可的时间段内对技术概念进行归纳的能力紧随其后。

除了这些技术方面的能力，社交能力在非学术界起着非常重要的作用，很可能比在学术界的作用更重要。一个社交能力低下或极差的人有可能是一位相当成功的大学教师。在大学，社交怪僻和习性不但可以被容忍，而且是意料中的，甚至被满怀敬仰的学生视作有个性。同样的行为在非学术界不会给行为者加分，反而会妨碍其事业的进步。此外，与团队合作，互相迁就，善于说服、规劝或激励他人，同时对时不时必须服从命令不会感到愤愤不平——这些在非学术界都是重要的技能和态度。另一个重要的社交能力是能够在同行中征求意见，聆听别人讨论他们自己的工作，告知他们你目前正从事的活动，找出彼此的联系，发现合作机会，将事业推向前进。这一切可以在开会时、在午餐室、在欢迎仪式、生日午宴、颁奖典礼、鸡尾酒会上，以及喝咖啡的休息时间等一切场合发生。

在非学术界，持一种"我能行"的积极态度至关重要。这要求将读研时所学到的怀疑态度作某些调整。当然，健康的怀疑论永远是重要的，但总体上说，人们会因为不断地推进事物、尝试事物、表现乐观而得到更多积极的回报。灵活适应是非学术界看重的另一种态度。这意味着能随时放下手中的工作，能把项目放一边去回复老板的电子邮件，乐于承担一个你认为并不属于你的专业范畴的课题项目（但该项目必须做，而且你对该项目的了解和周围其他人一样多）。

还有许多其他技能对于在非学术界取得成功起着重要作用，例如预算、管理和监督。但我认为这些技能学起来相对容易，最重要的决定因素是把它们作为工作的重要部分来对待的意志。

结　　论

认识学术界之外的世界有很多理由，绝不仅仅因为你可能想在其中谋求一职。无疑，没有任何一份工作能像终身制教授的职位那么理想（本书的其他章节将证实这一点），然而，兴趣、机会或具体情况还是牵引一半的博士毕业生走向了非学术类职位。非学术类职位种类繁多，很难一概而论它们的特点。不过，学术界之外存在着许多各不相同的机会，如今有许多富有成效的学者心甘情愿地工作在非学术类岗位上——这么说是完全公正的。

（本章作者：帕特立克·基勒宁）

第二篇
教学与导师职责

第四章
高效教学的诀窍

我们知道一位资深教授独立的大学教学准备工作开始于其研究生阶段的第三年——一封只有一句话的函件分配他在接下来的学期教授本科生的一门基础课程。这封"教师上课通知"函中有许多重要事项未提及。信中只字没提到:(a)授课内容;(b)如何编写教学大纲;(c)如何选择教材;(d)如何备课以及安排课堂活动;(e)如何评价学生的表现;或(f)如何应付与学生的相关问题,例如:对评分不满、课堂骚乱、补考申请以及需移交咨询中心解决的有关事宜。他得通过在课堂上试讲和试讲中出现的失误学到这一切——还有大学教师应该知道的有关教学的其他所有事情。毫不为怪,面对这样的第一堂课成了他一生中最胆战心惊的经历之一。

这种情况并非少见。许多新教师在第一次走进教室开始授课前曾花几年时间跟随专家导师搞研究、做学问,但几乎或根本没有为教师这一角色做过正式准备。他们被迫依靠自己的才智和毅力,外加他人非正式的建议、自己老师树立的榜样以及书中谈到的如何在教室中求生存的方法来努力适应这一角色。

教师的角色

如果你和许多大学新教师一样,那么,是你对自己所选择的学科领域的兴趣而不是教授这门学科的前景促使你继续攻读研究生学位并从事高校工作。事实上,你也许只是在读研的几年中才开始慢慢认识到教学是高校生活的一个主要部分,也许只是在和未来的聘用单位讨论教学任务时才真正认识到这一点。

教学任务

作为一名新教师,你面临的教学任务主要依你所在系的水平、类型、传统和定位而定。如果你所在的学校属于一所主要的研究型大学,那么每学期你可能只需教两门课程,而且其中可能只有一门是本科生课程。特别幸运的话,或许一开始你只被安排教一门课(也许是研究生讨论课),这样你就能明确自己的位置,建立自己的实验室或开始自己的学术研究等。如果你所在的学校属于一所大型的社区学院,那么你被扔进教学的深渊的可能性则要大得多,因为当初你很可能主要——或完全——是作为教师被聘用的。如果校方没有打算安排你搞研究或做学问,那么你的教学任务大概就会包括每学期给总数4到6个班级教授两门或两门以上的课程。显然,你的教学任务越繁重、必须准备的课程越多、教学经验越少、减压的支撑力越小,教学任务就越可能变得令人畏惧、压力重重,其困难程度还受到学生素质的影响。

听课对象

在20世纪60年代,大学生一般都是来自中产阶层的男性白色人种。他们参加全日制学习,学费主要由父母承担。整个学年中他们都不工作,入学成绩平均为B。他们希望能保持中等水平,其主要目标很可能包括培养一种积极的人生观。此后,普通大学生的总体情况已发生了巨大变化。

一方面,较以往有更多的学生在半工半读,这通常是因为经济困难迫使他们不得不干一份全职或兼职的工作。与过去相比,如今的大学生年龄往往比较大,而且自1980年以来,女性的人数已超过了男性,目前占本科生总数的55%。大学生中代表各种族的少数团体的百分比有所增加。到2025年,少数团体的学生加起来将构成大学生总数的大部分。现在有较多的学生学习准备不充分,较多的学生因为身体或认知方面的缺陷而有特殊需求。还有较多学习不专心的现象。较之于20世纪60年代,如今的大学生更多地反映课堂内容枯燥,注意力难以集中。他们说他们为自己喜欢的老师刻苦学习,但对他们不喜欢的老师教授的课程,他们则更可能会放松学习,甚至作弊。另外,对于经历过中学"分数膨胀"的大学一年级学生来说,当付出同等的努力原先可以取得A或B的成绩而现在只能得到C或D时,他们往往感到吃惊且愤愤不平。最后,当今大学生的追求目标更可能是金钱上的富有,而不是积极的人生观。

总而言之,你将遇到有着各种种族背景,各种能力和缺陷,各种兴趣、动机和期望的学生。有些学生羞怯腼腆、胆小怕事;另一些学生则过于自信、盲目乐观。不管是全日制学生还是半工半读者,他们中许多人在应付工作、经济压力、家庭责任、各种关系以及其他紧张性因素的同时,将会努力完成学业。作为一名大学新教师,准备应付如今各种各样的学生是你将面临任务的一个方面。在本章的余下部分,我们面向其他许多人首先提出一个可能是你想问的第一个问题:我该如何开始?

备　课

要想把教学焦虑感降到最低同时最大限度地发挥教学效果,精心设计和准备课程是至关重要的。

目标的确立

根据你的教师目标确立你的课程目标,明确每门课的开课目的。这门课是学习其他课程前所必备学的吗?如果是,那些课程是什么?哪些课程(如果有)是上你这门课前必须学的课程?你这门课是不是一个专业系列的一部分?换句话说,你这门课和系里其他课程的关系如何?了解你的学生可能已经达到的知识水平能帮助你的授课和将要布置的阅读作业设立一个起点,一个合适的水准。清楚你的学生将从你这门课中学到什么能帮你决定教什么、怎么教。课程结束后,他们将能详尽了解一个相对狭隘的学科领域吗?他们将能基本领会你所教学科的主题思想吗?他们在解决问题、思维、写作、研究或其他方面的技能会有所提高吗?如果你开设的是一门概论课,那么你的上课内容和其他课堂活动很可能就将只涉及你所在学科的基础知识,但你可以在为高年级优等生开设的高级课程中重点讲授较为深奥的内容。这些与目标有关的问题将有助于你在组织安排课程时做出许多其他的决定。其中第一个要做的决定可能就是选择哪一本教材。

教材的选择

如果你可以自己选教材,那么先把系里最近上过这门课的其他老师用过的教材仔细翻看一下。除非时间紧迫,否则了解一下其他院校的教师正在使用的教材。你可以访问本学科其他系的网站,在网上找出与你课程相似的课程大纲上所列的书目,通过这一方法了解所需信息。给教师发电子邮件,收集他们对这些书的评论。一旦手里有了一份这些教材的简短书单,你就可以联系出版商的销售代表(所有出版公司都设有网站让你联系;你只需 google 一下公司名称即可),索取书单上的样书,每本各一份,还有其他任何可能用得上的配套辅助材料。其中可能包括教师手册、考试题库、幻灯片、PPT 演示幻灯片、学生辅导用书、问题集、实例集或其他补充读物。

你可以采用五分制(从"优秀"到"可接受"到"不可接受")给每本教材划分等级。只要你认为是实现你的课程目标最重要的因素都可作为评判标准——可读性、学生兴趣、内容准确性、涵盖范围、知识含量、编写水平以及配套材料的质量,这些往往都是我们评定教材的重点。

教学大纲的制定

教学大纲或课程纲要将是你给学生的最重要的材料之一。一份制定得当的教学大纲不仅可以作为课程概况简介和指南,而且还能帮助学生了解你的授课内容以及你对他们的期望。在大多数大学里,一份课程大纲就是一份有约束力的合约,它允许对未达到要求的学生进行处罚,也允许学生投诉不按公布的评分程序评分或在其他方面严重偏离其承诺的教师。因此,制定大纲时要仔细斟酌、表达清楚,然后严格遵守。如果开课后你不得不对大纲做些改动,不要仅仅在课堂上宣布了事,给所有学生发一份书面通知。

制定大纲的第一步是看日历。标出并数出你可以用于讲课或进行其他教学活动的时间,别忘了扣除诸如感恩节或春假之类的统一节假日。把与宽扎节等可能不是正式节假日的宗教节日相冲突的上课时间也记下来。校规或常识可能会授意你在这些日子里不要安排小测验、考试或其他要评分的作业。还有,别忘了标出你因有事不得不邀请一位客座讲师代替你讲课的所有日子。在日历上做记号使你能纵观整门课的时间安排,更容易发现安排小测验和考试的最佳时间,也更容易调整这两者的间隔时间。它还有助于你弄清学生提交学期论文或完成其他你可能布置的项目的最后期限是否能让你在学期结束前有足够的时间给这些作业打分。

在决定课程大纲的内容方面,失误是出在内容太多而不是太少上。有关该课程的信息你提供得越多,你在课堂上需要回答的问题就越少,或者说,你就越容易把那些提问者引导到大纲上去寻求答案。最起码,你的课程大纲应该提供以下信息:

1. 学科名、编号及课程名称(如:生物101,生物学入门);
2. 上课日期、时间和地点(如:周一、三、五,上午10点,化学附属楼101);
3. 你的姓名、办公室地址、办公室电话以及电子邮件地址(如果你决定提供你的家庭电话号码,请注明可以拨打的时间);
4. 你的办公时间安排表;
5. 必读和推荐书目,其他资料列表,以及这些资料中是否有一些可以在图书馆预约,在图书馆的什么地方预约等信息;
6. 每节课的上课内容,以及每节课课前应完成的阅读或其他作业(见表4.1);
7. 学生表现的评定细则和最终成绩计算法;考试及小测验的次数,测试形式是论文、多项选择题还是简短回答,每种题型包括的题数,每部分在总成绩中所占的比例(下面我们会谈到各种评分法);

8. 课程简介以及你的教学目标。举例如下：

本课程介绍的是心理学较广的应用领域，包括研究方法、发展心理学、学习与记忆、思维与智力测试、健康心理学、个性、心理疾病与治疗以及社会心理学。本课程自始至终将鼓励你发挥对心理学及其之外的话题进行严谨思维的能力。如果你课前有预读布置的教材篇章，那么你从老师的讲课和课堂讨论中的收获将会大得多。

9. 课程要求、棘手问题以及礼节规定等综合事宜。其中可以包括这样的表达："上这门课的所有学生将受到礼遇"；"出勤率对我很重要"；"迟交作业将受到每天扣两分的处罚"；"上课迟到者请轻声入内"；"上课时不许吃东西喝饮料"；"希望在我办公期间每位同学至少来见我一次"等。总之，把你希望和不希望在课堂上发生的事以及违反规定的后果一一列出。学生对有些规定可能不熟悉，不要让他们瞎猜测或费尽心机地去了解它们。

课程大纲有助于确立你在学生心目中的教师形象，所以表达的口气应该坚定但友好。它还应该体现出你热爱教学——这是学期末评定优秀教师时必不可少的一点。因此，认真制订你的课程大纲，向有经验的同事征询建议，大纲下发之前务必保证消除所有拼写错误或其他有可能会在不经意间流露出懒散态度的失误。

表 4.1　上课时间样表

日期	授课内容和主题	阅读作业
02/8/28	课程介绍	
02/8/30	心理学的分支领域和心理学职业	第一章
02/9/4	停课（劳动节）	
02/9/6	心理学的研究方法	第二章
02/9/11	心理学的研究方法	第二章
02/9/13	人类发展	第十二章
02/9/18	人类发展	第十二章
02/9/20	测试一（内容涵盖第一、二、十二章。请带铅笔和学生证）	
02/9/25	讨论测试结果	
02/9/27	学习	第六章

学生成绩的评定

你很快就会发现大多数学生对如何评定其成绩以及分数计算法的兴趣丝毫不亚于他们对课程内容的兴趣。我们将在下一个部分讨论评分制。在这一部分，我们会提出评估学生成绩的一些可选择方案和对能促进学习的评估程序的一些想法,尽力把评估手段和课程目标结合起来。举个例子,如果你的目标之一是提高学生的严谨思维能力,那么,布置"思维性作业"、安排分析性作文考试或以理解为主的多项选择题测试比举行以解释重点词语为主要内容的考试要好。另一方面,如果定义和词汇是教学的主要目标,那么安排重点词汇测试或许是理想的做法。

测试与随堂小测试

评估学生成绩最常用的方法当然是书面测试,还有形式更简练的同类测试——随堂小测试。测试和小测试的题型可以设计为作文、简短回答或多项选择题。

作文和简短回答测试卷相对而言,出题会比较快,可以用于评定学生的写作能力。它们为学生设定了要求对课程内容进行高水平分析的任务。作文考试可以采用分析或看总体质量的方法判分。学生有异议时,用分析法抗辩通常比较容易。这要求你写出一个包含具体要素在内的"标准答案",预定好每一要素的分值。然后把每个学生的作文和这个标准答案进行对比,根据学生作文中出现的具体要素是哪个、有多少个来给分。测试的总分取决于学生得分的总和。在总体质量评分法中,你给每个学生的分数要么基于参照其他学生答案而定的总体答案质量,要么基于你自己设定的一般标准。

作文和简短回答测试形式的主要不利之处是,如果要认真阅读这些作文和简短回答题并进行系统评分的话,教师需要花费大量的时间。因此,在决定采用作文或简短回答形式之前,估算一下批改每一道题需花费多少时间。保险起见,提高这一估算值,与班级的学生人数相乘,然后再乘以整门课程中将进行的测试次数,并考虑一下你的其他学术责任,决定由此得出的时间投入量是否现实可行。

如果批改作文或简短回答测试卷所需的时间不宜把握,可以考虑用多项选择题的形式来评定部分或所有学生的成绩。采用多项选择题题型进行测试的好处是,试卷可由光学扫描仪快速评分,如果具备合适的计算机网络设施,测试结果就可以通过网络下载到教师电脑里的学生成绩登记表上。这种测试的弊端是,出题要花很长时间,出好题花的时间则更长。此外,无论你多么小心,有些题目可能会被误解,会被学生以一种意想不到的方式去理解,或造成意思上的模棱两可。所有这些都会使学生感到困惑,使他们在考试过程中问这问那,并在事后带来一些麻烦。

不管你选择哪种形式,我们建议你使用明细表来分析测试卷。该表中的每一行应代表一个概念、现象、原理、理论或其他要测试的内容要素。每一列应代表一种需展示的认知能力,如:词汇解释、概念比较、原理运用、信息分析等。这样,表中的每一单元格就代表着课程内容与所测试的能力水平之间的关系（参阅例表 4.2）。你可以用这张表来安排自行出题或从试题库中挑选的考题的内容和难度。如果你已经出好或选好了一套试题，就把代表每一题的一个数字填入最能说明其内容和难度的单元格里。纵观填好后的这样一张表将会让你知道这份测试卷对课程内容和布置的阅读作业的覆盖程度以及试卷的难度。

我们还建议你，起草考题前先查阅一些有关出卷的参考书。在印发测试卷之前，请一位有经验的同事，还有能从学生角度理解问题的信得过的朋友或家人再看看考题，以找出印刷错误、意思模棱两可之处和其他问题。

表 4.2　明细表样表

内容	认知能力		
	知识	理解	应用
经典性条件反射	1	1	2
塑造			1
强化	1	1	
观察学习		1	
潜在学习			1
认知过程	1		

注：这张简单的明细表是为一份十道题的小测试卷设计的，测试内容是一门心理学基础课程的学习原理部分。测试没有必要对每一种可能的认知水平的每一个可能的概念都进行测评。请注意，在这张表中，三题测试基础知识（定义），三题测试深度理解，四题测试学生对已掌握的被测概念的应用能力。

写作作业

布置写作作业能帮助学生提高写作水平，也能使你更好地评估他们对课程内容的掌握情况。在小班，写作作业可以包括一篇十页的学期论文；而在人数较多的班级，或许只能布置一页的作文量，用前面提到的分析法进行相对较快的批阅。你可以布置几篇这样的迷你作文来覆盖范围很广的课程内容。作为迷你作文的替代，你也可以考虑让学生写与课程有关的日志，给朋友或亲戚写信谈谈自己的课程，或总结在环球网上搜寻与课程相关的信息时的发现。

换句话说，布置写作作业时不要只考虑布置一般的学期论文。其结果对于学生而言可能是更有趣、更富于挑战性，对你而言则可能是负担的减轻。对布置这类作业以及如何评分，其他参考书还有更多具体的建议。

运用学习心理学对学生进行测评

在饰演盖多·萨达奇神父一角时，喜剧演员汤·诺维洛曾宣扬"五分钟大学"的优点，声称学生可以花五分钟时间学到其获得正规大学学位五年后还能记得的所有信息。这一令人发笑的想法是基于一个并不这么好笑的事实，即：无论你测评学生的方式如何，其结果往往反映的是他们记忆信息的能力，而这些信息又将在考试取得高分后被遗忘。大多数学生在几周或几个月内就忘记了在一门课程中所听到或看到的大部分内容，这一事实和针对人类学习与记忆力概况进行的实验室研究结果是一致的。简而言之，学生课程成绩的高低未必能反映其长久记忆力的情况，而长久记忆力在大多数教师看来就是学问。人们很可能无法阻止这一逐步忘却的过程，但认知心理学的研究表明，某些测评方法或许有助于学生延长课程内容的记忆时间。

首先，学生分诸多时间段进行学习（分段学习法）而不是在考试前夜用一个单位时间临时突击复习（集中学习法），在这种情况下长久记忆力可以得到提高。可以考虑安排足够多的考试以使学生或多或少地进行持续性阅读和学习。也可以安排几次没有预先通知的或者说即兴的测试，或者在每节课上就为该节课布置的阅读作业提问，允许学生每回答一题快速问答题就得一分，通过这些办法来推动学生的阶段性学习。

其次，学生们主观认为，在复习迎考时，如果一个词或一个概念或一个现象看上去或听起来挺熟悉，他们就能在考试中对其进行信息检索。但情况未必如此。为了帮助学生及时纠正这一错误想法，可以考虑进行一两次不计分的小测试以帮助他们更现实地评估自己学习时的知识掌握情况。如果你的课程设有一个可以张贴练习用的小测试的网站，那么这就很容易办到。你也可以通过安排多于你在计算最终成绩时计划包含的小测试次数、允许学生去掉自己最低的小测试成绩的办法来达到同样的目的。

第三，长久记忆力可以通过创造"有益的困难"来提高。例如，对同样的信息反复进行检索、储存、再检索，特别是当学生被要求随机而不是按信息内容最初出现的顺序这么做时，这对他们的学习很有帮助。考虑安排"累积式"考试或小测试，要求学生不仅对当前的课程内容、也对过去学过的内容进行检索。出题时将这些内容的顺序打乱。

评分制度的建立

学生想要字母分数，除了个别几所大学，所有大学都要求教师用字母计分。恰当地给分总需要费一些心机。虽说没什么"最好"的评分制度，但在这一部分，我们将阐述评分的几条金科玉律。

首先，评分必须准确。意思是课程成绩必须反映每个学生的能力水平。做到评分准确的最佳途径是布置考虑周全的作业形式，确定相关的评分标准。

其次，评分必须公平，并且它必须被学生认为是公平的。建立一个制度，使学生能够确信依此制度同等程度的作业将得到相同的分数。你的评分制应该明确的一点是:学生的最后评分应该根据他的总分或有效分数的百分比在班级里的排名。

第三,评分标准必须始终如一地得到贯彻执行。意思是开学初宣布的评分制度未经通告或预先通知不可随意更改,也不可反复变动。你的课程大纲应列出每一个可得分的分项(考试、小测试、论文、班级项目、课堂表现、额外选修学分,等等),以及每一项分别可得的分值。单凭这些项目给分,不要和个别学生进行特殊交易。不要根据你对具体学生的喜好程度、他们的用功程度或其他无法量化和预告的因素来评分。同样地,评分时不要去考虑学生在课程学习过程中的进步表现。这样做会给那些一开始就表现不错的学生造成一种不利的限制。不要仅凭一两次作业就给出最终成绩。你能包含的评分元素越多(在上课时间和计分时间限定的范围内),那些分数就越可能反映学生的表现。

遵循这几条金科玉律将使得最后一条(即,分数必须经得起检验)做起来较为容易。你制定的评分制度应使你能够解释并有理由证明——向学生或其他任何有权利过问的人——每个学生的分数是如何得来的,评定的依据是什么。如果你遵循了这些基本条律,你会发现教学压力将有所缓解,这不仅是因为你的学生在明白自己的期望值后就不大可能再为分数和你争论,而且因为你受到任意评分的指控的可能性将大大降低。

制定评分制度的第一步是决定采用常模参照制(也称作"曲线评分法")、标准参照制(也称作"绝对"或"优秀标准"评分法),还是二者兼容。常模参照制采用计划分配法划出评分等级(例如,得分排列在最前面的10%的学生成绩为A;接下来的20%为B,再下面的40%为C,之后的20%为D,最后的10%为F)。注意:在这种评分制中所有可能的分数等级都将出现,但是每一个等级的具体分值则根据各班最好的学生的成绩因班而异。标准参照制是个别打分,不考虑其他任何学生或全班的情况。其中最简单的评分形式是:拿到课程或某一次具体作业总分数的(比如)90%的学生都得A,拿到总分的(比如)80%—89%的学生都得B,依此类推。

标准参照评分制的优点是:(a)学生的成绩由一个绝对的尺度来衡量,该尺度取决于教师对课程内容掌握与否的评定要素所下的定义;(b)最终成绩表明学生对课程内容的掌握程度;(c)由于学生之间不存在互相竞争,因此他们彼此之间往往较为合作。标准参照评分制潜在的弊端包括:很难决定某一门课程有效的评分标准,尤其在这门课是首次开课的情况下。例如,考虑到课程的难度,期望学生达到90%的水平合理吗?如果无人达到这个水平,你的评分中没有A你会舒服吗?同一门课上过不止一次后再来回答这些问题会容易些,这就是为什么对新教师而言标准参考制或许不是最佳评分制的原因。

常模参照评分制的好处是,它能奖赏那些相对于全班而言学习成绩很突出的学生。它还能避免成绩失真。举个例子。由于试题或其他作业自身存在某个问题,甚至最好的学生也做得很差。遇到这类情况,低分群体中的最高分获得者仍然能得 A。而在标准参照评分制中,每个人则都可能得 F。不过,常模参照评分制也会导致一些不幸的后果,特别是当全班的成绩不相上下时。采用这样的评分制,即使所有学生都得到了至少——打个比方——可得分值的 80%,其中一些人的得分仍将是 C、D、F。在任何一次评分的作业中,即使没有一个学生的得分超过 50%,其中一些人也仍然能得到 A、B 或 C。在这些情况下(所幸极少),任何一个对所言班级特点不熟悉的人都很有可能轻易被依据常模参照制给出的分数所误导。

示例 4.1　综合评分制

你的成绩将根据你 4 次考试的总分计算,另加你额外所得的奖励分。如果这门课采用的是标准评分制,那么要得到等级 A,你就得正确回答出 280 道试题中的 90%(或得 252 分),得 B 得答对 80%(或得 224 分),以此类推。不过,分数截流点的要求会略低些。我们不会把你的总分和满分 280 进行对比,而仅仅是把它和班上成绩排名前 10% 的学生的平均分相比较。因此该门课的成绩将计算如下:

A = 不低于排名前 10% 的学生平均分的 95%
B = 不低于排名前 10% 的学生平均分的 85%
C = 不低于排名前 10% 的学生平均分的 75%
D = 不低于排名前 10% 的学生平均分的 65%
F = 低于排名前 10% 的学生平均分的 65%

例如,如果排名前 10% 的学生的平均分是 260 分,那么拿到等级 A 需要 247 分,拿到等级 B 需要 221 分,等等。采用该评分制能让学生取得好成绩的难度略微降低一些。唯一的问题是,具体的分数截流点要等期末班上成绩排名前 10% 的学生的平均分算出来后才能知道。为了使你对自己的成绩有个粗略的估算,我会公布每次考试中排名前 10% 的学生的平均分。到 2002 年 10 月 27 日(你可以无条件地退修一门课程的截止日),我们将进行两次考试,到时你就能清楚理性地了解自己本门课的排名情况。

注:从某一课程大纲节选的这一部分介绍的是我们在过去的 20 年间所发现的适用于基础课程的综合评分制。

要利用常模参照制和标准参照制两者的优势,你可以考虑将其综合使用。例如,你可以试用一种限制性不那么强的常模参照制,将某一具体班里的每一个学生的表现和该班最优秀学生的表现进行比较。这样可以设定,任何一个学生,只要他至少拿到班里前五名同学得分的 90%,就可以给他 A;拿到 80% 的可以得 B,依此类推。这样的评分制中不存在预先定好的等级分配。假设每个学生都学得很好,那么从理论上说,他们都有可能得到 A。我们自身最喜欢的综合评分制是由巴巴拉·戴维斯为一门大型的、包含多个部分的基础课程制定的,后由弗兰克·科斯汀加以完善。使用这一评分制时,你首先计算出所有学生中排在前10%的学生的平均分——包括从小测试到课程结业考的所有分数。然后将此平均分作为确定字母分数等级的基准。例如,要想得A,学生就必须拿到该基准分的95%;得B则要求拿到基准分的85%;得C要拿到75%,依此类推(参见示例4.1)。注意,该综合评分制融合了常模和标准两种评分制度的诸多优点。只要表现得足够好,它允许所有学生都得A;它不会因为设计不周的评分手段而处罚学生;此外,由于大多数课程都会招收至少几名成绩优异的学生,因此,要取得高分,该评分制通常要求学生有很高的绝对水准,而不是仅仅在班里的成绩排名相对靠前。虽然许多学生并不熟悉这一评分制度,但我们发现他们对它的欢迎程度要胜于严格的标准参照评分制或者常模参照评分制。

建立与学生的沟通渠道

公布评分制仅仅是建立学生认为有价值且具鼓励性的、能与你顺畅交流的方式之一。你还应当允许学生课前、课上、课后——甚至课外——提问以及提出争议。课外交流的传统形式是去办公室找教师。

办公时间

许多教师遵循一条经验法则,即,每门课每周可接受学生面谈至少两小时。这种安排很合理。下面是一些实施建议:

1. 确定你的办公时间,注意不要和学生其他课程可能的上课时间相冲突。办公时间安排在周一、三、五上午九点或周二和周四会使这些时间段有课的学生无法登门造访。同时要注意到一大早或傍晚(尤其是周五)的办公时间很可能吸引不了许多学生来找你。的确,除非你多做些宣传,否则办公时间不论安排在什么时段都不会有很多学生来访(除了考试前后)。

2. 鼓励学生来办公室找你。提醒他们不必有问题才来,告诉他们大学和中学不同,找任课老师谈话不是"拍马屁"。给他们一个议事日程,说明你的办公时间会是他们和你讨论课堂遗留问题、你所在的学科领域职业前景等等事宜的一个很好的机会。如果你教的班级足够小,开课初期就给学生布置写作练习,要求他们来和你面对面讨论话题。把第一次评分作业中成绩中下的学生请到办公室,和他们谈谈如何提高成绩。

3. 办公时间内务必做到人在办公室。如果你不得不离开几分钟,请在门上留张便条告知来访者你可能返回的时间。在学生对教师意见最大的事项中,规定的办公时间内教师不在办公室是他们经常提及的,这会导致学生对教学的负面评估。

4. 除非学生在讨论私事前请求关门,否则在与学生面谈期间应至少把门留一条缝。

电子邮件

电子办公时间正越来越普遍地成为到办公室面谈的补充形式。通过电子邮件,学生们能够在方便的时候从任何能上网的地方和你取得联系。依靠同样途径,你无论身处何地都可以为学生提供咨询。电子邮件方式还带给你在方便时回复的极大便利,让你有时间深思熟虑后再作答复。学生们知道你在线会很高兴,相对于不得不等到规定的办公时间到之后才能提问,他们更有可能在网上简练地抛出一个有关家庭作业或写作练习的问题。此外,一些较沉默的学生通过电子邮件提问题、谈想法会觉得更自在。

然而,电子邮件的方式并非灵丹妙药。当学生们遇到学术问题或者需要了解如何获得某个个人问题的相关信息时,他们可能希望和你当面谈。另外,由于电子邮件无法使师生双方看到对方或听到对方说话,所以这种交流可能会导致误解。最后,电子邮件通讯中两地相距甚远有时会使人们做出不合适的建议,而面谈就不会出现这种情况。因此,尽管学生们认可虚拟办公时间,但理想的交流方式或许还是电邮和面谈两者的结合。

基于大多数学生一天查阅电子邮件好几次这一事实,你可以成立一个班级邮件组。通过这个邮件组,你可以和所有学生进行即时交流,学生们也可以相互交流。积极活跃的邮件组能让你有效地提醒学生即将到来的截止日期(这些也应列在课程大纲中并在课堂上反复强调!),回答学生课后产生的问题或引导学生使用你最新发现的网站或其他信息渠道。我们认识的一位教师把她课堂上没有时间讲授的重要内容课后通过电子邮件"虚拟教学"的方式发给她的学生。

上课第一天

上课第一天可能会有的焦虑感,可能是因为你即将面对一群陌生人。一旦你和你的学生相互认识并开始形成一种学习上的合作关系,上课一般就会变得轻松许多,而且更加令人愉快、富有成效。你可以在第一次上课前及课堂上做一些事来加快这一过程。

熟悉教室

新学期开学前至少一周,去你将上课的每间教室走一走,熟悉其布局和设备。如果门是锁着的——正常情况下应该如此——那么确保你有钥匙在手。找到照明、投影幕布、温度以及课堂上需要控制的教室里其他设备的开关。一切都运作正常吗?有没有讲台或桌子供你放讲义和其他教学材料及设备?如果没有,就和学校有关部门联系,告知故障所在或者请求增加你需要的物件。

如果教室里配有高射投影仪、幻灯机、盒式录音或录像带播放器,或计算机辅助教学设施,务必保证你已掌握这些设备的操作方法,知道投影仪的备用灯泡放在何处,以及课堂上这些灯泡万一烧坏该如何进行更换。如果你对这些方面有任何不清楚之处,请联系学校负责检修教学设备的部门。该部门的技术人员很可能还会告诉你到何处拿钥匙或如何开启暗码锁取出存放在教室里的任何设备。如果你准备随身携带自己的投影仪、手提电脑或其他设备,那么要事先弄清电源插座的位置和你登陆校园网将需要的任何链接。如果你在视听演示过程中需要用到窗帘来使房间变暗,要保证其伸拉自如。不行的话,就请学校有关部门在开课前解决好这一问题。

如果你打算使用黑板、干擦板或活动挂图,要落实粉笔或毡制粗头笔事宜。保险起见,还是自备为好。最后,要确保教室里的座位足以容纳选上你这门课的学生的数量。

确立自己的教师身份

第一天上课将是你树立自己在学生心目中的教师形象,明确课程要求,说明你所希望营造的课堂氛围的第一次机会。即使你只是单纯地分发课程大纲、强调评分制度、布置阅读练习、让学生提早下课,你也是在介绍你自己、介绍你这门课程以及你的教学方法。在这个例子中,学生能轻易地感觉到课堂时间不是特别宝贵,你对教学(或对他们)可能不太在意,他们预料得到大多数时间你会一个人侃侃而谈,他们应该不吭声地坐着听课。这样的认识和预测在开课的头三周一旦形成就不可能有很大的转变。以下是就如何在第一天就在学生中确立一系列较为理想的期望值的一些建议。

早到,带上你将要使用的所有材料,包括你要布置的阅读作业的样篇。做好准备告诉学生在哪里能弄到这些读物,图书馆里是否有库存。把你的名字和你这门课程的名称及编号写在黑板上,或投影在屏幕上,或打在电脑上。在等待上课时间到来期间,主动和进教室的学生打招呼并闲聊一会儿。这些简单的事情都表明你足够重视教学:准时到位,准备充分。

上课一开始,先作自我介绍,或许可以简单说说你的背景,你从事的学术活动,甚至可以谈谈你的业余爱好和其他业余兴趣。这种信息有助于树立你教师之外的普通人的形象。你或许还可以告诉学生如何称呼你——博士、先生、小姐、夫人、女士、教授、多尔、桑迪或其他什么称谓。

接下来,分发你的课程大纲,重申其中最重要的部分,包括计分作业的数量和类型,最终成绩将如何评定。一旦你介绍完了课程的基本要求,务必征询学生是否有问题。你可以这么说:"好了,你们现在想问我什么问题呢?"而不是问"有问题吗?"前一种问法比后一种更能体现出你乐意帮忙。发出提问邀请后,扫视一下全班同学。这同样表明你是真心希望学生们提问。等待时间一定要足够长,好让学生鼓足勇气举手(信不信由你,有些学生对你说话时会像你对他们说话时一样紧张不安!)。如果没有学生提问,那么想几个问题来继续这个话题。例如,你可以说:"你们也许想知道考试是不是累积计分(或出勤是不是强制性的,或上课早退会怎样,或如何选择论文题目,或实验室在哪里)。"然后温和地给出答案。总之,如果你想让学生在整门课程的学习中都能轻松提问,那么第一天就给他们一个这么做的真正机会。他们提问后要予以表扬。

讨论完课程,你大概想了解你学生的一些情况。最简单的办法是分发索引卡片。学生们可以在上面写出自己的姓名、专业、电子邮件地址、曾上过的你所在学科的课程,以及在你班上他们特别有兴趣学习的话题。浏览这些卡片能让你更清楚地了解你的学生,了解他们对这门课的准备程度,了解他们的兴趣范围。第二次上课时花几分钟时间讨论学生提到的一些兴趣(或者一些在所难免的有趣的回答),这同样能表明你对教学工作的投入和对学生的兴趣。在人数相对较少的班级,你或许可以让学生在这些卡片的背面用胶带贴上自己的照片,这样你就能更容易地记住他们的名字。

最后,如果你想鼓励学生积极参与到你的课程中来,那么为第一天的课设计某项要求他们参与的活动。例如,下面列举的许多活动都能补充或取代索引卡片的方法来收集有关学生的信息。

在小班,让学生们简单介绍一下自己以及个人兴趣。他们可以谈谈自己的与众不同之处或说说为什么愿意上这门课。在较大的班级,让学生四人一组地进行自我介绍,介绍各自的兴趣。在小组里他们或许还能相互交换联系方式,以便建立学习小组。

为了鼓励学生围绕课程大纲多提问,可以把全班分成四五人一组的一个个小组,给每组发一张索引卡片,让他们在上面列出他们就该课程及课程要求想问的问题。过几分钟后把卡片收上来,回答上面所列的问题。

要了解学生们在学习上的兴趣所在,让他们大声说出自己很感兴趣的话题即可。在黑板上或一张幻灯片上写下每一个话题,简单说一下本课程是否、什么时候会涉及这些话题。

为了使学生能预知你在课堂上将向他们提出的挑战,列举一个个案研究、一个问题或者一个有争议的话题,让学生去分析它、解决它或讨论它。

如果第一堂课下课前还剩余几分钟,就让学生把结果大致写下来交给你。这个小小的练习不仅表明你很在乎学生的想法,而且能让你掌握学生对第一天上课情况的即刻反馈信息。

树立你的教学风格

正如不存在两个完全相同的个体一样,没有哪两位教师的教学风格是完全一样的。在树立自己的教学风格的过程中,一开始你可能会发现自己在模仿一些你最喜欢的教师的教学风格。这么做在某种程度上或许有帮助,但从长远看还是单纯地保持自己的风格为佳。如果你生性幽默,上课时就表现出来;但如果你通常不讲笑话或使用双关语,那么就不要在课堂上尝试搞笑举动。如果你对生活和你的学科充满热情,就不要压抑自己的感觉;但如果你一向低调,就不要试图营造虚假的活力。学生喜欢几乎任何风格的教师,只要这种风格是真实的,只要这位教师热爱教学。他们往往不喜欢那种装腔作势的或者假装博学的教学风格。

真实是树立教学风格的良好开端,但课要上得好还需要其他技能。这些技能包括讲课、提问及回答问题、开展课堂讨论、组织课堂演示和课堂活动。

有效地讲课

讲课不是教学的唯一方式,但却是大多数课程的核心所在。要成为一名好的讲师需要花些功夫。虽然我们没有取得这一目标的灵丹妙药,但如何着手准备并进行有效的讲课仍有一些指导方针。

首先,决定某一次课要讲授的具体内容,然后准备好多于实际需要的讲课材料。多准备一些材料能确保你在因紧张导致进度太快或某一环节出了故障迫使你决定略过不讲的情况下还有很多内容可谈。虽然你应该准备许多材料,但不要试图在一节课内讲太多的内容。记住:学生学习——且为学习负责——靠的是看书、与教师及同学交谈、做实验、参与班级项目、写论文以及参加其他活动,而不仅仅靠听课。因此,讲课不要太快,不要试图把所有内容都讲解得详细到位。这么做会让你精疲力竭,学生也会受不了。有证据显示,大多数学生在一小时的授课时间内只能理解3至5个要点,在90分钟内只能理解4至5个要点。最好的讲师往往会着力讲授那几个重点,通过几种方法来讲解以确保每个学生都能理解。

其次,准备讲义时要记住,学生的注意力通常在刚上课的10分钟内是最集中的,之后往往就开始慢慢消退。考虑一下把课堂时间分成四五段,每段10至15分钟,然后设法在每一段都安排某个有可能重新吸引学生注意力的讲课内容。在每堂课开始时及其后的各个时间点,用能吸引学生兴趣的方式介绍授课主题或次主题。你或许可以出一道题、一道难题、一道谜题,或提一个问题,或布置一个课堂活动。当学生发现每一个话题与大主题之间存在着一定联系时,他们也会觉得更容易集中注意力。因此,把讲课内容的简短概要写在黑板上、幻灯片上或发放的材料上。视听刺激也能帮助吸引注意力。比如,如果你在讲述一个历史事件、一个经济原理,或精神分裂症的症状,不要单纯依靠语言来吸引学生的注意力。加上一幅有关该事件的引人入胜的照片,该原理的运用实例,或一位病人的录影资料。此外,提到学生不熟悉的词汇时要加以解释并告知其拼法,否则单单这一点也可能使学生失去兴趣。记住,在你的讲义中对所阐述的概念或现象或原理要辅之以实例或比喻进行说明。这不仅仅是用来吸引注意力。许多学生曾告诉我们,正是我们的这些实例或比喻(不一定是我们出色的讲演)帮助他们理解并记住了重要的知识。可能的话,使用那些形象、不落俗套或风趣的例子和比喻,当然它们要和学生的生活经历相关。你还可以通过说明每一个新话题与那些已经讲过或后面将要讲到的话题之间的关系来使学生的注意力保持集中。使用承上启下的过渡法有助于学生把你的讲课看成是连贯的整体,而不是一张列满不相关话题的细目清单。

第三,讲课时要确保所有学生都能听得到你说话。在较大的班级,或者假如你的声音很轻柔,你可能需要麦克风。还要保证学生能看得到你。不要坐或站在某些座位上的学生会看不到你的地方。一边讲课一边在教室里稍微走动,这有助于你吸引学生的注意力,有助于你和他们每一个人进行目光交流。脚步要放缓,因为许多学生发觉快步走动会让人分散注意力。

理想的授课效果是,上每堂课都像在自然讲述一个引人入胜的故事,而不用过分依赖讲义或像是在作刻板的演说。不过,达到这种轻松流畅的水平需要时间和锻炼。有些人较其他人更善此道。为了帮助自己充分发挥潜力,你可以对着摄像机、磁带录音机、朋友或家人,甚至一只宠物讲课——讲部分或所有的授课内容!你会吃惊地发现在班上讲课变得容易许多,因为你已经不是第一次讲解这些内容了。

在课堂上要随时观察学生的反应。他们看起来是听懂你的讲课内容了还是困惑不解?他们是在"听你讲课"呢还是在想其他的事情?学生的面部表情和姿势能让你对他们感兴趣和参与的程度了解甚多,但你也可以要求他们给你一个更明确的答复。不要敷衍了事地问一句"有什么问题吗?",而应该问学生是否听懂了你讲的内容,这些内容他们听起来是否一团糟,你讲得是否太快或太慢等,以此让学生知道你很注重上课的效果。或者,就你刚刚讲述的某个内容提一个具体的问题以判断你讲解的清楚程度。记住:即使最好的教师上课,也会有一些学生感到乏味、打瞌睡或早退。所以,出现这些情况时不要过分责备自己。

最后,总结讲课重点或要求学生进行总结,从而有条不紊地结束每一堂课。不失时机地就下一次课将要讲到的某个内容"卖个关子",以唤起学生对你下堂课内容的好奇心。

答疑和提问

如果你的讲课风格让学生们知道了你是真的要求他们理解课程内容,那么他们在所难免地会有问题要问。你应对这些问题的方法会加强或削弱你与班上学生的关系。首先,认真聆听每一个问题——不要打断提问者——以确保听懂。其次,学生问问题时要亲切地看着他们,或者告诉他们说这个问题问得很好,以此来肯定学生的提问。第三,如果你能回答出所提的问题就回答,如果不能,就直接说你对答案不确定。不用担心。最重要的是,不要羞辱提问者或编造答案。相反,要许诺学生你会在下次课上或通过电子邮件告知他们答案。然后就要信守诺言!学生们并不真的期待你对自己的专业学科无所不知,他们会欣赏你的坦率及乐于为他们去发现答案的精神。(对于特别有趣的问题你也可以鼓励全班同学自己去发掘答案,但不要强求,否则学生会把这项任务看成是对他们提问的惩罚。)

有些新教师对课堂上提问学生有所顾虑,担心会没人回应。确保把你所提的问题说清楚后,留给学生足够的时间去想答案并鼓足勇气举手回答,这样,你就可以把这种情况出现的可能性降到最低。不幸的是,大多数教师在提出一个问题后往往只等待一至三秒钟就开始自己回答。如果你等待的时间那么短,学生就不仅会觉得你的问题很难回答,而且有可能感觉你并不是真的想要他们回答你的问题。在一项研究中,那些接受培训把等待时间延长到三至五秒钟的教师们发现,回答问题的学生增多了,而且给出的答案也更长了。如果你给学生仅仅多几秒钟的思考时间,你就很可能发现他们对你提出的问题会做出更踊跃的反应。

促进课堂讨论

和其他课堂技能一样,学会如何开展课程内容的讨论也需要一定的演练。以下是几条指导方针。

1. 如果一个具体话题的讨论是为某次课安排的,那么告诉学生要求阅读的部分或需要做的其他准备工作。有些教师不仅布置讨论前的阅读作业,而且还发给学生一份列有将重点讨论的问题清单。其他教师会要求学生在即将开始讨论前就讨论话题完成一份"一分钟书面作业",以确保学生对此话题至少有过起码的思考。

2. 让学生知道是否会有讨论规则——比如先举手再发言。如果将要讨论的是极具攻击性的话题,你还要说明讨论中不许使用带有种族主义、性别主义、反同性恋或其他个人情感色彩的语言。这些规则减少了课堂讨论蜕变成一片混乱或充满敌意的辩论的可能性。

3. 每次讨论开始时要明确讨论焦点。例如,一开始你就可以让学生对一份阅读练习、一个新闻故事、一种有争议的观点或一个案例研究进行评论或分析。你也可以提出一个具体问题,或者要求学生对一个录像或角色扮演的情景做出反应。学生开始发言时,要不断点头、与发言者进行目光交流,以此鼓励他们的参与。如果其他学生没有加入进来,就通过要求全班对发言者的发言内容发表看法的方式鼓励学生参与讨论。随着讨论的深入,不必觉得有责任对学生的每一个评论做出回应——或者至少留出足够的等待时间后再作回应。如果你不在讨论中唱主角,学生们终将会开始彼此呼应。如果短暂的冷场间隙你又开讲一段话,那么讨论很可能会彻底陷入僵局。

4. 记住,有些讨论以小组形式进行更容易展开。你可以把全班分成3至6人一组的一个个小组,让他们围绕一个话题讨论一会儿,然后要求每组派一个代表汇报讨论结果,再征求其他组的意见。

5. 在下课前几分钟结束讨论,以便你能有时间澄清可能产生的错误概念或信息,总结学生提到的最重要的观点,并建议学生扩大阅读面或借助网络做研究以帮助他们深化所学知识。

课堂活动与课堂演示

积极学习指的是随着课堂活动的展开学生有所作为而不是消极地听、看的学习过程。课堂讨论只是促进积极学习的一种方式,还有其他许许多多积极学习的可行方式。这里仅阐述其中两种。

小组活动

在一种被称作"七巧板"的积极学习的方式中,一个班被分成若干小组,每个组员被分配掌握(或负责获取)该组执行一项任务或解决一个问题所需信息的一部分。一个组要想成功,每个组员都必须扮演一段时间的专家的角色,告诉其他人他(或者她)知道或已发现的信息。在七巧板活动中,如果一个小组要成功,那么组里的每一个成员——甚至那些平时在课堂上一直很被动的学生——都要扮演一个积极且重要的角色。

课堂演示

给学生讲授课程内容固然重要,但如果你能给他们一个亲身体验的演示机会,他们的记忆会更深刻。仅举一例。在讲完人眼视觉神经存在一个盲点后,教师可以继续下一个话题,或腾出一分钟时间让每个学生找到他(或者她)自己的盲点。许多学科中与教材配套的教师手册里都有很多这类积极学习的演示思路。这些思路也可以在专论某些具体学科的教学的期刊以及大量以学科具体教学为主的网站上找到。一些诸如《高校教学》、《教学教授》和《全国教学与学习论坛》等非专门学科的刊物也会为积极学习之演示法献计献策。最后,别忘了向那些更有经验的同事请教他们认为行之有效的演示法。我们敦促你利用所有这些渠道创造出一套演示法以使几乎每堂课的内容更精彩、记忆更深刻。不过,要先和朋友或同事一起演练后再用到课堂上。纸上谈兵时看似容易的程序实际操作起来可能会很复杂、很棘手。

教学风格和班级规模

虽然你独有的教学风格在所有课堂上都会发挥作用,但你可能不得不为某些班级作适当调整。用谈话式的语气和小号字的幻灯片给一个围坐在会议桌旁的十二名大四学生上课效果不错,但同样的方法可能就无法让三百名上基础课的学生认真听你站在一个礼堂的舞台上讲课。在这样的礼堂里上课,你很可能需要一个讲台、一个激光教鞭、一个麦克风、一根粗粉笔,以及大号字的高架幻灯片或PPT演示。你可能还得改变你的课堂计划,包括调整授课与进行课堂演示及课堂活动的时间分配。在一个三百人的班级开展小组活动不是不可能,但难度会加大。例如,采用"思考—交流"模式,你可以每讲课15分钟就停顿一会儿,通过高射投影仪或电脑提出一个与所讲内容相关的问题或多项选择题。让学生选出他们认为正确的答案,然后把他们自己的答案——连同推理过程——和邻座同学的进行比较。这种商讨过程不仅将帮助更多学生在正确答案揭晓后能弄懂为什么这个正确答案是正确的,而且可以使在演讲大厅上课的学生更加注意听讲。

如果你将给大班上课,我们建议你进一步阅读有关如何调整教学法以适应大班学习的文章[参见教学工具(*Tools for Teaching*)一书]。

师 生 关 系

大多数学生是带着对你的积极期待和能学得开心、学得好的热切希望选修你这门课程的。这些期待可为日后学生学习和你的教学打下良好基础。我们此前的一切建议应该能帮助你通过以始终如一、有计划且认真负责的态度上好一门组织有序的课程来进一步巩固这一基础。现在,让我们一起来看看如何建立高效、相互尊重的师生关系的其他一些建议。

正确使用教师职权

即使你以前从未教过书,你的学生仅凭你将给他们评分这一点就会(正确地)认为你有职权和权威。除非你告诉他们其他的称谓,否则他们很可能把你称作"教授"或"博士"。他们会期待你为课程制定规则并树立互动风格。渗透于你与学生之间关系的方方面面的权力差别很重要。它使你得以按照你的计划来上课。学生不会要求你放弃权力,但你不能滥用职权,这点很重要。

例如,不能和学生约会,这一点自不必言。即使最初带有对双方都好的最佳动机,这种关系也注定含有对学生有害的强制性因素。你还必须小心谨慎,不要无意中把自己的政治、道德或宗教信仰强加于学生。这方面出错非常容易,因为你在讲课或讨论中表达的观点都具有权威性。如果你把这些观点表达得过于强烈,学生可能就觉得不得不接受它们甚至采用它们——至少在作业和考试中采用。还要记住一点,那些听起来对酗酒、非法吸毒之类似乎很宽容的随意言谈都会使这些活动在学生心目中留下合法化的印象,即使你只是把它们当做笑话在说或者只是想显示自己"很时髦"。

此外,要认真考虑通过其他渠道向学生传播的信息。你可能并非一个性别主义者,但如果在你的课程大纲里只出现男性或只出现女性的代词,学生也许就会误解你。你的课堂行为也会在不经意间体现出性别主义。对大学(男女生混合大学)教师提问风格所作的研究显示,许多教师提问男生比提问女生的频率要高,他们往往花更多的时间帮助男生识别正确答案。

简而言之,我们建议你要尽你所能使所有学生感到他们是作为一个个个体被接纳和包容进来的。这意味着——举个例子——在讨论时不要叫少数族裔的学生告诉全班同学他们这一群体对正在讨论的话题有何"看法"。使用五花八门的课堂实例来让学生知道,你并不认定他们都是美国人、异性恋者、基督徒、男性、白人、黑人、女性,或其他任何群体的代表。讲课或引导讨论时要扫视整个教室,以便能看到所有举手或面带疑惑的学生。注意避免使用有可能冒犯任何小集团学生的言语或笑话,哪怕是出于善意。例如,现行法律禁止同性结婚,因此,当你说所有学生有朝一日都将结婚时,那些男同性恋者和女同性恋者就会感到不舒服。如果你打算在课堂上进行小组讨论,那么,你来给学生分配小组,而不要让他们以一种组员可能过于同类化或者因为性别、种族地位、残疾或其他什么原因而将某些人排除在外的方式来自行组合。在给小测试和考试出题时,采用不同种族的姓名来为假设的人物命名,同时确保所使用的例子和术语是所有学生所熟悉的。

应对学生的请求、抱怨和问题

不可避免的是,有些学生会带着请求、借口和问题来找你。对此你有怎样的心理准备以及将如何应对它们,这是你教学风格的另一个方面。

借口

有些学生会就不能来上课、不能参加小测试或考试,或者不能提交学期论文或其他作业提出种种理由。遇到这种情况时,你可以采取坚定、理性却不乏关心的方法：接受他们的理由，但要求他们对此加以证实（参阅示例4.2）。这种权威性的解决办法往往能减少那些提出无根据理由的学生的数量，同时也不需要制定专门的方针或改变规则。

示例4.2　应对学生的借口

心理学2012课程冲突考试申请
2002年秋季学期
道格拉斯·伯恩斯坦博士

　　填写完下面所需信息并获得所需签名后，请在下面列出的截止日期前把这张表格交给或传真（×××-××××）给你的任课教师。你所提供信息的准确性一经证实，且你提出的请求理由被确认可以接受，我们将安排另外的考试日期、时间和地点。所有的冲突考试将在正规考试后举行。

　　重要提示：除非你是因为突发疾病或紧急情况请求参加冲突考试，否则该表格务必在正常安排的考试日期前至少14天交上来。如果错过截止日期，你将不能参加冲突考试。每门考试的提交申请截止日期如下：

　　提交考试1冲突考申请表截止日期：2002年9月6日
　　提交考试2冲突考申请表截止日期：2002年10月4日
　　提交考试3冲突考申请表截止日期：2002年11月1日
　　提交期末考试冲突考申请表截止日期：2002年11月29日

　　请填写以下信息：
　　本人，＿＿＿＿＿＿＿＿正式提出不能参加定于2002年＿＿＿＿＿＿＿日举行的心理学2012课程的考试。理由如下（请清晰具体地阐述理由并确保有证明人的签名）：
　　＿＿＿＿＿＿＿＿＿＿＿＿＿＿＿＿＿＿＿＿＿＿＿＿＿＿＿＿＿＿＿＿＿＿＿＿＿＿
　　＿＿＿＿＿＿＿＿＿＿＿＿＿＿＿＿＿＿＿＿＿＿＿＿＿＿＿＿＿＿＿＿＿＿＿＿＿＿
　　＿＿＿＿＿＿＿＿＿＿＿＿＿＿＿＿＿＿＿＿＿＿＿＿＿＿＿＿＿＿＿＿＿＿＿＿＿＿

　　姓名：＿＿＿＿＿＿＿＿＿＿＿＿＿＿　签名：＿＿＿＿＿＿＿＿＿＿＿＿＿＿
　　社会保障号码：＿＿＿＿＿＿＿＿＿＿　电话号码：＿＿＿＿＿＿＿＿＿＿＿
　　电子邮件地址：＿＿＿＿＿＿＿＿＿＿＿＿＿

　　证明人（请大写）：＿＿＿＿＿＿＿＿＿＿＿＿＿＿＿＿＿＿
　　签名：＿＿＿＿＿＿＿＿＿＿＿＿＿＿＿＿＿＿＿＿＿＿＿
　　职务或与学生的关系：＿＿＿＿＿＿＿＿＿＿＿＿＿＿＿
　　电话号码：＿＿＿＿＿＿＿＿＿＿＿＿＿＿＿＿＿＿＿＿
　　电子邮件地址（如有的话）：＿＿＿＿＿＿＿＿＿＿＿＿

　　注：我们使用该表格帮助学生将其不能参加考试的理由合法化。你可以设计出该表格的变体来应对任何与学业相关的理由。

发还试卷，应对异议

　　你在课堂上发还测试或小测试卷时，有些对自己分数不满意的学生可能会就他们失分的题目大声提问,并就正确答案和你争论。这个过程会引起课堂混乱,造成教师紧张。为了把这种冲突降到最低、最大限度地促进学生学习,我们推荐一个坚定但公平地使用你的权限的方法。批改完小测试或考试卷后,把考题按从失分最多到失分最少的顺序进行排列,然后再把试卷发还给学生。分数发下去后,告诉全班学生你现在要从大家失分最多的题目开始进行试题讲评。为了使这项工作进行得更为顺利,把题目用大号字抄写在幻灯片上或用PPT显示。一次显示一题,然后解释为什么每个正确答案是正确的。对于简短的小测,把所有题目都讲解一遍。对于题量较多的考试,讲解其中最难的10到20题——或者你有时间讲解的任何数量的题目。这将能解决绝大多数的问题,剩下的问题你可以请学生在你办公时间内来和你讨论。

如果学生就考题提出的问题很容易回答,就回答他们。如果他们提出的异议较为复杂,就让他们下课后领取一张考题复审表,填写完之后在(比如)一周内(参阅示例4.3)交上来。告诉他们你会审阅所有提交的表格并在课堂上宣布最后决定。这个简单的方法不仅能缓解课堂上烦躁的情绪,而且能让学生们知道你将认真考虑他们的意见。根据我们的经验,只有那些提出深思熟虑的不同意见的学生会花时间去填写这些表格。如果你认定某个异议是有效的,就宣布你将给其答案应该得分的每个学生应有的分数。如果你驳回了某个异议,也宣布一下。有时间的话,在所有复审请求表上简单写个回复再发还给学生。

示例4.3　考题复审表

复审考题的请求

姓名＿＿＿＿＿＿＿＿＿＿＿＿＿＿　学号＿＿＿＿＿＿＿＿＿＿＿＿＿＿
教师姓名＿＿＿＿＿＿＿＿＿＿＿＿　考题部分＿＿＿＿＿＿＿＿＿＿＿＿
考题题号＿＿＿＿＿＿＿＿＿＿＿＿　题型＿＿＿＿＿＿＿＿＿＿＿＿＿＿

我认为答案＿＿＿＿＿＿＿＿＿＿＿＿＿＿＿＿也应该被判正确,理由如下:
＿＿＿＿＿＿＿＿＿＿＿＿＿＿＿＿＿＿＿＿＿＿＿＿＿＿＿＿＿＿＿＿＿＿＿＿
＿＿＿＿＿＿＿＿＿＿＿＿＿＿＿＿＿＿＿＿＿＿＿＿＿＿＿＿＿＿＿＿＿＿＿＿
＿＿＿＿＿＿＿＿＿＿＿＿＿＿＿＿＿＿＿＿＿＿＿＿＿＿＿＿＿＿＿＿＿＿＿＿

我在课本第＿＿＿＿＿＿＿＿＿页找到论据

注:这张具体的表格是为多项选择题的考试设计的,但经过改动也可用于作文、简短回答和其他测试题型。在寻找能证明自己观点的论据的过程中,许多学生会发现他们所选答案的错误所在。因此,虽然他们可能不交表格,但填写这样的表格仍然能对他们起到助学作用。

应对个别学生的需求和行为问题

如前所述，现在较以往有更多的学生因为身体—认知方面的残疾或其他特殊情况而有一些特殊需求。对这些学生的关照一般包括宽限他们的时间或者为他们安排专门的小测试或考试地点。你所在系的行政领导和校园康复中心能就如何最好地回应这些学生的请求提供建议和指导方针。

有时，学生因为其恼人的、捣乱的、不负责任的或其他不当行为而需要个别处理。对于其中一些学生，你只要遵循制订、宣传、执行课程条例的指导方针进行处理即可。例如，如果你的课程大纲上有每迟交一天作业扣两分的处罚规定，你就无须和个别学生讨论拖延作业的后果（尽管你可以允许他们提交一份类似于示例4.2的申请表。）

学生表现出来的最常见的"问题"行为包括轻度的扰乱课堂秩序，比如上课讲话。对付这些行为有很多办法。例如，你可以询问这个破坏纪律的学生是不是你讲的内容有不清楚的地方，你可以一边讲课一边信步走到该生的附近，你可以要求安静，你也可以就此事和学生课后单独谈。其他资料更为详尽地列举了潜在的课堂问题以及应付办法。在此我们仅指明一点：你对一个学生的问题行为的处理方法会在其他学生对你的看法上产生连锁反应。如果你的处理方法合理且有据可依，那么它将巩固你作为一名权威但公正的教师的地位。如果你的处理方法偏激、多变或属于职权滥用，那么你就可能面临整个班级疏远你的危险。这是教师们在这方面行事时很微妙的一条规则。因此，我们建议，在不确定该如何处理课堂行为问题的情况下，第一次要有所克制，向有经验的人讨教下一步该怎么办。如果你遇到的学生其行为表现出精神错乱或其他严重问题，那就向学生咨询中心求助。

评估与促进教学

你的教学能力将在实践中提高。如果你收集并重视对你的教学水平的评价性的反馈意见，情况则更是如此。这一反馈可以是总结性的（例如，旨在给你教学"打分"的期末评估）或者形成性的（例如，旨在指导你本学期教学的、来自学生或其他人的评论）。你很可能会被要求收集总结性的反馈意见，其形式通常是由学生填写、通过计算机计分的课程评估问卷。虽然你可能最关心总结性评估的结果——因为它们会影响到行政领导对你的工资、职务晋升以及终身制职位的获取所做出的有关决定，但也不要不去收集一些形成性的评估意见。它们能帮助你及时改进教学，进而影响你的总结性评估的结果。

学生的评估

在中世纪,形成性评估是通过大学生在下课前扔进其任课教师学位帽里的钱的数量来测定的。你的学生不会这么做——即使你戴着学位帽——所以你将不得不要求他们做出形成性评估。这项工作应该选择在开课时间足够长以便你的学生熟悉你和你的课程,但又能让你有充分的时间在课程结束前调整你的行为的时候进行。上课的第三或第四周是一个理想的时间。如果你有布置小测试或者其他某种打分的作业并已批改完发还给学生,那就更理想了。评估不必繁琐或费时。你可以仅仅要求学生列出到目前为止他们对本课程的三点满意之处、三点不满意之处以及三点改进意见。另一种选择是就课程中你最感兴趣的方面设计一个简短调查。可以让学生完成这样的句子:"本课程课本_____","教师解释概念的能力_____","课程的组织_____"。

为了促进学生诚实、认真作答,务必说明评估是匿名进行的,你将借助反馈意见来提高你的总体教学能力,改进本课程。你不可能采纳每个学生的建议,改正每个被发现的缺点,但是在你看完并思考过这些形成性评估意见后,要在班上用几分钟时间答谢学生所作的评论,谈谈他们的反馈意见,并说明你将做出(或不会做出)的任何改变。

浏览学生的评估意见会让人感觉有点郁闷,因为即使最好的教师也会让一些学生觉得不满意,尤其是新教师往往对肯定的评论重视不够,而对负面的评论却耿耿于怀。为了更理性地看待形成性评估,设计一张田字表格,在四个方框中分别添上:肯定评论、否定评论、改进意见和不可及因素。把"讲课生动有趣"的评语放进肯定评论的方框。"小测试题很难"既可归属否定评论一栏也可归属肯定评论一栏,这取决于你预定的目标。如果你是刻意出有难度的小测试题以使学生更好地为考试做准备,那么这条评语就是一个肯定的评论,但它应该提醒你要告诉全班学生为什么小测试题会这么难。"我讨厌早上八点上课"属于不可及因素的范畴,但要让学生知道你清楚他们的感受,告诉他们你或许会安排几项较活跃的学习活动让每个人都参与进来。"在黑板上写出提纲"应该被放入改进意见这一方框。

在做改变决定前,数一数发表每一种意见的学生人数。如果只有一个人提出课程进度太慢,那么问题可能在于该生的需求和兴趣。在就反馈意见进行的课堂讨论中,你也许想让提此意见的学生——不管他是谁——在你办公时间内来找你。如果全班除了一个学生外都觉得这门课很枯燥,你就要想办法处理这个问题。当你吃不准该如何回应学生的反馈时,就向一位有经验的同事或学校教学发展办公室的相关人员请教。

不断获取对你的教学反馈的其他更快的途径还可以靠采用前面提过的"一分钟书面作业"的形式。例如,如果你想知道在你讲课的任意一个阶段学生的理解程度,你可以在最后几分钟停下来,让学生很快写下他们感到困惑的部分。事后浏览这些反馈能让你知道下次上课时你需要阐明的内容,同时也能引导你的讲课进度或帮你决定举例的数量。这一简单的做法给学生发出了一个清晰的信号:你很关注教学。这对他们的总结性评估会产生深远影响。

同事的评估

就像学生的总结性评论一样,一位有经验的同事富有建设性的反馈意见对促进你的教学能起到极大作用。因此,尽管这么做可能会令人紧张,但你还是应该考虑请一位同事来你班上听两三次课,征求他(或者她)对你教学的意见。有些大学通过安排一对一听课教师——他们通常来自不同的院系——互相听课来使这种评估正式确定下来。在其他院校,参加这些旁听的是院系的行政领导或学校教学发展办公室的有关人员。

无论是哪种情况,尽量把注意力放在你能从这一经历中学到什么这一点上,而不是去担心它可能有的负面结果。事先约见听课者,告知他们将旁听的这堂课的教学目标,简要介绍并解释你将采用的教学法,说明你在教学中最想改进的方面。事后再安排一次会面,聆听听课者的反馈意见。在这次会面中,要虚心、坦诚地接受赞扬与批评,要感谢听课者帮助你提高了你的教学技能。

自我评估

听自己讲课至少可以和从学生、同事、行政领导或教师培养专家那儿得到评估性意见一样有收获。因此,除了在摄像机前练习讲课外,你或许还想安排对你上课实况的定期录像。先是私下一人观看每一盘录像,然后再和一位朋友、一位同事或者学校教学发展办公室的某个人一起观看。这个过程起初可能会有压力(我们有一位教学助理在观看他自己的第一盘录像带的第一分钟就大喊:"我以后再也不穿那条裤子了!"),但我们认为你同时也会发现这对于你树立自己的教学风格、提高自己的教学技能将大有益处。

要对你的教学进行为期较长的评估,可以考虑创建一个教学文件夹或档案,里面包含你所有的课程大纲、考试、小测试、学生评估之类的材料。

教学质量的提高

还有其他许多可用资源能帮助你改进教学。你可以阅读有关教学事业的一些文章。有几家出版社专门出版面向大学教师的书籍和刊物。把你的名字添加进他们的邮寄名单能让你看到最新发行的有关大学教学的学术书籍。有些刊物和时事通讯也含有大学教学的某些信息。有些是涉及专门学科的教学，其他的，如前面已经提到的《高校教学》、《教学教授》以及《全国教学与学习论坛》，则主要针对一般性的大学教学。

参加可能由你所在系或你学校教学发展办公室主办的面向新教师和教学助理的当地讲习班和研讨会。还可以考虑参加以你所在学科课程教学为讨论重点的大会。记住，除了研究和学术成就这一主题，你所在学科的地区性、全国性乃至国际性的大会都有可能包括以教学为主题的讨论。

教学技术的应用

无论你费多大的劲去改进授课方式，你（或其他任何一位教师）都不可能单凭讲演就能自始至终地吸引全班的注意力。正如前面所提到的，大多数教师至少需要某种视听材料来使教学形式多样化并提供细节内容，而这些都是使其讲演清晰、有趣所需要的。一项研究发现，大学教师写在黑板上或投放在高射投影幻灯片上的所有内容几乎都出现在了学生的听课笔记上。仅仅在口头讲授的"重要"内容中只有27%被学生记入笔记。此外，学习能力较低的学生从教师使用的视听辅助教学法中受益最大。

如今，教学技术的手段已远远走出了黑板和高射投影仪的范畴。虽然日益先进的教学技术在某些方面已使得教学变得较为容易，但同时也使其更为复杂化。使用幻灯片或在课堂上现场访问因特网网页能使课程内容更直接、更难忘，但是你必须投入一些时间和精力以确保这些演示能和课堂内容自然地融为一体。如果你每次课前准备不充分，没有对设备进行过演练，没有反复确认一切运作正常，你可能就会在该演示的时候无法演示或因为演示的技术方面问题而手忙脚乱以致影响演示的整体效果。记住，在可供选用的范围内，每一种教学工具都有其自身价值。因此，在你决定登陆因特网给学生展示一组绘画作品、一份珍奇的原稿、一套个性测试题，或者一个天上的星座之前，问问自己能否选择诸如自动播放幻灯片、录像或高射投影幻灯片这些较为简单的教学工具来获得同样的教学效果。如果不行，那么你就理所应当地该为使用这些高科技的方法付出额外努力。然而，不要简单地认为科技含量较高的方法总是比较好。选择教学工具要依据其价值增加的能力、而不能仅凭它们是较新的事物而定。

结 论

如何安排时间应对所有这些教学责任同时还要完成你的新工作所要求的

其他学术任务,本章是否让你为此感到困惑?果真如此的话,欢迎参加本俱乐部。事实是,无论你打算在教学责任上投入多少时间,它总还会与你需要花费的时间有差距。特别是在你教学生涯的初始阶段,你总要花费比你所计划的更多的时间来备课、会见学生(或回复他们的电子邮件)、批改试卷或作业、制定并实施评分制度、应付有特殊需求的学生等。不过不要绝望。在课程工作量相同的前提下,你第一个学期的教学所花费的时间很可能会比接下去的任何一个学期都要多。这是因为,当你积累了经验、确定了教材、教学法和课程制度的宝库后,教学将会变得越来越容易,越来越不费时间——尽管你永远需要付出努力,需要才思敏捷。

我们认为遵循几条基本规则教学,你就能最好地融入你的学术生活。

1. 保存所有资料。至少在两年或更长的时间内不要删除或丢弃成绩登记表、试卷、小测试题、书面作业、学生信件、学生评估结果,或其他任何与课程有关的资料。当学生要求查阅上学期的一份手改作业或声称总成绩计算有误时,有这些资料在手边能节省很多时间。

2. 认真记录每堂课的上课情况。不仅要记录其效果好坏,而且要记录你是超前还是落后于课程大纲上所列出的教学计划。每次下课后花几分钟时间在你的讲义上做出记号,提醒自己做什么、不做什么、下堂课将使用哪份材料、开展哪项活动等。在讲义上用记号标明你每堂课实际完成的授课内容,这样你就能把它和你的原计划进行比较。这些事后反思的几分钟能帮你调整计划、避免错误、解决问题,进而在你开始计划本课程的下一轮授课时为你节省时间。要在这方面见效果,那就为每堂课创建一个文件夹,用于存放讲义、高射投影幻灯片以及为这堂课准备的其他已用过或计划要用的材料。(如果你偏好按课程而不是按每次课来收集这类材料,我们建议你每门课程使用一本大本的三眼活页夹。)如果你和我们一样都是强迫症患者,你甚至可以使用每本文件夹的内封来创建备忘录,把所有要发放的材料、录像、书本、演示设备、电脑软盘以及你那堂课将用到的其他资料一一列出。这些文件夹还可用来收录报刊文章、对好的例子或概念的有趣应用所作的评论以及你可能遇到的将有助于你在下一轮授课中更新每一堂课的其他信息。

3. 以我们的建议为基础,制定你自己的应对学生借口、学生对试题的异议等的教学条例。改进解决这些问题的教学条例的思路不仅将节省你的时间,而且能减少你每次教学不得不做的特别决定的次数。

4. 创建一个通讯录,记下有用的电话号码、电子邮件地址以及网站名,以便引导学生寻求各类帮助、享受校园服务和设施、发现能查阅与课程相关的额外信息的信息来源。把这些信息放在手边——办公室和家里各留一份——能使和学生的讨论及电子书信来往更富有成效、更有价值。

5. 借鉴前人的经验。你在教学生涯中遇到的任何事——无论是学生半夜给你打电话,还是两只狗在你的教室里交配——都很可能已经在其他教师的身上发生过。因此,找一个你所在系的资深的导师,充分利用他(或者她)的知识与专业技能。如果你这么做了,并记住了本章提供的其他建议,你的教学经历就能成为你学术生活中最有意义的方面之一。如果真是如此,那么记住,尽你所能把你所学到的一切传递给那些将追随你足迹的勤奋努力、满怀希望的新教师们。最后,祝愿您一切顺意。

(本章作者:道格拉斯·伯恩斯坦 桑德拉·卢卡斯)

第五章
妥善处理教师与研究生之间的关系

由于监管研究生的研究是大学教师责任中的一个重要组成部分，因此，无论是具体阐述还是泛泛而谈，讨论如何构建和处理大学教师与研究生之间的研究关系都是很重要的。在本章中，我们将建议一种模式用以指导研究生的研究，并阐述在建立一种有意义且富有成效的研究关系时，大学教师（尤其是大学新教师）容易犯的一些错误。

和研究生一起搞研究，以及在此过程中建立起来的专业及个人的关系，这是作为一名大学心理学者最令人兴奋、最有回报的方面之一。在整个教学生涯中你将和聪颖、有创意而且认真好学的学生打交道——懂得这一点将大大有助于你保持活力、拥有动力，并因为新见解你将不断受鼓舞。培养研究生或许是教师的职业迥然不同于几乎其他所有职业的一个方面。

这么说一定显得我们是在把在本科院校教书的同事都归类为二流教师。情况并非如此。在这些院校，优秀的本科生常常在许多方面扮演着研究生的角色。本科生为毕业论文搞研究；他们作为研究助手参与教师的研究项目往往还能得到校方的经费补助。承担任务的高年级本科生经常和许多研究生——特别是硕士研究生——发挥同等的作用。总体上说，他们对统计学和试验性设计可能知道得较少，但对任课教授强调的理论却很可能知道得较多。在本科院校工作的教师需要对以下建议做些调整，不过他们会发现这些建议中有许多都适用于他们与本科生共同从事的研究工作时。

"改良的学徒制"模式

我们从介绍一种指导研究生研究的（可能是理想化的）模式开始。

师生合作中研究思路的来源

大学教师一开始就要处理的中心问题是：如何确定其研究生将从事的研

究项目。一方面,教师也许会等待研究生拿出一个他(或者她)自己的研究方案。另一方面,他也可能布置研究生去做教师研究经费所赞助的一个实验。我们想说明的是,这两个方法都不合理。第一个太不现实,第二个太专制。我们建议一种指导学生的模式来取而代之,我们把它称为"改良的学徒制"模式,它是介于这两种极端做法之间的一种模式。

一名研究生开始其研究生学业时,他(或者她)要么被直接指派给一位研究生院导师,要么被要求自己找导师。当我们被一对一地分配接收一名研究生或当一名研究生走近我们时,我们当然会试图去发现该生的兴趣所在,但我们同时也会毫不犹豫地给该生布置一个主要源自我们自己的研究兴趣的开端项目。我们这么做是为了确保该生受益于我们在我们所熟知的领域所花费的时间和积累的专业知识,确保他(或者她)在其研究生学业中尽早开始学习做研究的多重责任。

这意味着我们"交给"研究生一个项目吗?不全是。研究生不是研究助手。相反,我们交给他们的是一种观点,其中可能蕴含着如何将此观点转变成一项研究的某种思路。然后,该生就开始查阅背景知识,形成他(或者她)自己的一些观点,我们再一起构思这项研究。尽管我们事先可能已经对一个方案和步骤有过思考(也许有过很多思考),但我们的学生仍和我们一道认真致力于该方案和步骤的研究。事实上,他们在研究项目的这个阶段参与进来几乎无一例外地促进了研究。对于构思一项研究时会出现的无法避免的、不可预知的一些问题,研究生们常常能想到实实在在的解决办法。此外,因为他们终将扮演实验员的角色,因此,建立实验员——实验参与者之间相互作用的关系对他们有好处。在此过程中,他们将形成一种令其感到自在的实验员"个性"。

可能的研究方向的数量

让一个研一的学生在第一学期末或第二学期初开始收集(很可能是小规模的)数据是我们的目标。然而,在此期间(或者,尽可能快地),我们也开始讨论由该生自身兴趣引发的研究。我们发现研究生同时进行至少两条线的研究工作很重要。如果一条线的研究停滞不前,另一条线的工作则有可能卓有成效,学生也就可能不会因为研究进展缓慢或怀疑他们的研究能力而感到焦虑或沮丧。如果一条线的研究由于在等候参与者的到位、行为准则委员会的审批或其他许多原因而受阻,第二条线的研究可以提供其他可做的事。前面已经提到,第一条线的研究通常源自我们的兴趣,我们认为它应该很快就能开工。第二条线的研究更多地出自研究生的兴趣,该生可以在进行第一条线的研究的同时查阅资料、拓展研究思路。一般说来,研究生的硕士论文都来自第一条线的研究。事实上,硕士论文常常是该生就完成的第一项研究所写的研究报告。一切顺利的话,其博士论文将来自第二条线。这是由该生自主发起的较为独立的研究线。顺便提一句,这后一条线在该生的学习生涯中可能会有几次改变。对于那些实验或理论都证明是难以奏效的最初的思路,学生们不必坚守不放。这意味着研究生与大学教师之间的关系刚开始时一定是不平等的,但等到研究生学业接近尾声时,这种关系就会朝着一种地位较平等的研究伙伴的方向转变。

当我们建议研究生应该有一条独立的研究线时,我们的意思并不是说,这条研究线一定得完全脱离其导师的研究兴趣。事实上,尤其在大学教师教学生涯的初始阶段,如果该研究线与这位教师的一个或多个兴趣相关,那么指导效果很可能会更好。中心意思很简单:这应当是研究生牵头展开的一条研究线或一组研究。当我们说第一条线应源自导师的兴趣时,我们并不想否认常常发生的这样一种可能性:研究生发现有必要进行其导师也许尚未想到的第二条线的研究(或第二组的研究),并为此构思了研究方案。如果我们把指导者的角色扮演到位,该生就能将这条线的研究朝着有趣、同时也可能是预测不到的方向推进。

在本章的较后部分,我们将讨论涉及作者名誉和排名顺序时会引发的问题。不过,就此一个好的建议是,在研究的早期阶段就和研究生合作者商讨此事,不要把这种讨论留到最后、结果发现大家一直在各自抱着各自的想法搞研究时才进行。由于导师是第一个项目研究思路的主要提供者和设计者,因此,如果结合目前让两个研究项目同时进行的讨论,把导师列为第一作者是很自然的事。如果导师认为其研究生在研究项目中将承担的任务不足以获得作者资格,这需要事先说清楚。在我们的经历中,大多数导师会把在研究工作的各个方面干得出色的学生列为作者之一。在第二个项目中,由于研究生的开创作用更突出,因此,如果该生的表现在此项目进行的整个过程中始终如一,那么他以第一作者的身份出现似乎就是合情合理的。

鼓励学生与其他教师合作

我们鼓励我们的学生和至少一位其他教师合作。实际上,教师对被录取的每一名研究生采取集体负责制在我们看来似乎是最为奏效的研究生培养计划。在这样的培养计划中,教师与研究生之间的合作常常会有所发展。例如,各种师生组合队伍联手进行各种项目的研究工作。条件许可时,我们有时会通过为每一名研究生另派一位大学教师担任其第二或者说后备导师来努力促进这种合作。后备导师可以扮演从友好的评论者(或唱反调的人)到有经验的合作者等各种各样有用的角色。

要使这一体制发挥最佳效果,大学教师们应该乐意为彼此的学生充当这样的角色。这样一来,所有教师都能得到让自己的学生有另一位导师的好处,但是反过来,他们也必须乐于为其他教师担当后备导师。当一位教师请假不在时,这个角色就被证明特别有价值。后备导师非常了解学生的研究进展,因此轻而易举就能顶替进来担任主要导师。

我们之所以推荐这种一名学生能有机会与一位或多位导师合作的方法,还有另外一个重要原因。如果一名研究生仅与一位相对没有知名度的大学年轻教师合作而不寻找机会与一位资历较深、在国际上享有较高声誉的教师共事,那么他就可能在就业市场上处于严重劣势。因此,在这种体制中,研究生们因为知道自己有机会轮换导师,这事实上就使得他们有可能选择刚开始时与一位较年轻的教师合作。否则,很可能的情况是,他们将不得不抵制与刚走上教学岗位的教师合作。

指导多少学生?

我们所描述的改良的学徒制模式有一个重要局限。我们发现这个模式在一位大学教师指导三名、至多四名研究生时效果最佳。事实上,我们能够应对三或四名学生的前提是:他们分别处在其研究生学业的不同阶段。这样,较高年级的研究生就能"把窍门教给"较低年级的研究生,把自己的一些技能传授给他们。这不仅对教师和低年级的研究生有所帮助,而且也有助于高年级的研究生学会一些培养学生搞研究所需的技能。在那些本科生能写出优秀学位论文的大学里,许多教师还会让他们的研究生来指导本科生的学位论文。研究生也能从这一辅导高年级本科生的机会中受益。不过,这也会做过头。尽管一名研究生完全适合去帮助指导一篇独立的优秀学位论文,尤其当这篇论文涉及的是他(或者她)本身的研究领域,但这位本科生可能会——他有理由这么做——因为被安排一名研究生来对他进行主要的、甚至是完全的指导而愤愤不平。

我们或许要为刚走上教学岗位的教师阐明我们这些话的含义。尽管新教师难以遏止地渴望迅速开始并完成大量的研究工作,我们还是建议他们不要同时接受三名研一的学生。一年指导一名研究生要好得多。曾对高年级研究生进行过的培训内容,有一部分随后就会被他们传授给低年级的学生。简而言之,不要让自己太辛苦。

指导研究生的困难所在

我们现在来谈谈在建立一种有意义且富有成效的研究关系时容易犯的一些错误。

导师的困境

研究生导师所承担任务的一个中心方面是：将该生培养成一名能够策划深刻的、纯理念实验的研究人员。这些实验要有助于展示潜在的、能使大家产生兴趣的现象过程。（我们在本章较前部分曾提到，恰恰是和研究生们一起策划并进行这类实验的任务，给了我们教学生涯中如此多的快乐。）要成功地做到这一点，我们经常使用教学技巧。一个突出的方法是：设计一个问题，使之能引导学生依靠他（或者她）自己的能力去发现该如何策划和实施一个相关的实验。这个方法的也可以变化为，提出两个相对抗的假设，使之引导学生形成一种能有效地将它们对立起来的认识。这个例子中允许存在一点儿教学欺骗：导师以一种能首先让自己形成某种（或一系列）认识的方式（或者说得更笼统一些，通过提供背景知识）来设计问题，从而引导其研究生也形成这种他本人已经具有的认识。之后他再对学生的才智表现出惊叹不已！使用这种方法的理由是，学生使由此产生的实验成为他（或者她）自己的实验，并以这种认定所引发的献身和顽强精神投入实验——而这对于一个研究项目的圆满完成常常是必不可少的。

在查尔斯·哈里斯为汉斯·华莱奇所写的讣告中，对这种善意的欺骗有一段精彩的描述，以下就是这段话，解释了为什么华莱奇能使如此多的学生的研究生涯获得成功。

> 华莱奇常常给学生们留下这样的印象：他总是在沉思中自语，总是在和他们一道致力于对深刻见解的自主追求。他不仅鼓励他们要敏锐地思考，而且让他们感到他们是在他的水平上进行思考，在和他联手分析问题。他过去的一名学生曾有过这样的描述："无论我们在讨论什么问题，他都会全身心投入……如果我们中有谁能表露出些许模糊的理解，他的脸上就会绽放出喜悦的光芒——即使在我们的认识和他最信奉的理论背道而驰时也是如此。"

哈里斯继续写道："回顾过去，我猜想他对教学融入了大量的努力和计划——甚至还有表演的元素。"例如，不止一次，他离开了教室，在大厅里踱来踱去，然后又走回来说："我一直在很费劲地想解决一个问题。我知道这不是我们今天的话题，但我希望你们能帮我一把。"

哈里斯——一位当之无愧的感性研究者——接着写道："几年后我告诉他我对此事很困惑，因为我在事后得知，他在之前的一年就已发表的一篇文章中已经解决了这道难题。他咧嘴一笑回答说：'是的，我知道。'"

在这个可爱的例子中，没有出现出版名誉的问题。但是假设一位教师引导一名学生形成的认识令这位学生随后真的就此展开研究,那么情况会怎样呢?谁该是这篇由此而生的杰出论文的第一作者呢?我们已经知道,一个艰巨复杂的合作项目中的每一个参与者,甚至是进行合作研究的学生和导师,往往都会过高估计他(或者她)个人所作贡献的程度或价值。因此,这种背景趋势在任何情况下都会造成作者名分的归属难题。但有趣的讽刺是,作为一名优秀教师,那位导师通过使学生相信学生自己不仅为研究项目的实施实实在在付出了所有努力而且还提出了最初的研究设想而大大加剧了作者资格分配的困境。于是,由于在实验刚开始就受到了善意的欺骗,这名学生将带着由此诱发的他(或者她)将成为主要作者的希望继续实验。正如基思·斯皮格尔和库切尔所提到的冲突,以及对违背道德准则的种种指责,其最常见的根源之一就在于师生之间有关作者资格归属的两难抉择。我们猜想,这些激烈的争辩中有许多都是因为导师最初采用的引导态度所导致的非预期结果而引发的。的确是讽刺!

很难说该如何应对这一困境。对于大学资深教师来说——依据作者署名权进行评估对他们而言已是过去的事了——这种情况常常是通过把第一作者署名权让给学生来得以解决。不过,对于一个正竭力在学术界树立名望、进而争取获得终身制职位的较年轻的大学教师来说,这么做却不容易。我们给较年轻教师的建议是,在师生关系确立初期和自己的研究生谈一次话,泛泛提及教师在一般性领域——也许是受该教师经费申请所限定的领域——的主导地位。该谈话内容可以在学生"发现"一个具体实验的合适思路或步骤后再次重申。数据收集完成后,教师也可以承担一些诸如写绪言等论文起草任务,以此证明自己在持续参与该项目的研究工作。

有一个问题势必会出现。它总是伴随着由权利不等的人参与的合作项目。及早明确研究项目的劳动分工和作者署名的分配将能最好地避免这个问题。如果在项目进行过程中出现劳动分工方面的变动,可以并且应该重新明确这些问题。让每个实验参与者对这些问题都形成以自我为中心的默默"理解",这几乎注定会产生有害的误解。

认识到导师困境的影响力后,我们认为我们的建议并没有为如何解决这一难题提供完全的答案。我们只能希望,通过阐明这一困境,师生双方都更有可能认清一个复杂问题,一个事实上牵涉情感、错综难解的问题。

大学新教师的心理状况

以上是我们就理想状态下研究生与导师之间关系的运作情况提出的看法。然而,这种关系无疑在许多方面都有可能出差错。由于新教师与研究生之间所形成的私人关系的复杂情况可能引发许多难题,因此,我们有必要对大学新教师正在经历的特别困难的过渡进行分析。我们认为,这种过渡可能是其中许多复杂情况的根源。

当新教师进入新的教学环境时,他们不仅会感到对他们的要求存在许多模棱两可之处,而且还可能产生因环境变化而引起的深深的孤独感。那种模棱两可会造成许多额外的焦虑。由于年龄和生活方式相近的缘故,新教师往往会把研究生当作可能的朋友而被吸引过去。然而,由于他们新近获得的教师身份,一种隔阂由此产生。它不仅难以逾越,而且逾越它也非明智之举。

新教师在确立与研究生的专业研究关系时所遇到的许多问题都源自这种在研究生那儿寻找友谊的倾向。新教师必须认识到的一个必要的但又是令人难过的事实是:他已经和研究生面对面地坐在了桌子的两边。这种状况相当难接受,因为仅仅在两三个月以前,该教师自己还是一名研究生。然而,刚走上教学岗位的大学教师必须认识到,他(或者她)工作的本质是教导和培养研究生。在此过程中,他们必须给研究生提建议、加以引导并进行评估。惩处学生——例如,处罚学生留校察看——是我们大家都希望极少出现的一种职责。可是,评估——无论正面还是负面——是师生之间关系的关键组成部分之一,也是新教师几乎总是低估的一个部分。以下是这个问题的一个经典表现。

一位大学教师有可能与一名研究生结成手把手指导的关系,为他(或者她)的个人生活提建议。除了提建议,该教师还可能进一步对学生表示同情,甚至提供心理疗法。这么做不仅让这位新教师在情感上有所付出,而且会耗费大量时间。时间花在了为学生提供疗法上就意味着没有时间为他们提供研究生教育。说得更明白些,这样花费时间会潜在地——但事实上是绝对地——损害师生之间至关重要的评估本质。(虽然我们无法进行详细阐述,但指出一个显而易见的事实很重要:因为女性或少数族裔的教师常常"供应不足",那么这一困境对于他们而言可能更难避免。)

我们注意到一个有趣的(也许也是讽刺的)现象:如果一位大学新教师被其他教师认为在与研究生的关系中没有摆正自己的角色,那么他(或者她)作为研究生辩护人的效力就会受限制。每一位教师在某个时候都想成为某一个研究生的辩护人,都想使其他教师信服该生具有其他教师可能没有发现的特长、技能和潜力。此外,大多数教师都会在某个时候被拉去调解另一位教师和一名研究生之间的冲突(也许是应一名研究生的请求前去调解)。任何一位被其同事认为与所涉及的研究生之间存在着不合适的个人关系的教师都不能有效地完成这两个任务。因此,恰恰因为大学新教员将会想充当辩护人,或许还想充当调解人,所以一开始就与研究生建立有一定距离的恰当关系是明智之举。

最后,一位刚走上教学岗位、与研究生关系密切的新教师很难对该生给予学业上的指导。例如,教师有时需要向研究生解释说,虽然他(或者她)一直受到个人问题巨大的、真实的困扰,可是,由于学业没进展,他(或者她)不得不休学或辍学。同样,教师有时还需要建议学生说,尽管和某位教师有冲突,他(或者她)还是被分配给那位教师当助教,或者那位教师将会(或应该)是该生学位论文委员会的成员之一。如果与研究生的关系使得教师难以进行任何一种此类的交流,或者更糟糕的是,使教师显得像是背叛了学生,这就表明该生和这位新教师出现了角色混乱。

典型事例

我们将说明灾难的几种可能的开端。一名大学教师刚进入第一个学府执教后不久,可能就会有一个或多个学业已进行到一半的研究生讨好性地接近他(或者她)。他们以各种方式试图让该教师与他们合作。许多尖锐的问题便蕴含于此。如果这名研究生没有圆满地达到该教师的要求,他(或者她)可能就无人合作。由于必须确定某种论文选题,因此,这样的学生常常迫不及待地想找一个导师,而且乐于——往往是下意识地——动用手段来达到这一目的。

有一个相关的例子我们姑且称之为救援行动。一个具备多种才能且有着成熟的兴趣模式的研究生却有可能"不适合"某一项由一位新教师刚加盟的研究生培养计划。也就是说,虽然在完美的世界里,理应有一位大学教师愿意就该生感兴趣的问题与之进行探讨,但实际上这样的教师并不存在。这可能会让这位新教师想起自己研究生阶段也有一位同学有这样的经历,这位新教师可能就特别痛苦。此外,由于觉得自己有责任确保这项新合作的研究生培养计划成功实施,而新教师又认为这种情况可能会浪费该生的才能。考虑到这些因素,以及相信该计划中存在着对每一名研究生给予帮助的一般性责任,这位新教师可能会觉得帮助学生的责任就落在了他(或者她)的肩上。顺便补充一句,这样的责任或义务有可能持续几年!

这类责任并不明确。在这种情况下新教师承担起指导该研究生的责任往往是不明智的。以我们个人为例。我们俩刚开始教书时都有带研究生,因为我们当时都有前面刚刚描述过的想法。许多同事对我们说他们也都有过同样的经历。一个简单的事实是,说"不"字很难,尤其当你是一名新教师的时候。然而,有趣的是,当我们调到第二所学校或在第一个教学岗位上变得较有经验时,我们中的大多数人都说自己的行为有很大改变。如果有第二次机会,对于是否接收那些在我们自身走上教学岗位前几年就已入学或之前已在其他几位导师之间周旋过的研究生,我们往往非常谨慎。

我们已经提到,指导研究生存在着非常理想化的理由。现在我们提出:它还存在一些不那么理想化的理由。我们大家都清楚,如果工作中仅仅能多一双手来帮忙,那么我们的研究该会取得多大的成绩。这也可以成为接收研究生的一个动因。简单地说,我们认为这个动因相当蹩脚。几乎每一位我们认识的资深研究生导师都会认为指导研究生并非是使自己的分内工作得以完成的一个高效方法。

问题的部分解决办法

我们的第一个、也许是最好的一个建议是直截了当的:在专业上与研究生保持距离。虽然讨论专业志向和涉及影响该生学业和就业选择的个人事务不为过,但长时间地谈论有可能成为该生少做功课的借口的个人事务就不合适了。除了急病和威胁生命的紧急情况,对研究生来说最重要的是学业进步。假如一名研究生出现了严重的个人或心理问题,那么一位教师所能做得最好的事就是建议该生去寻求专业帮助。

能自然限制与研究生交往的另一个应该记住的办法是:有效管理和分配时间。我们所有人都易于向研究生做出没有十分把握的承诺。最起码,我们应该认识到这么做会限制我们承担其他的责任。虽然致力于一次偶然的救援行动也许是合适的,甚至是光荣的,但一连串这样的奉献则意味着该教师定位出现了偏差。

在任何情况下,在同意担任一名研究生的导师之前,明智的做法是:和相关的教师讨论该生过去的表现,查阅其成绩记录和档案;如果你有任何担忧,就先试着了解一段时间。在此期间,该生知道他(或者她)必须展示一种能力和动力才能参与某一个研究项目。

测试学生的研究思路

为了帮助自己决定是否同意担任研究生导师,特别是指导一名学业已进行到一半的研究生,你或许可以提问该生以下6个问题(一位同事专为此情况而设计):

1."你感兴趣做/发现的事是什么?"(即,"主要的问题是什么?")
2."你为什么对此感兴趣?"(即,"这一话题/问题的重要性何在?")
3."你感兴趣做的事与已知的信息之间有何联系?"(即,"相关文献为我们提供的信息是什么——或者,已有的信息是什么?")
4."该研究与以前的研究有何不同? 或者说,它如何拓展以前的研究?"(即,"有可能产生什么新知识——或者,新信息是什么?")
5."你将如何进行这项研究?"(即,"研究设想和——可能的话——研究步骤是什么?")
6."你期待有何发现?"(即,"假设的结果是什么?")

通过提出这些问题,你就能对该生在由其本人提出的研究项目上所投入的思考就数量和质量做出评估。这一测试不过关的学生不可能说服我们的同事担任他(或者她)的导师(甚至,他们会因此拒绝担任他(或者她)学位论文委员会的成员)。

最后,在指导博士研究生之前,明智的做法是:先在几个硕士和博士学位论文委员会任职,以了解什么样的论文是可取的,什么样的是不可取的;导师和委员会成员给予多少提示是合乎规范的等。我们强烈建议大学新教师尽快这么做。

危险信号

以下是我们提醒大学新教师应尽量注意的某些危险信号。

1. 如果你发现自己一直在允诺指导学生撰写并非你本专业领域的博士学位论文,那么请留神!你没有时间去学习这些领域的知识,如果你认为自己没有这些专业知识也能成功地指导学生,那你就太不现实了。太过频繁地说"行",你可能会因为精力所限而到头来一样工作也做不好。

2. 如果你发现自己在任教的第一年就已在指导许多先于你入校的学生,请提防!如果这些学生真的打算在你的兴趣领域搞研究,那是一回事。但是,如果他们的研究领域五花八门,那就成为一个问题了。你无疑有可能被看做"倾倒"问题学生的接受站。而且,如果你的时间都被高年级的学生所占用,那你就无法接收其整个研究生教育都由你负责的学生。

3. 当你发现自己在同时指导许多学生,而他们的论文进展速度让你很失望时,你可能需要检查一下一切是否正常!你尽力指导的学生中可能有许多人找借口很在行,但在学业上却不具备同等的能力。

4. 最后,如果你发现自己出于责任感在指导许多学生却没有从他们那儿获得任何愉悦、任何智力灵感、或任何个人好处,那么一定是出了问题。你可能高估了你的资源,高估了你的可用时间,高估了你在本专业之外的领域的技能和知识(认识到这一点很重要)。指导学生是你不该掉以轻心的主要责任,但它同时也应该是一种挑战,一种激励人的活动。

避免麻烦

我们承认这一建议可能显得过于冷静。的确如此。不过,有很多办法能让新教员不再与其所在系或研究项目的研究生的生活纠缠不清。首先,我们想建议新教员们有意识地与能分担其忧虑的个人——不是研究生——培养专业和私人的关系。刚走上教学岗位的大学教师或许都记得他们自己的研究生同学。虽然在研究生院的最后一两年与这些人之间可能是竞争的关系,但他们中至少有一些人可能正经历着相同的孤立感和不确定感。你可以给这些朋友打个电话(或发一封电子便条)。

其次,你也可以和本系以及本校其他系的其他助理教授交朋友。这有时难以做到,因为助理教授很忙,而且大学各系的教师常常都各自为政。不过,通过一定努力,你会偶然发现一些能与之谈论共同焦虑和事务的非常有趣的人,甚至有可能和他们结成朋友。

结　　论

在本章的前半部分,我们讨论了指导学生搞研究的一种模式。毫无疑问,还有其他同样有效的模式。由于这是一位大学教师职业生活中的一个中心方面,因此,我们敦促刚走上教学岗位的大学教师确立自己的研究生培养模式,并努力使之奏效。我们希望通过对新教师在与其研究生建立研究关系的过程中经常遇到的问题的讨论能帮助新导师们适应这一至关重要的新角色。

由于本章的后半部分涉及与所指导的研究生之间关系太近的种种隐患,因此,如果我们的建议有偏颇的话,很可能就是有关导师与研究生之间应该保持相当距离的这一建议。如果本章前半部分所描述的改良的学徒制模式行得通,那么这种远距离的关系事实上就将随着时间的推移而演变成一种较为亲密、更具学术气氛的关系,尤其到学生们完成博士论文时更是如此。因此,到学生的研究生学业结束时,导师与该生(现在应称为曾经的研究生)之间的关系应该就和该教师与他(或者她)同事之间的关系没有任何不同了。有时,大学同事会成为亲密朋友,但多数情况下成不了。不过,他们之间总会彼此信任,相互尊重。

(本章作者:马克·扎纳　约翰·达利)

第三篇
研究与写作

第六章
建立自己的实验室，开始课题研究

开始单干是任何一名年轻的研究人员生命的重要转折点。就以你为例吧。假设你发现自己现在就处于这种境况。你已经完成了五年或者更长时间的研究生学业，此后你或许还从事了两三年的博士后研究工作。幸运的话，你在就学期间得到了良好的指导。然而，无论是当研究生还是博士后，总有另一个人在总体掌管着实验室，负责实验室的运作。从在实验室里搞研究到负责一个实验室——哪怕是负责一个简陋的实验室，其间的转变会令你感到不安。如何开始一个研究项目？如何招募助手？应该研究什么问题？是寻求合作还是该单干？怎样获得资源？本章的目的就是帮助你权衡解决这些问题的各种方法，权衡如何从一名研究生或博士后成功地过渡到独立的研究者的种种策略。

分析所处境况

你所能考虑的研究类型的限定因素是由你从事的具体工作决定的。如果你在一所高中或大专院校工作，那么正规的研究机会也许是有限的。不过，可能不是你想象的那么有限。假如你真的想搞研究，假如你富有创造力，那么无论你境况如何，你都应该能为自己创造机会。某些类型的研究（用调查问卷形式进行的研究和几种类型的实验性研究）可以在教室等环境下和学生们一起靠纸笔完成。如今并不昂贵的台式电脑使人们能轻松了解到大量的行为规范。对于那些无法得到大批实验参与者的研究人员来说，因特网已越来越成为募集参与者的切实可行的渠道。此外，你或许还能和周围地区较大机构的研究人员联手合作。

让我们简要考虑一下不同种类的工作的两种情形以及在开始一个研究项目时可能遇到的一些情况。

教学环境:搞研究可能吗?

许多刚从研究院毕业的博士可能会发现自己身处一个研究预算很低(或者为零)的机构。除了中学和大专院校,一些文科学院和大学也认为其教师首要的任务是教书。在这样的机构里,心理学者可能没有实验室,没有购买研究设备的预算,连外出参加会议的旅费也几乎或者根本没有。此外,可能没有研究生帮忙搞研究,没有经费给研究助理发报酬。如果你是一名刚毕业的博士,所处环境又几乎不具备研究条件,你也许就会充满妒忌地看着你那些拥有成套优越的研究工作启动条件的博士生同学,于是狠心地说:"我将一心一意地投入教学,永远不搞研究。"

当然,想一心一意地教书完全没有问题,但如果你真的有了好的想法、想进行研究时,也许有一个办法可行。除了自身的智慧和周围的一帮学生,许多心理学者是在基本上没有任何资源的情况下开始其研究工作的。学生们可以参与研究,一旦他们完成了一些课程的学习,就可以充当研究助理来帮助工作,把研究视作一个独立的学习项目或优秀论文选题。以教学为主、几乎不具备研究条件的学院也许会乐于资助半工半读的学生,让他们来帮忙搞研究。这一微薄的投入常常收效甚大,因为有些类型的研究几乎不需要启动资金,只需要一些好点子。这种情况几乎存在于心理学的所有领域。大多数领域都包含从简单到较复杂(且需借助设备)的各种各样的研究策略。许多著名的心理学者都是以简单的实验——常常是用提问最基本问题的方式——开始他们的研究工作的。恩德尔·塔尔文,一个著名的记忆研究者,在多伦多大学开始了他的研究生涯。最近发表的一个传记文章曾提到,多伦多大学心理学系在当时(1956年)缺乏设备。因此,他选择的研究领域必须是没有特殊工具就能进行的某项研究。正是在这种缺乏设备的情况下他开始了词语学习的研究(获1994年APF金奖)。尽管塔尔文在读研期间没有受到过词语学习和记忆研究方面的培训(他甚至从未上过这类课程),但从一开始他就为之作出了重大贡献,后来词语学习和记忆研究逐步发展成为心理学领域的一个伟大职业。睿智者会发现有趣的问题,然后策划合适的工作和实验方案来解决它们。许多心理学的最初实验都是采用相当直接的方法。

你所能做的另一种贡献是撰写评论文章或书籍。许多领域充斥着实证研究,但要了解其中一个领域总的格局或趋势可能并非易事。对于无须借助研究设备或大笔财政拨款即可进行的学术活动而言,主要的综合性评论文章和书籍就可对学术作出重要贡献。的确,凭借因特网的力量,人们甚至不需要附近有大型图书馆存在。如果一个对搞研究和做学问感兴趣的人能写出一篇较重要的评论文章或一本评论书籍,那么他(或者她)不离开办公室就可有所贡献。

假设你发现自己身处一个研究资源并不丰富的环境，那么第三个策略是，到研究条件较好的单位寻求合作者。附近也许有一所规模较大的大学或者医学院，你可以与其中一些研究心理学专题的学者结盟。运用这一策略时，明智的做法是及早开始。可能的话，在你去新单位报到之前就先建立好合作关系。

最后一点是，如果你对研究实实在在感兴趣，当发现自己所处的境地研究条件不够时，不要绝望。认真选择你感兴趣的问题，充分利用自身环境所能提供的任何资源。这么做，你就能为你所在领域作出贡献。

实验室和一揽子启动计划：下一步做什么？

假设你来到的是一所鼓励搞研究的大学。你被分到了某类实验室（哪怕只是一两个房间），也拿到了研究项目的启动资金。大功告成了吗？没有。因为你仍然有许多重要决定要做。你将研究哪些问题？准备采用什么方法？应该买什么设备？钱是应该一开始就用光，还是存起来节省点花？这些问题中的大多数都没有完全对或完全错的答案。"视情况而定"也许能代表正确（即使不是令人满意的）答案。本章余下部分要涉及的主要内容是：分析所处情况，全面彻底地考虑可能采用的启动策略。

无论你的新大学分配给你多少启动资金，你都会很快发现钱不够用。我们的建议是，购买启动研究所必需的一切物品——不要攥着钱不肯花——但另一方面，也不要恣意挥霍见什么买什么。如果贵校的会计制度许可（有些大学要求经费必须在年度结账日——通常是 6 月 30 日——之前用完），你可以存些钱留到日后有新情况出现时再用。当然，你的初始研究经费具体怎么花还要取决于你所从事的研究类型。不过，我们可以提出一般性的建议。无论发生其他任何事，保持实验室正常运作所需花费的钱一定要花。当本科生或研究生开始对一个科研项目感兴趣时，你需要确保基本的研究设施能到位以支持他们的工作。这通常指的是电脑、家具，还可能包括专业设备或辅助人员。如果你身处一所研究型大学并打算维持一个中等或大型的实验室，那么，雇请一个研究助理主要负责文秘工作和实验室维护也许是一个明智的投资。

启动资金的潜台词就是——用这钱来使你的研究项目运作起来。所以，没有必要把钱存着不用。如需更多经费，你应该向国家卫生研究院、国家科学基金会或者其他机构或基金会提出书面补助申请。贵校很可能设有一个研究资助办公室，它可以帮忙向你解释申请经费的例行手续；你也可以向已成功吸引外来资金支持其研究项目的同事取经。（此外，你还可参阅本书第七章和第八章中有关如何吸引外部机构的资金用于研究的介绍。）

尽管你可能认为你的启动资金不足以让你的研究保持良好的运作，你仍然应该对所有的经费来源心存感激。启动资金相对而言是一个新概念,尤其在心理学领域。在三十年前,几乎所有大学的科学家都不曾得到过今天这样的比较充裕的一揽子启动经费。如有需要,新的研究人员应提出书面申请要求对他的研究给予经费支持。不过,由于大学之间在吸引优秀的初级研究者和劝诱资深研究者从一所大学调往另一所大学方面存在着竞争压力,大学管理层开始向新教师提供一揽子启动经费。这些经费数目根据学者学科的不同有很大差别。在主要的研究型大学,物理科学领域的启动资金可以达到成百上千甚至更高,而对于在比较文学或历史系从事人文学科研究的人而言,一台新电脑和打印机就能满足其研究需求。

根据学者探索的领域和大学的类型,一揽子启动经费在心理学领域内会有千差万别,心理生物学研究通常要求相当大的经费资助,另一些研究领域(如神经表象领域)也需要大量资源。尽管提供有数额巨大的启动经费,从事高技术项目研究的人员在某些方面依然会处于劣势。启动资金使他们拥有实验室和设备,但要维持运转,实验室就犹如一张嗷嗷待哺的嘴,需要持续不断的大笔经费资助。需求低的研究人员可以不必不停地写补助申请,从而免受无数次争取经费批准所带来的焦虑。一笔数额不大的经费或许就能对他们的研究予以极大的支持。

你想要什么样的实验室?

实验室可以千差万别。在一些理科领域,实验室负责人可以监管由博士后、研究生、拿报酬的研究助理以及本科在校生组成的若干团队。行政助理常常被聘请来协助管理。不过,这样庞大的实验室规模通常需要几年的时间才能建成。如果你刚从研究生院毕业,那么很可能你会想找一个运作规模较小的实验室。显然,如前所述,你所处的境地(小学院还是大规模的研究型大学)将对你实验室的参数产生一定影响。实验空间有多大?有研究生参与吗?本科生能否为你的研究工作助一臂之力?有钱给研究助理发报酬吗?

我们的建议是,起步时规模要小,确保在增加人手前依靠现有的人员实验室已能运转。让实验室发展太快确实存在着危险。系里新的研究人员可以成为吸引研究生的一块磁铁。在同意让一名,比方说,三年级或四年级的学生参与你的实验室工作之前,你应慎重考虑。的确,有人想接近你会让你受宠若惊;不错,你需要帮手。然而,一个水平相对较高的研究生突然转向寻求一位新的研究指导教师,这或许说明该生与其前任导师的关系不是一直很融洽。那么你需要向其他教师了解事情的缘由。这种转换常常会有很好的理由,该生也可能是很优秀的学生。但是要小心。想"跳槽"的学生往往是长期以来心怀不满的学生(或是已不再受前任导师青睐的学生)。这种情况可能对你和该生双方都有好处,但在做出承诺之前还是要仔细调查,认真考虑。

过快地增加实验室人数的危险是:每个人都需要占用你大量的时间。我们所有人都幻想:增加一双手,我们的研究进程就能大大加快。问题是那双手是带着大脑来的——事实上是带着整个人来的。你得向这个人解释这项研究,确保能为他(或者她)提供一个有利的环境。研究生需要很多指导;本科生需要的指导可能会少一些,因为他们参与研究的程度较小,但这仍然需要你花费时间。对那些拿报酬的研究助理你必须分配工作给他们干。因此,如果你不慎重的话,你就得花费大量的时间指导研究生和本科生,还要尽力为聘请来的研究助理安排工作。伴随你的新岗位而来的还有其他极耗时间的责任要求——备新课、在委员会任职,因此,突然间有太多人依赖你,会占用你额外大量的时间。这不但不会促进、反而将减慢你研究项目的进程。

认真考虑你想从事何种研究,就所能完成的任务在太过自信和太过谨慎之间努力寻求恰当的平衡。每个人都必须找到他(或者她)和手下被指导者相处最舒适的点,了解在任何一个时间段同时进行的研究项目的数量,找到与其他教师合作的项目数。

研究项目随着时间的推移而增加,这是一个自然趋势,也许与同事或学生的一次谈话就可以轻松自然地引发一个研究项目。记住:要想成功,每一个项目开始后都应该积极地进行下去。不要开展太多项目的研究,因为你知道其中一些永远也完成不了。当然,一个项目开始时,你不可能知道它是否一定会产生有趣的结果,但你能确定的是:如果你不进行这个项目的研究,它就不会成功。如果你把大量时间花在了数据永远搜集不全的一个项目的早期阶段上,那么,原本可以更有收效的时间就被你浪费掉了。你需要足够多的得力助手来完成工作,但不能太多,这会让你精力太分散。管理手下(以及处理他们个人间的关系)是要花时间的,不要低估这一点。

指 导 学 生

指导学生——尤其是研究生——是一个主要责任,本书第五章对此已进行了详细阐述。然而,有几种指导情况专门适用于实验室的建立,我们将在下面提到。

大多数院校都会提供机会让本科生参与研究。这在许多学院和大学被看做是教学责任中一个非正式的部分,极少是正式的要求。在研究实验室里,本科生可以扮演两个不同的角色:参与有导师指导的研究活动的学生角色和由研究者付给报酬(有时会受到所在大学或一个联邦工读项目的资助)的雇员角色。我们认为应该明显有别地对待这两个角色。大多数在实验室工作的学生雇员谋求这些经历是因为他们对正在研究的课题感兴趣,他们合理地期待自己能学到一些实验室研究正在使用的方法和理论。作为老板,教授应当支持这些拿报酬的研究助理的兴趣。然而,进入实验室进行一个独立项目研究的学生有权怀有比这多得多的期待。他们应该指望能学到和在任何其他大学课堂上传授的同样高超的专业技能。这是大学教师的重大责任,教师担此重任前理应认真考虑。许多教授在与进行独立研究的学生共事时,会给该生布置一系列的读物并安排定期的会面时间进行讨论。有些教授不仅要求学生参与实验室研究活动,还要求他们写书面报告。最后一点是,优秀本科生对实验室是极其宝贵的,但他们常常需要大量的指导。以学生角色而不是雇员角色参与实验室工作的本科生在实验室里学到的知识理应和任何其他课堂上所能传授的知识一样有益。

我们都愿意自以为是地认为,作为教育者,我们是学生生活中起主导作用的知识力量。然而,在大多数情况下,学生们显然从其他学生那儿学到的知识至少和他们从自己老师和导师那儿学到的一样多。某一方面懂得多一些的学生去教导在该方面懂得少一些的学生,这种机会在一个中等或者大规模的实验室里有很多。博士后研究员可以和研究生们共事并帮助培训他们。高年级的研究生可以把方法传授给新来的研究生。研究生和博士后研究员可以指导本科生。所有这些关系对师生双方都很重要。它们还能使你不必再向每一个加盟你实验室的新人反复讲授技术性的知识,让你因此而受益。通过开发一些让研究生和博士后研究员、本科生和研究生或博士后研究员搭配组合进行的项目可以促进这些关系的发展。不过,在一天结束之前,你要负责落实实验室里培训工作的进展情况。记住这一点很重要。在大多数情况下,你要确保和在你实验室里工作的每一个人都定期保持着联系,即使他们主要是由某一个研究生或博士后研究员负责管理。有些教师比较喜欢安排与本科生的定期见面会,许多教师也为此定期召开研究生会议。

如果你聘用的是一个专职或兼职的非学生研究助理,那么不同的情况就出现了。一个被聘用的研究人员有着一套不同于一般学生的个人目标和职业目标。被聘用的研究助理常常是那些正考虑在他们目前工作的领域进行其研究生学业学习的大学毕业生。其中头脑最灵活的一些人是刚毕业的大学生,他们计划在实验室先干一两年后再报考研究生院。在对可能成为研究助理的应聘者进行评估时,有时需要权衡两方面的情况:一方面是该应聘者的热情和能力,另一方面是他(或者她)有可能在实验室工作的时限。如何做到这一点取决于你培训新雇员掌握实验室所用技术需要花费的时间。一般来说,不要低估一名研究助理达到标准所需花费的时间!聘用一名其专业发展目标是你所认同的雇员对你有好处,要支持那些目标。要确保双方对该雇员所承诺的工作时限、他(或者她)将在实验室里工作的时长,以及他(或者她)的时间安排都有明确的了解。由于研究助手的能力和个性的不同,你也许需要提供一些指导以使他(或者她)工作富有成效且心情愉快。一名被聘用的好的研究助理可以为实验室里学生的流动提供延续性,并能在支持本科生在其研究项目的日常技术运用方面发挥巨大作用。

实验室刚起步时雇用一名专职研究助理可能不是最佳选择。首先,动用基金去请一个专职人员你可能会感觉不舒服。其次,由于你自己还在适应新环境,要找出足够的活儿让一个专职雇员去忙碌对你来说或许很难。第三,作为一名新教师,与其他较有知名度的教师相比,你可能更难招募到一流的研究助手。一个可考虑的选择方法是:与另一位同事"公用"一名研究助理。经验的多样化将会对应聘者产生吸引力,而这一策略也能削减你使一个新手开始工作所需花费的成本(在时间和金钱两方面)。

学生的智力发展以及学生和聘用人员所从事的研究工作的进展都将得益于他们与你的定期联系。如果你的实验室不单单只有几个人,那么仅仅以一对一的见面方式应付这种交流就会使工作效率变得极其低下。许多研究者通过定期召开实验室会议来解决这个问题。实验室会议还能为学生和博士后研究员提供交流思想的机会。你应该组织定期的实验室会议吗?怎样进行?答案部分取决于实验室的规模。规模大的实验室更有可能每周开一次会,会上实验室成员介绍研究的进展情况,演练大会发言,或向全体成员介绍大家感兴趣的论文。有些教师则把实验室会议当作来宾演讲的论坛。对于中等规模的实验室来说,会议安排的次数可以少一些,可以把更多的时间用来讨论文章。一些教师积极鼓励本科生参加实验室会议,而其他教师则不这么做。同时进行两个(或多个)不同的研究项目的研究者面临的问题是:是召开一个实验室大会还是召开多个会议?答案同样是部分取决于实验室的规模,同时也取决于该研究者的偏好以及研究项目的具体规划。不管怎样,对于一位新的研究者来说,这并不是一个需要马上解决的问题。

选择什么样的研究模式

研究是一种具有创造性的个人活动——一种模式并不适合所有的人。然而,早期成功的研究项目的一些特点却超越了专业类别和领域。成功的大学新教员一般都在很大程度上脱离其博士生导师和博士后导师而自立。这需要些许调节,因此我们的建议是综合性的:根据自己的兴趣所致继续发展这一研究关系,但不要以牺牲其他项目为代价。运气好的话,你和导师之间的关系一直不错，两人都还有许多研究思路，可能会愿意一起合作加以开发。无论如何，一定要合作。双方成功的合作是促成良好研究的重要因素且其乐无穷。而且，和导师保持联系有实际的好处：几年后他（或者她）可能会应邀对你进行评价，而积极的合作能使之更容易了解你自取得学位后一直以来的动向。不过，与此同时你还需要建立至少一条脱离导师、主要属于你自己的重要的研究路线。

发展一条独立的研究路线为什么很重要呢？第一，多种独立的视角能为科学问题提供较好的解决办法。第二，如果你想在科学界确立自己作为一名独立者的地位，你就需要有所作为，使同事们不至于总是把你和某一个有你导师密切参与的研究项目联系在一起。研究经费的审批和终身制职位的最后裁决都会把是否已脱离导师独立开展工作纳入考虑范围。

帮助自己脱离博士生导师或博士后导师影响的一个方法是：建立新的合作关系。你就职的新大学很可能会为你介绍一些有助于你事业进步的同事。合作项目除了具有科学意义外，还有助于你融入院系的生活。据推测，合作机会是把你吸引到你目前的学术机构的积极因素之一。既然来了，就充分利用这些机会吧！

前面说到，你无疑应该拓展主要属于你自己工作领域的研究。该研究唯你独有。这些项目的任何一个合作者都应该是学生。此外，拥有一条你强烈地感觉唯你独有的研究思路是极具实用价值的。当你的合作者不能按时完成计划或者去度学术假时，你可以转而去做这项工作，它将让你产生新的想法并通过与一名学生合作得以实现。

成功的大学初级研究者往往还会继续其在研究生院或从事博士后研究期间就已牢固确立的至少一条研究路线。一些新教师摒弃自己原有的研究兴趣迫切希望开始某项新的研究，确立自己的独立地位。其他新教师会避开这个问题，他们继续研究已熟知的课题，但也因此永远无法通过学习新技术而取得进步。我们的建议是充分利用二者的优势。继续原先的研究工作与合作关系，只要它们仍然有利可图，但同时也要关注新问题、新热点以及新的合作者。对过去的工作保持一定的连贯性很重要。首先，因为是已熟知的工作，所以你很可能富有成效地取得额外的进展。其次，要建立名望，你就需要与至少一个领域内连贯的研究工作或理论观点有关联。第三，在原有的研究基础上开展工作，这为你最初的一两个新思路万一不成功提供了一张安全网。

继续一条研究路线的建议似乎与确立独立性的建议相矛盾。一个解决办法是：与导师合作继续你的学位论文或博士后研究，同时独立开创一条新的研究路线。另一个办法是，将你与导师曾经合作的项目朝一个不同的方向推进。你现在也许拥有了资源，可以让你提出以前无法提的要求，比如对实验参与群体或硬件的要求。

到此为止,我们谈论的新旧研究路线似乎是完全不相干的独立存在体。然而,你的研究兴趣有可能相互关联,进行完全不同的项目研究将利用到共同的知识主体。把共同的方法和理论运用于多个项目是一件好事。大学新教员成功的研究项目常常被描述成综合项目。综合很重要,首先因为它可以最大限度地发挥你的能力,将一个项目中的思路和技术应用于其他项目。同时,它还可提供一个更为实际的好处:让你的同事很容易就能了解你。人们对一些大学新教员一个共同的担忧是:他们喜欢轻率地尝试。在权衡多个研究项目时,大脑要尽可能对其中一个项目与另一个项目之间的关系有清晰的认识,并在履历表中或网站上与他人谈论自己的研究工作时就此进行清楚的表达。

综合通常是就理论方法而言:成功的研究者往往关注"大局",通过融合从实际经验得来的结果对较重大的理论问题做出结论。当不同的研究项目没有很好地融合在一起时,为了解相关的文献研究所需进行的阅读和思考在数量上就会增多,而研究项目之间的交流机会则会降到最低。当不同的项目很好地融合在一起时,增效作用的出现使得效率更高——使更广范围的理解成为可能。

综合还可以来源于一种共同的研究方法。一些研究者取得成功是通过发现如何将新方法卓有成效地用于解决多个问题。经验主义的新的、重要的进步常常源自对好方法的机会主义的运用。富有成效的研究实验室一般都具备一个突出的特点,即方法研究。

基于这些科学的、实际的原因,我们建议在评估新的、可能的研究项目时,要考虑到它们和一个综合的研究项目之间的关系。这个伟大的新思路与我正在进行的其他研究有联系吗?我具备接受所提及的合作关系的条件吗?或者,该合作需要我拓展进入一个新的分支领域吗?对于这类问题如果你的回答是否定的,那么请三思。当然,你也可能会不顾以上这些忧虑而选择这一项研究。有时,这个问题仅仅是太有趣了而无法放弃,或这一合作似乎充满乐趣而不容错过。当你把一个似乎并不适合的项目处理好后放进你的文件夹时,认真想想它与你的其他工作之间的后在联系。(例如,你可能改变你的研究计划以适应一名高水平的研究生的兴趣。)在与他人谈论你的工作时建立这些联系,并考虑调整研究项目的方向,使之在明显的岛屿之间架起一座桥梁。

整 理 成 文

最终,你的项目顺利完成,这意味着把数据整理成文并送去发表。对有些人来说,这会是一大难关。并不是每一篇文章都很容易写,尤其当数据不如你预期的清楚时。此外,等到数据到手时,你可能已经回答出了至少一些最初激发你做此研究的问题。用于宣布这些答案的重要时间极易被延迟,特别是当你还要授课、辅导学生、兼顾行政职责以及应对新问题和承担项目研究时。人人都知道数据发表后工作才算完成,但寻求动力做到这一点却是一种挑战。

寻求写文章的动力这一挑战较之于修改文章的挑战要小。对有些人而言,一组苛刻的评论文章,尤其是要求有新的分析或者新搜集的数据的评论文章,就可以把一篇原稿葬于箱底。虽然负面的评价总令人失望,但面对令人泄气的评论就放弃一个项目,绝对不是一个明智的选择。你可以就这些评论和同事或良师益友谈一谈。有些批评意见仅仅是开始;别因为它们而不必要地失去信心。大多数苛刻的评论文章会提出一些问题,这些问题都有令人信服的论据证明的问题;解决这些问题是提高你的研究质量的最高效的方法之一。一个项目常常在已真正接近尾声时被放弃或搁置过久,就因为研究者不愿看到负面的评论文章。

在任何研究生涯中,一些项目总会比其他项目运作顺利。有些会证实你的预测,有些会断然推翻你的预测,还有些(许多)会令人泄气地产生模棱两可的数据模式。任何目前看似运作最顺利的工作都会吸引你把精力集中过来而让另一项研究滞后。这是一个危险的做法,因为本周进展顺利的项目下周有可能就会停滞不前(这种情况千真万确!),继续推进所有积极的研究项目有助于确保一些有价值的数据随时会出现。对于我们许多人来说,这一点对鼓舞士气和提高效率同样重要。

研究项目有一个平均生命期:起于一个思路,终于一份发表的报告。把你的实验室想成是一个生态系统,那么,大环境中的各个发展阶段在任何时候都有项目存在这显然是最理想的状态。我们在研究中遇到的许多不利的情况会在这个生命期的某个阶段有所选择地把一些项目淘汰出局。如果一次"自然灾害"暂时影响了你搜集数据的能力,你可以转向去整理已经搜集到的数据。如果教学工作一连几周严重影响了你的写作质量,你可以继续指导数据的搜集工作。如果你所有的研究处于思路形成阶段、数据搜集阶段,或正在整理成文,那么这些挫折就更具灾难性。当你申报终身制职位时,证实你的实验室是一个健康的生态系统很重要。不过,更重要的是要证明你的研究项目已成功地度过了整个生命期,并以论文发表的形式得以展现。"发表还是毁灭"这一说法在有些情况下是千真万确的。

一 般 原 则

我们已提供理由证明,确定实验室风格、指导学生和实验人员、坚持一个重要的研究项目是大学新教员成功的研究生涯的关键所在。有几条一般原则超越了这些具体目标。我们把它们整理分类为四条基本原理。考虑到整体性,我们会重复一些前面部分已经讨论过的要点。

充分利用现有资源

大学的不同以及大学内系别不同,可用资源也会大不相同。使研究项目走向成功的关键之一是确定和获得追求科学目标所需的重要资源。对于许多研究项目而言,最重要的资源是设备和人员。有些项目可能会有巨额的非设备支出,比如,参与人员的报酬、动物饲养、生化实验室的分析、材料供应或功能型的神经造影的成本。一些项目可能会要求安排重要合作以获得专业知识、细胞或动物的种类、统计知识、常规设备,或接近病人群体的机会。在项目生命期的早期就应明确这些需求并做好相应安排。对于没有高支出要求的项目,则往往可以把来自内部的混杂的资源拼凑起来,潜心研究并开始数据的搜集工作。其他项目可能需要进行大量的协商或争取大笔外部的资金才能取得适当程度的成功。如果是这样,那么先关注这些问题,而不要把时间和精力投入到一个因为缺乏一种关键资源而受阻的项目中。

与此同时,密切关注能使你得以回答所研究的科学问题的现有资源。要抓住机会利用那些使你所在的学院或大学有别于其他院校的设施和人物。一位同事可能具备某种能让你提问的专业知识,没有他,你将无法得到答案。你和同事们可能会从分享空间、设备、甚至人手中共同受益。如果你所在院校有一个较大的实验参与者数据库,这就非常有利于进行要求有大量取样的非扩散性研究;反之则不可能。如果你所在院校已经建立起了一个与你的探索路线相关的研究中心,那么,实验室设备、服务,甚至基金的内部来源就可能都不在话下了。如果你归属于或靠近一家医疗中心,那你就有机会接触到特殊的群体。

甚至更富创意的解决办法也不无可能,试举例如下。

1. 机场一直被用作是提供拥有多余时间可消磨的庞大人群的现成场所。这些人常常乐于参加简短的、非扩散性的研究以获得最低报酬。最近有关时间的象征的一项研究就完全是在芝加哥的俄亥尔机场进行的,活动持续时间每次不到两分钟。
2. 安大略科学中心和旧金山探索馆是两家曾开展过研究的博物馆。在那里,大批参观者被召集在一起进行有关注意力和记忆力的简短研究。
3. 动物园已为动物行为的观察性和试验性研究提供了无数次机会。
4. 州政府和当地政府有时会乐于为研究提供设施。密歇根自然资源和交通部就曾为鹿的视觉研究提供地盘、动物和基金,希望能够有所收获从而让鹿远离公路。

5. 国家科学基金会多年来为 NSF 研究员职位的拥有者提供无限时使用超级计算机的条件。

6. 一个研究小组曾就价格变化对购买模式的影响进行了一项经典研究，小组成员中有一名学生的家里碰巧开着一家杂货连锁店。

7. 交通事故发生率的现有数据已被利用来测试现代美国人长期睡眠不足这一假想。

投入你的资源

一个新职位，尤其是在一所研究型大学中，有可能带来一笔启动资金的投入以帮助你开始你的研究工作（参阅本书第二章）。你可能很快就可获得一笔内部拨款或外来的试验项目经费，或者你足够幸运，刚报到就有大笔的外来基金。放弃这第一笔注入的研究基金很困难，抵制住不看每一分钱也很困难。但是一定要抵制！我们反复听到大学资深教师提到的对新教师的一个担忧是，因为聚藏着资源不用，他们减慢了自己研究生涯的脚步。这种做法是因小失大。你可以大胆使用你的研究启动经费，但如果它们没有被用于富有成效的研究项目上，那么这些钱用完后，你会发现将很难再获得更多的资金——同时，你建造一个健康的研究生态环境的能力也将有所减弱。

我们认为设备、材料以及提供给学生和研究人员交通费是明智的资源投资。一位首席调研员的责任之一是为学生及研究人员提供一个能够让他们茁壮成长的环境。这样，你就能增强他们专心进行富有创意和成效的研究的能力。不过，请注意我们用的是"投资"这个词。与囤积冲动相对应的是无节制地动用经费的冲动。银行里存着一些钱，手边放着一叠设备目录，这就很难抵制订购的冲动。你会想要订购具有 128 个信道的脑电图扫描仪配置或者订购你在导师的实验室里从未使用过的巨大的磁盘驱动器。订购设备时，尽量记住你计划中所需要的研究设备，合理预期技术及你的需求在未来几年内的发展趋势。

合理投入时间

作为一名新的助理教授，好消息是你不可能受到蓄积时间的诱惑。当然，坏消息则是你几乎没有时间可蓄积！说到研究，这意味着你将需要就如何使用时间做出策略性选择；实际上你将不会有时间对你所想到的所有（或者大多数）研究思路采取进一步的行动。在评估一个可能的研究项目时你可以提三个问题。如果想开始这个项目，这三个问题的答案都应是一个毫不含糊的"是"字。

第一个问题是：你对该研究课题感兴趣吗？如果你打算从事并不令人兴奋的工作，那么有很多比学术研究更赚钱的选择。学术界的伟大特色之一就在于每个研究者都有机会确定能让他（或者她）热血沸腾的问题并对之展开研究。浪费这个机会真的会是一件很遗憾的事。而且，如果你对一件事不感觉兴奋的话，你就不可能适时地完成高质量的研究工作。

第二个问题是：该课题与你关注的重大问题有关联吗？（回顾前面对综合研究项目所做的讨论。）许多思路是有趣的，甚至令人兴奋，但它们有可能使你偏离你主要的兴趣所在。一般来说，成功的青年研究者往往会缩小其兴趣焦点，在其研究生涯的较后阶段再加以拓宽。这么做的一个很好的理由是，短期内你将依靠相对有限的资源进行工作。这么一来，一个在大型实验室里或许只是处于次要地位的课题有可能会消耗你一大部分的智力和经费资源。许多成功的科学家似乎常常在其研究生涯的早期阶段都致力于去深刻领会一个相对狭隘的领域，这使得他们有机会进行真正富有独创性的发现。于是，他们研究生涯较后阶段的一个构成部分就可以是：普及这些新发现，使之用于更广的应用领域。

第三个问题是：你正在考虑的这个研究课题很重要吗？每个人对重要性所下的定义都不同，但有几点不属于重要性的定义范畴。重要性并不仅仅是能令人感兴趣。你可能对一本好小说的结尾很感兴趣，但这不意味着这一结局对读者或对整个社会很重要。重要性并不仅仅是具有独创性。既重要又独树一帜的研究对该领域可能会产生巨大影响，但独创性将无法使一个研究项目摆脱平凡。重要性并不仅仅是与现有的学科文献有关联。对一个被认可的范例进行第二十次变形极少是一个重要的行为。一个研究课题要想变得重要，它至少应该涉及你所在领域的其他研究者都关心的一个理论问题。如果这个研究课题有可能对一个范围更广的社团有意义或有可能解决一个重大的社会问题那就更好了。避开那些应对小范围内的重要争论而不可能引起该范围之外的人的兴趣的研究课题。测试重要性的一个很好的办法是（此建议由马克·扎纳提出）：如果这样一个研究项目是由另一个人完成的，你会刻意去阅读有关它的文章并受其影响吗？

如果你对所有这些问题的回答都是肯定的，那么你将有必要准确弄清自己将以何种形式介入。有些项目主要要求讨论和撰写研究论文，其他项目要求本人的技术参与，还有的项目要求的是大力度监管或投入大量财政资源。一旦你认定一个项目令人兴奋、与你更大范围的研究规划有所关联且很重要，你可能需要就是否花得起时间和拿得出资源来实施这项研究做出艰难的决定。

合作

我们最后的准则只有一个词:合作。合作能提高效率:两个人的智慧往往胜过一个人的智慧。合作能增强力量。不联合多种专业人才,有些问题就是无法解决。合作能激励新思维:两个人一起动脑筋,想出的主意常常是其中任何一人单独所想不出来的。合作能带来乐趣:学术界的乐趣之一在于校际间存在合作的可能,有回报的研究合作关系可以成为一个人所拥有的与其他知识分子之间最重要的关系。最后,合作对全局意义重大:与其他资历较浅的同事合作有助于培养一批坚定的追随者;与资深的同事合作能增强你与所在系之间的关系。等评估时间和终身制职位的最后决定时间到来时,这些资深教师能较容易地了解你研究工作的进展情况。与其他大学的同行合作能让你融入更大的研究团体中,并使你可能享受到你所在院校不具备的资源或专业知识。(外出参加学术会议是建立这种合作关系的一个极好的方式。)

然而,合作也会有其不利之处。一支庞大的合作队伍或者仅仅一名不可靠或能力低下的合作者都会把一个项目引入一片沼泽地。承担过多的合作关系有可能使力量变得过于单薄。任务转换一旦达到一定程度,我们中大多数人的工作效率和质量都会降低,而合作会进一步加大注意力的转移。对于前面提到的三个标准,有些合作可能一个也没达到:这个项目也许并不令人兴奋,也许它与你真正感兴趣的问题相距甚远,或者按照你的判断,它也许并不重要。如果你已建立起一名有影响的合作人的声望,你就可能发现自己被种种合作请求所包围。在考虑一种可能的合作关系时,应留心这些警示红旗,看到它们就大方地退出。

结 论

如果你正在阅读本章内容,那么拥有从事自己的研究项目的机会很可能曾经是推动你完成为期几年的研究生学业的一个重要因素。你可能花了至少一些时间在想入非非:如果由你来掌管一切,你会怎么做。你对所看到的其他研究方式作何感想?你不喜欢的是什么?现在,你有机会来处理那些好恶,制定一个全面的计划并把它付诸实施。每一位刚毕业的博士对于理想的实验室都有他(或者她)自己的设想,每一位初级教授都会面对与众不同的一组资源和一系列挑战。认真考虑你的理想,使之与你工作的具体强项以及学术界氛围保持一致;制定一个能让你自豪且快乐的实验室计划,然后把它变为现实。

[本章作者:杰弗瑞·赞克斯　亨利·罗迪格三世]

第七章
获取科研经费：拨款机构的看法

在争取经费方面只有一点是可以肯定的——不提交申请就得不到资金。因此，尽管本章将阐述的是如何寻找可能的资金提供者，如何撰写极富说服力的申请报告，以及如何安排第一笔经费，但最好的建议是：积极尝试，参与获取经费的竞争。但该如何下手呢？成功获得经费的人知道哪些你所不了解的信息呢？这里所提供的建议在联邦各机构中都普遍适用，文中事例由国家卫生研究院提供。

找到资金提供者

你需要广泛思考你工作的应用范围以便确定多个可能的资金来源。在心理学界，研究人员通常会想到 NIH 或国家科学基金会，但还有其他许多机构。从事语言训练、听力以及计算机辅助学习方面的研究可以考虑向国防部申请经费。预防和控制青少年犯罪的研究经费可以考虑向司法部青少年审判及预防青少年犯罪处申请。还有其他许多小资金机构，它们都可在《联邦国内资助机构目录》中找到（网址 http://aspe.os.dhhs.gov/index.htm）。如果你的研究思路与某一个联邦项目相吻合，那么察看一下该项目的网站，弄到负责这一具体项目的专职人员的姓名和电话号码。此人被称作项目官员或联系人。你会发现项目公告的相关链接，从中了解到该机构在研究、培训或服务方面的活动，以及具体的申请提交和审批过程。

提醒一句：该目录内容繁多。清楚地知道自己想做的事能让你从所有这些资助渠道中选出最佳机会。此外，理解并阐明你的思路是如何与资助者的具体目标相一致，这对于吸引资助者至关重要。他们希望资助最能实现其计划性目标的研究项目。

下一步，给相关的项目官员打电话，这可能会让你有些尴尬，但却是明智的做法。他们会给申请人指出一些不被注意的机会来帮助他们竞争经费。例如,除了项目公告和对资助机构正在致力的工作进行说明外,可能还有被称作征集申请(简称 RFA)的特别公告。该公告一次性征集某一特定领域的经费申请。项目官员还可以通过介绍资助机构的经费评审和发放过程以及申请人获得资助的可能性大小来提供帮助。以下是如何让你拨打项目官员的电话最富成效的方法。

1. 询问该项目官员偏好使用电话还是电子邮件形式谈工作,之后就用其偏好的形式与之联系。

2. 准备好两三句话来介绍你的项目,其中包括你的研究思路以及该思路与资助机构的计划相吻合之处。

3. 准备好以下后续问题以备该项目官员说你的思路与资助机构的计划不吻合。

(1)我怎样使它与资助机构的计划相吻合?

(2)哪个机构资助该领域的研究工作?记得同时询问一下私人基金会的情况。

4. 如果该项目官员说你的思路恰好是他们的资助目标,那就接着问下面这类问题。

(1)他(或者她)会阅读项目意向书并加以评论吗?

(2)你有无错过网站上任何有关该领域的特别公告?

(3)他(或者她)预期下一个财政年度会有新的经费投入吗?对于经费申请人来说,预计的成功率是多少?

(4)申请规则是什么?在哪里领取申请材料?

权衡所有这些信息,尤其是预期的经费申请成功率,这将使你对最有希望申请成功的机构有所了解。

推销你的研究思路

推销也许听起来很粗俗,但你的确是想努力寻求与你的研究思路最贴近且有可用资金的赞助方。竞争没有新资金注入的"干瘪的"项目毫无意义,而找到适合你、适合你所属院校或适合你的研究思路的拥有许多可用资金的项目却大有益处。该部分详述的是最大限度地增加经费申请获得批准几率的四种推销方法。

多征求建议

如果你找到了一位将负责仔细审阅项目意向书的项目官员,那么就寄一份意向书过去!项目意向书论及你预期要达到的目标,但同时应说明你打算做什么以及为什么这么做。你可以选择陈述你的分析策略或提供一些预算数字。项目官员很了解他们评审员的喜好以及他们资助单位之所需。(有关评审员和学科评审会议的更多内容将在后面提到。)他(或者她)会给你的项目意向书提供评论意见并就方法、你感兴趣的其他资助者以及可能产生的问题提出一些有益的建议。

有时,项目官员可能不会立马回复你。不要认为这是针对你个人所为。给他们打个电话,问问他们是否已如期收到你的项目意向书。如果已经收到,就安排一次电话咨询。咨询过程中要做笔记,因为你需要反思该项目官员的所有评述,而不仅仅是你有所选择记住的那几点。如果该项目官员有书面提要,问问他们是否可以寄给你一份。

记住:有关项目的建议是参考性意见。如果它们毫无科学意义或者会把你的项目变成某种你不想做的事,你就不必采纳。这一经验法则唯一的例外情况是:当项目官员在向你解释资格问题的时候。假如一名工作人员说,你本人、你的思路,或你所属院校不具备申请某一具体的资助项目的资格,你要相信他(或者她)说的话。不要浪费时间去寻求你没资格获得的经费。就以 NIH 提供的一个例子来说吧。在 NIH 所有的研究、培训和职业奖项中(http://grants.nih.gov/grants/funding/area.htm),有一个被称作"学术研究促进奖"(简称 AREA)的特别基金。该奖项旨在激励那些通常得不到 NIH 拨款的学校的研究工作。得到 NIH 大额资助的机构没有资格申请这一奖项,这些机构名称都列在了 AREA 的资助网站上。无论你学校与所规定的经费申请标准差距有多小或者你的研究思路有多好,如果你学校在无资格申请机构之列,你都将得不到这一奖项。你甚至连评审意见也得不到。

顺便提一句,AREA 基金同时也是促进科研的成功范例。如果你学校有资格申请此项基金,那么你就已经找到了一个竞争有限的经费来源,而且申请的资助率(获得资助者占申请者总数的比例)相当不错——在过去的三个财政年度中此比例从 28% 增加到了 39%。

充分利用传闻

某些年份,有消息说,某一具体机构没有经费对新的项目进行资助。如今,在 NIH,有些年份的经费情况的确好于其他年份,但 NIH 始终在为新申请的项目提供资金。事实上,等到"每一个人"都知道某一具体的财政年度经费紧张的时候,该年的申请提交期很可能已经结束而次年的申请期已经开始。打个比方。2003 年 2 月,你所在的整个系都在纷纷议论着一个消息:全国虚构管理局(简称 NFA)已停止办理经费资助工作。即使这一传闻是真实的,你仍然可以马上申请。如果这个虚构的组织——NFA 与真实存在的 NIH 碰巧有着相同的申请周期,那么下一个有效的申请接收截止日就将在 2003 年 6 月 1 日,经费发放工作或许在 2004 年 4 月进行。等到 6 月后递交申请实际上就意味着你放弃了 NFA2004 年年度经费的竞争。这很不幸,因为国会在 2004 年度给 NFA 的分配预算中本可以非常慷慨的。说得更实际一些,假如你听说每个人都在耐着性子坐等一年,那就是提交申请的绝好时机!可用经费数额一样,而你的竞争者却没有申请。

接着又有传闻说,把提交申请当作一次演练是一个精明的策略。据称评审员会对申请报告进行分析并提出修改意见,这比项目官员的反馈更为具体。事实上,只有你的最佳努力才能产生效果。我这么说是因为在与申请者打交道的二十年中,我从未听到申请者公开说过:"我的经费申请被通过,我真是太吃惊了。这份报告我只是草草拼凑出来的呀。"我却听到他们中许多人说,即便自己只是把这次经费申请当作一次演习,但他们还是吃惊地发现拿到低分是多么地令人泄气。你不仅是泄气,失败的开端还可能影响评审员对你和你的思路的看法。记住:第一份申请的评审员有可能会被邀请继续担任修订稿的评审者。最后一点,递交给 NIH 的申请报告只能被修改两次,因此,没有做好提交准备的申请报告将要付出真正的代价。

如果你听到这些或其他有关递交申请的明智做法的传闻,不妨向项目官员核实一下。

多方下注

你向所有拥有可用基金的相关机构提出自己的研究思路,以此来最大限度地增加获得经费的机会。的确,每一个机构都有不同的申请要求,但更新申请通常是得到可能的结果所需做的起码努力。下面这个策略能让你竞争许多不同的基金且不受任何一个机构的财政年度状况不佳的影响。

需要完全清楚的是,向各种不同机构提出你的研究思路是明智的做法。从不同机构领取经费用于同样的工作则是不被允许的。一定要让可能的基金提供者了解你的多种申请途径以及即将得到的多份基金提供的承诺,以便他们能帮助你得到更多的资金。

准备极具说服力的申请报告

震撼资助者意味着使之分享你在申请报告中阐述的研究思路所产生的兴奋之情。完成这样一份申请需要花费时间、需要认真撰写并不断修改。记住:资助机构及其评审员们并不会真去评价你的思路如何。他们只能评价其代表物——你的申请报告。

一开始先明确你递交申请的预定日期。赋予自己安排时间的能力，制定出轻松的行动方案来准备一份富有竞争力的申请报告。通过阅读资助机构一整套的申请须知以及你所属院校的具体要求来估算所需要的准备时间，就你学校研究资助办公室和资助机构所要求的有关报告批准事宜向该办公室咨询。该办公室也许还能就如何制定合适的预算方案给你提供一些帮助。接下来，预测撰写一份表达清楚的申请报告及充分利用单位资源所需花费的时间。

现在你可以准备动笔了。在撰写过程中用上你已掌握的所有说服技巧。你需要反复阐明几个重点，使人确信你是值得资助的对象，排除其他申请者可能让报告评审员产生的疑问。这些方法在下面的建议中会交叉谈到。

阐明目标

明确你的目标，阐述其独创性与合理性。这些目标应闪烁在申请报告的每一部分，因为它们是你做出所有决定的动力——无论是策划、分析、人手配备方面的决定还是有关预算的决定。一些成功的申请者会把目标先写出来，看看它们能否简明扼要地体现出其研究思路和方法的价值所在。

切记：撰写申请报告与向学术刊物投递研究论文不同。在经费申请报告中，你必须证明在没有取得理想结果的情况下你将进行的研究活动的合理性。也就是说，该研究项目从知识的角度而言必须有意义，而且大有前途。有前途是评审员们推崇具有对抗性假设的申请报告的原因。这样的策划意味着无论研究结果朝哪个方向发展，研究者都能学到对立理论的一些知识。

背景文献

申请须知一般会鼓励申请者全面回顾研究背景，但在规定的页数内几乎无法做到这样的包容。如果做不到全面回顾，就认真准备一份与你的具体目标和假设有关的清晰明了的综合文献资料。在进行这一重要评述时，你的见解应唤起评审员们的好奇心，但又要保持尊重他人工作成果的格调。

介绍之前的工作、辅助性列表及实验性数据

介绍之前的工作是把自己展示为一名专家的机会。描述业已取得的成绩，解释其引人关注的原因，说明这些成果将如何确保你圆满完成所申报的研究项目。

一定要仔细复查这一部分。在把之前工作的内容匆匆写进申请报告时，申请人有时碰巧会为对自己不利的事情提供证据。例如，一位申请人提供了在规定时间内完成某一科学试验计划的参与者人数，因为他（或者她）想证明的是所给的时间限制还是可以接受的。这位申请人没有意识到这一列表同时提供了证据说明只有十分之一的实验参与者完成了该项计划。低完成率可能引起评审员对参与者募集率、时间安排、选择偏见或评审效果的担忧。它还可能引发对你及你申报的研究计划的担忧。

研究方案、方法及分析

清楚地说明研究步骤是必要的,但还不够。该部分是你使评审员们信服你已准备好开始重要研究工作的主要机会。你不要简单地描述你的研究方案,而应通过帮助评审员们了解你的决策细节以及为什么你的选择比其他人的更可取来吸引他们的注意力。必须让评审员们相信,你将提供一套能够严格检验假设并对数据进行有效说明的方法。

评审员们还希望看到你能预测问题,明白该项研究的局限所在。你应提及你这项研究可能存在的问题或局限性,但不要说得太多从而影响阐述研究方法这一部分的主题。这种经小心翼翼的"预防注射"应当使评审员们信服的是你能够避开困难,而不是你的研究方案构思不当。

在分析部分,把重点放在检验主要的假设上。详细说明你将如何检验和诠释你的研究发现以及数据的局限性。力争用简单的方法检测有把握的假设。不必认为非得把你所知道的每一种分析方法都用上不可。列出一大堆与你的主要问题不相关的五花八门的方法对评审员们而言会显得怪异。如果篇幅许可,申请报告中还应包括对次要假设的检验、随后的分析或探索性的后续工作。

人员配备

第一次申请经费的人会对关键人员的作用困惑不解。基金机构实际上是把经费拨给诸如大学或医院之类的单位,而不是拨给个人。从技术上说,你所在单位就是申请人,如果申请获批,它就是经费接受者。在 NIH 设立的研究奖项中,学科带头人是首席调研员。此人受被资助单位的指派领导由该基金资助的项目。他(或者她)要为该单位承担起使项目顺利进行的责任。

没有几个首席调研员精通所有领域或者有时间亲为所有的研究工作。如果你正在酝酿一项包含有对你而言是新的领域或技术的研究,那么务必保证你的研究团队具备所需的专业知识。你可以请求支持,要求配备一名专家团员,比如调研合作者或顾问。在一个项目的技术发展或实施过程中,调研合作者与首席调研员之间关系密切。顾问根据书面协议提供有偿的专业建议或服务。顾问不是接受服务的组织常规意义上的雇员。要确保额外增加的任何专家除了参与撰写与复核申请报告,还要参与计划该项目的工作。评审员们将期待着看到你的团队是否能合作成功,而申请报告本身则是团队能力的标志。

增加人员可以增强能力,可以证明你清楚所需做的事,能有效地减少评审员们的担忧。

对于许多新的研究者而言,他们的第一份申请反映出他们对自己将如何委派和监管工作的最佳设想。和同事多沟通,看看他们是否能让你深刻了解自己的工作风格。如果你不得不凡事都亲力而为,那么请安排出大量时间。如果你能够委派和监管工作,务必要求人事部门给你配备经过适当培训、有足够时间的人员。第一次撰写经费申请者可能会发现就必须完成的任务、由谁来完成以及何时完成制定一个任务分析计划很有用处。

清晰、清晰、更清晰

你写申请时会听到自己在说:"评审员会明白我的意思。"我想让你知道的是他们不会明白你的意思的。如果你在说明自己的研究思路时感到困惑或沮丧,那么休息一下稍后再干。不要让任何环节的表述含糊不清却期望评审员们能领会你的意思。不断修改直到你写出一份条理清楚且在基金机构申请程序规定的页数范围内的草案为止。

写好一份像样的草案后,请一两个信得过的同事看一看。更好的做法是,让曾经为某个联邦机构担任过学科评审员的同行或者已成功申请到经费的个人帮你看一看。这些读者应对你的总体学科感兴趣,但并不从事这个具体领域的工作。你需要的是某个不懂你实验室方法、行话和假想的人。不要考虑那些你希望他担任你的同行评议者的人。基金提供者不希望那些帮你完善申请报告的人来当你的同行评议者,因为他的帮助会使他成为你的利益相关者。

当你的读者准备开始发表评论时,你要认真听他们的意见。如果你有幸找到的是一个坦率、能提建设性意见的人,那么打起精神,把对方的反馈要点记录下来。但不要指望每个人都能对你直言相告。对有些人而言,他们最好的建议是隐含在谦虚的评论中。当你听到"我知道该领域的专家能理解第22页所说的内容,所以请不要因为我是外行而改动它"听到这样的话时,请重写第22页。读者可能会用温和的语言暗示潜在的问题。认真思考所有的评论及其多重含义,慢慢积累信息。

在你的读者忙于阅读你的草案的同时,你可以翻看一下斯坚科和怀特合写的《文体的要素》。你手头有哪个版本无关紧要,这本薄薄的书中包含了就如何撰写条理清楚的文章的很好建议。该书将详细指导你如何流畅地阐述你的学科经历。这一经历是说服评审员相信你的研究思路很重要的一个必不可少的因素。校对本章前我把《文体的要素》又匆匆看了一遍,去掉了两句不相干的矫饰的废话和许多不必要的词。遵循《文体的要素》中的规则 II.20,把相关的词放在一起,是你应该锲而不舍去做的事。

当然,学科评审员并非文法卫士。文法也不是任何机构资助政策中的一条评判准则。但我们还是希望你的英语表达得清楚无误,因为语句错误会把评审员们的注意力从你的学科长处上转移过来。读者的注意力应集中在你的研究思路上,而不是用于揣测你可能表达的意思。例如,反复使用一个所指不明的"这个"有可能让你的申请在不知不觉间泡汤。虽说"这个"欲指前面的整个句子或从句,但有时前面的这个句子或从句很复杂——复杂到评审员和申请人都不清楚其真正所指。每个人的猜测各不相同,而且大家都继续着各自的理解直到他们无法弄清所提及的方法是如何验证假设的。有些评审员会把报告从头再看一遍以揣测申请人可能要表达的意思,但重看使情况更糟,而且并不总能得出结论。下一次改写时提高文法、力求简单,以避免误导读者。

极具说服力的申请报告从科学的角度看是令人兴奋的、可行的、易读的。给自己足够的时间撰写一份有强烈吸引力的申请报告。

对申请报告的指导意见

申请报告以某种方式——通常是通过快递邮件——被送交给同行评议者。每个机构都有许多检查标准和衡量手段以确保对申请报告进行及时正确的处理。在这里我们提出几点忠告以使得对你的申请报告的正确处理不会完全依赖机构的自我纠错系统。

标题和摘要的语言要通俗易懂

一年中有三次,大卡车把一万多份申请运送到 NIH 的接收与推荐办公室。那里的官员们要辛苦地处理所有这些申请。他们浏览其标题和摘要,把申请提交史和以往基金下拨情况提供给最专业的评审委员会。推荐办公室的官员们了解的学科范围甚广,但使用新词、借用其他学科领域的专门术语或其他特殊的用法都会使你的申请被转发给不对口的评审员。例如,依据摘要阐明的程度,标题为"家人间的相像对双语儿童的影响"这样一份申请报告有可能被分流到遗传学或认知能力评审委员会。虽然这样的分配失误通常都会被发现,但为什么要冒这种风险呢?

起草一份附信

凡事不要心存侥幸。即使标题和摘要已通俗易懂,你还是应在附信中将你申请报告中涉及的所有重要事项告知基金机构。具体指出你正在响应的是哪份通告,说明你是否与任何项目官员保持着联系。如果你偏好某个评审委员会,说出来并阐明理由(例如,所需的专门知识或另一组评审员中存在的兴趣冲突)。附信中还可包括若有冲突则不应担任评审员的个人的姓名。这些请求通常会受到尊重,但 NIH 的推荐官员保留有决定最终指派方案的权利。

查看邮件

包括 NIH 在内的许多机构收信后都会回应并发送指派决定的相关通知。你应认真查看这些通知。如果你从收到的通知中得知你的申请已被分流到一个不对口的评审委员会,请立即给通知中列出的联系人打电话。如果通知中没有联系人的名字,就打电话给项目官员。千万不要等到评审结束后再抱怨!这个失误一旦被疏忽——虽然这种情况不太可能出现——你就会因为非内行的评审和安排再次评审所导致的长时间等待而进退两难。此外,核查一下你的姓名和你所属院校的名称是否书写正确,如有误则请求更正。这些更正可避免耽误随后的经费下拨程序。

确保申请资格,保持合格条件

你已通读了所有的申请须知,因此,你知道自己符合申请这一大笔特定款项的条件。你应遵循申请条例。例如,你应该遵循规定的字体大小和页数限制。与你征服整个学科的需求相比较,这些武断的条例可能让人感觉官僚。然而,负责推荐的官员有可能不经审阅就把一份不按要求写的申请报告退回去。即使你混过了推荐官员这一关,你也应该对从事这份志愿工作的评审员们表示友好。从一年三次、每次 60 到 90 份申请的角度来考虑,小号字体和过长的篇幅会把评审员们压垮。

同行评审

想到自己的申请报告正摆在二十位杰出的科学家面前备受挑剔,你可能会感到不知所措,但这是一种误解。评审委员会中的讨论一般都是学究式的,且彬彬有礼。毕竟,这些评审员们有可能曾经就是申请人和经费获得者,他们理解写一份申请需要付出的努力。此外,评审员们和政府工作人员通常会对新的调研者给予特别考虑。因此,如果你是第一次申请 NIH 经费的调研者,你可以指明这一点。

同行评审的大部分工作实际上是在评审会之前进行的。同行评审在一位项目官员或纯粹从事评审活动的某个人的指导下进行。在 NIH,这位评审官员被称作学科评审执行官(简称 SRA)。该官员将所有申请报告浏览一遍以了解必须考虑的学科领域,同时指定两名或多名合适的评审员。评审员们在评审会召开前的四到六周拿到分配给他们的申请报告,并为每一份分配到手的申请准备好书面短评。

评审可以通过邮件或电话的形式进行,但多数情况下评审员们会来哥伦比亚特区华盛顿市参加为期两到三天的会议①。一份申请的长项和弱点一个接一个地被提出来争论。评论遵循该机构所规定的研究评审标准。NIH审批科研经费的标准有5条:

1. 意义:该项研究旨在解决一个重要问题吗?如果申请的目标实现了,学科知识将如何得以发展?这些研究对推动该领域的观念或方法将产生什么影响?

2. 策略:概念模式、策划(包括研究人员的构成)、方法以及分析都酝酿成熟、协调到位、适合项目的研究目标吗?申请者认识到潜在的问题并考虑过可选择的策略吗?

3. 创新:该项目采用的是新理念、新途径或新方法吗?目标有新意且独具匠心吗?该项目是对现存的范例提出挑战还是在研发新的方法论或新的技术?

4. 调研者:调研者受过充分培训、完全适合从事这一工作吗?所申报的研究工作适合首席调研员和其他研究人员(如果有的话)的经验水平吗?

5. 环境:开展该研究的学科环境有助于提高成功的可能性吗?所申报的实验有否利用该学科环境独有的特点或采用有益的理论依据?有迹象表明该项目得到所在单位的支持吗?

评审员们在一目了然的问题上费时不多,他们的时间更多地花费在对一份申请报告的科学或应用重要性的不同看法上。评审员们尽职尽责,对任何指定或非指定的评审员提出的问题有问必答。所有信息一旦共享,某种价值评估就形成了。对于那些拿到NIH评审会议上讨论的申请报告,每一位评审员先给出一个最好1.0分、最差5.0分的分数。这些分数随后被除以平均数,再乘以100,得出一个最佳分数。然后把经费申请报告上的分数换算成百分制,以便在NIH的许多评审委员会中提供某种比较。

会后几天,这些分数准备就绪被自动寄给申请人。几周后,申请人会收到评审员们的短评和评审会议的讨论摘要。这一机密文件被称作总结报告。其中除了指定的项目官员的姓名和电话号码外,还包含分数、任何建议改变的时间或预算,以及涉及使用动物或人类参与者的任何情况。一般来说,项目官员会出席评审会议,能帮助诠释你的分数和总结报告。

---

① 实际的评审程序在同一个基金机构中可以是大相径庭,因此务必查阅对具体项目评审过程的说明。

最后结果

你的评审结果要么好要么不够好。好的话,项目官员就会打电话或者写信给你,告知你可能获资助的消息。重温寄给你的总结报告以便应对评审员们提到的有关预算和动物或人类保护事宜的问题。这些问题要回答得让项目官员满意,这样,这些变化和额外信息就能提交给合适的 NIH 顾问委员会。在 NIH,顾问委员会是评审过程的第二步。会上,公众和学科顾问委员会的成员们建议 NIH 工作人员为可能的申请提供基金。如果获得该委员会的批准,你的申请就可纳入经费补助的考虑行列。

如果你收到的分数不具备竞争力该怎么办呢?显然,凭借这份申请你将得不到经费,你需要决定是否应修改申请,再次提交。修改申请所付出的努力有可能是很值得的。即使这样,也并非所有的修改工作都值得你投入时间。总结报告和项目官员会就修改决定提供最好的指导意见。仔细阅读这些评论,看看其中有哪些你认为有价值且具备修改空间。有的话,你就应该对申请进行修改并重新提交。有时评审意见很有价值,但你可能无法马上想到一个合适的回应方法。花些时间和你的同事们及项目官员谈一谈。如果有了非常好的办法,就对申请进行修改或重新提交。

总结报告中可能会指明你的研究思路不够吸引人。如果评审员看过你的申请后抱怨其缺乏新颖的观点或创新的方法,那么修改稿就不太可能让他们提高评价。有时总结报告中的表述不会这么直接。它可能会对研究某一现象或细致周到的研究方案的总的重要性先评述一番,再列出许多小问题。不要通过解答这些小问题来完成修改申请的工作。你已经触及底线,可能需要放弃现有的研究思路。再和项目官员谈谈,弄清为什么在该研究思路的价值问题上你和评审员们存在如此大的分歧。

其他的总结报告会令人困惑不解。评论可能显得不着边际或孤陋寡闻。越往下看越让人气愤难耐或产生怀疑。该不该修订?答案是——视情形而定。给予项目官员一定的信任,看看他(或者她)有什么话说。如果项目官员和评审员们似乎都无法领会你的申请内容,你则必须考虑到一种可能性,即:你的申请报告表述不清。重写一份以使评审员们能对你真正的思路进行评估,此乃明智之举,但不要认为这是举手之劳的事。表达清晰并非轻而易举就能做得到的。

假如你发现评审员出了差错,努力找出差错的原因及其影响。总结报告中有可能包含对你的评审或分数几乎或根本不造成影响的差错。举个例子。一位评审员指出申请中没有就样本计划进行任何解释。而申请人知道第33

页上对此就有说明,于是提出抗辩。也许,该评审员本应该再确切些说申请中没有提供令人信服的逻辑依据。这个差错很可能并没有影响到对你申请的评审或你的最终分数。相比之下,如果所有评审员都没注意到该申请人令人信服的样本说明,那么由此生成的错误就严重了。在这种情况下,或在明显缺乏专门知识或公正的情况下,NIH会主动提出对你的申请进行重审。

如果你的申请中包含评审员们最关注的问题,那么修改申请就只是经费获取程序的一部分。提交给NIH的修订稿必须包括你对先前的评审结果的回应简述。要对评审员们有益的建议心怀感激,更正评审员们的误解时要谦恭有礼,无论是介绍你的新方法还是说明保留原有方案的理由都应做到令人信服。

为获得第一笔经费做准备

无论你是靠第一次提交的申请还是靠修订稿得到的第一笔竞争性科研经费,都应该对你表示祝贺。你要充分利用这笔款项,因为它将有利于你获得下一笔经费和一个持续资助项目。你现在正进入科学界,这里要求你具备研究生院几乎不教授的专门知识。以下是快捷的成功方法。

数清你的电子账户上的钱

如今,支票不靠邮寄。经费下拨通知是通过电子邮件形式送达你所在大学,学校再告知你经费启用时间。

你应该清楚地了解你所拥有的资源以及如何使用它们。把你的支出记录下来,使之与单位账目相吻合。寄给你学校的经费下拨通知的条款和前提中包含有经费使用规定的确切表述,因此务必留有一个副本。该通知还将包含完整的参考书目,让你了解使用该基金的所有政策和规定。

人员

下拨经费涉及聘用人员,涉及监管工作,从而导致人事困境。随着研究项目的展开,管理员工和学生将花费你越来越多的时间和精力。参加一些传授重要技能的课程的学习,诸如面试技巧、使员工发挥最佳潜能的策略、如何应对冲突。适当监管能激发员工的积极性,确保工作第一次就不出差错,而且有助于留住优秀员工。

监管同时还是防止工作中出现违规操作的最佳手段。违规操作有可能对你的工作造成损害或引发科学工作操作不当的指控。这一指控本身就可能终止你的研究。为了确保一切按程序办事,你要让员工们了解你已整理清楚的经费收支与余额以确保他们能安心工作。经常检查他们的工作成果。如果有谁总是比其他人多动用实验参与者,要找出原因。如果员工的方法更快捷有效,你也许需要对程序重做安排。如果员工的表现好到让人产生怀疑,你则需要和单位的官员取得联系,征询他们的建议。

文秘工作

管理工作实实在在是以书面形式进行的。把所有必要的报告和材料及时归档以确保资源一年一年地顺利流动。如果你的经费使用得过快或者你始终未能按计划使用经费,请告知你的项目官员。

变化的出现

研究中没有一成不变的事。无论你原先的研究思路是什么,你都得通过经费来实现。三到五年的时间就能把最好的方案打乱。你也许会发现自己进度超前,希望把这笔经费用于一些新的活动。你可能有一个很诱人的工作机会,于是想挪用经费。有时坏事会发生。你可能与调研合作者发生争执,或未能募集到所有需要的实验参与者。请放心,只要能把科研经费用于科学目的,其使用的灵活性令人称奇。

结 论

本章就如何成功寻求科研经费提供了一些建议。你现在掌握了撰写申请的有利策略,了解了提交申请和评审过程的可能结果。要进一步了解经费审批过程,可以应邀担任同行评议工作。你的经费申请写作技能将得到巨大提高。要想拥有一次真正的解疑经历,你可以请一年学术假从事管理方面的工作。你还可以在学术会议上寻找能提供基金的官员,他们常常会谈论其项目并提供经费申请写作技能方面的帮助。

(本章作者:简·斯坦伯格)

第八章
获取科研经费：申请人的观点

本章中，我首先会说明为什么应该考虑申请经费。之后我将简要介绍提供科研经费的机构类别。然后描述获取经费的过程。接下去我会提供最大限度地增加经费获取机会的一些方法。最后，我将谈谈经费申请的评价标准。申请经费时，你在一定程度上"靠的是运气"。我应该强调一点：经费资助的形式多样。有些资助科研，而其他的则专门用于资助旅行、教学或某些商用产品的研发。本章的论述焦点是科研经费。

为何要申请科研经费？

应该考虑申请科研经费的理由有几个。首先，它将为你提供基金搞科研。即使运作成本相对较低的研究也会有开销，拥有科研经费有助于确保你想从事的研究得以完成。其次，拥有科研经费有助于对学生的培养。许多研究生只部分地或完全没有得到科研经费的资助。没有这样的经费，下一代的研究工作者中有一些人或许就永远没有受培训的机会。第三，科研经费能使你从希望委托他人履行的责任中脱身。例如，你可以动用该经费聘请别人来替你测试实验参与者或者按照你的指令去准备刺激物。第四，如果你所在大学付给你的报酬不足十二个月，那么科研经费能为你提供暑期薪水。事实上，许多大学提供的薪水的确不足十二个月。比方说，我本人所在的大学付的就是九个月的薪水。一笔科研经费可以提供一个月、两个月有时甚至是三个月的暑期补助费，用以贴补研究人员的收入。当然，如果你领到了暑期薪水，那么在此期间内你理应致力于该项研究。最后一点，拿到科研经费即把你定位为重要学者，在决定晋升人选和获取终身制职位的人选时，这点对你会有用。在一所主要的研究机构中，争取到科研经费是获得晋升或终身制职位的先决条件。因此，申请科研经费是明智之举。

第八章　获取科研经费：申请人的观点

谁为研究提供资金？资助方法如何？

　　资助机构的类型有许多种。有些机构对接受基金方的研究种类有非常具体的要求，而其他的则较为笼统。为大学的研究工作提供基金的主要的机构形式有大学、政府机构、非政府机构、基金会和企业。

　　大学资助其师生搞研究的经费常常很有限。这些经费也许谁申请都能得到，也可能只有某些人（比如新教师、新教员，或者那些没能得到外界资助的教师）申请才能得到。经费通常要靠竞争获得，而大学常常乐意并急于为新教师提供第一笔小数额的种子基金，因此，务必要了解清楚你本人所在大学的基金可用情况。

　　政府机构由美国、加拿大或其他国家级、州一级以及当地政府资助成立。例如，在美国，政府机构有国家科学基金会、国家卫生研究院、美国军事研究所（如陆军研究所、海军研究所和空军科研所）以及美国教育部。这一类国家机构存在正常的经费竞争，你可以通过你所在单位的拨款与合约办公室或资助机构的网站了解到这些竞争的相关信息。州一级的政府机构和当地的政府机构可能也有研究经费但不一定存在定期的经费竞争。

　　政府经费的提供年限通常为三年，但也可以短一些（比如一年）或长一些（一般不超过五年）。政府所做出的在指定年限内对你的研究提供资助的承诺并不能保证你就真的能拿到答应给你的经费。认识到这一点很重要。因为许多变数会起干扰作用。政府也许会削减该资助机构的预算，从而导致你的预算随之减少，有时甚至被取消。该机构也许对你的研究进展不满意而终止对你的资助（这种情况相对少见但确有发生）。或者，该机构可能重心转移，认定你的项目不再适合其目标。因此，你应该乐观地相信对你的承诺会实现，但决不应坚信不疑。大多数经费的发放要求获得者提交进度报告，至少一年一次。你应极其谨慎地撰写这些报告，尽可能使别人对你的研究工作有一个积极正面的了解。有些资助机构还会进行实地访问：一行人亲临研究现场对工作质量进行评估，这些访问同样需要认真对待。

　　非政府机构是这样的实体：它不隶属于任何政府，或者它虽与多个政府有关联但在某种程度上能脱离这些政府自主运行。例如，世界银行、北大西洋公约组织（简称NATO）和世界卫生组织（简称WHO）都是非政府机构。这些机构不太可能有常规的经费竞争，你需要登录其网站，或者如果你有关系的话，可以向其内部的个人进行咨询以了解获取其经费的渠道。

　　基金会归私人所有，由私人管理，在选择将资助的研究项目的具体种类方面，它们一般比政府更有针对性，且使命感更强。资助研究的基金会有几百个,但可能只有为数很少的一些基金会愿意为你想从事的具体研究提供经费。

企业是私有实体。它们可能是营利性的,也可能是非营利性的。企业在选择所要资助的研究种类时往往是最严格的。一般来说,它们对能提高其产品或服务销量的研究感兴趣。在选择企业为对象申请研究经费时,你需要格外谨慎。有时,如果你违反企业关于研究数据发表的相应规定,会使企业的资金提供出现问题。例如,它们可能会坚持在数据拿去发表前对其进行审核,或者,它们可能有禁止数据发表的非公开政策。如果研究工作没有朝着它们的预期方向发展,它们可能就会失去继续资助该项研究的兴趣,甚至可能会阻碍研究工作。因此,认真核实你认可的条款以确保它们对企业和你双方都合适。这一点很重要。

我们在申请研究经费时常常会对自己认为其他研究者不太可能投递申请的基金机构作一番调查。诸如 NSF 和 NIH 这类机构都会收到大量的申请,因为它们的优先资助权能满足众多研究者的需要,同时也因为这些机构非常引人注目。你应该扪心自问一下,是否存在什么机构对你的研究感兴趣却又不是人们趋之若鹜的经费申请对象。

同时要了解清楚基金机构是否要求你提交科研计划书。科研计划书是一份简短文件,篇幅通常只有三至五页。内容包括对所申报的研究的理念的描述,准备如何实施该项研究,以及对此项研究的粗略预算。除了一些政府机构(如军事类研究所),基金会和企业也都会要求提交科研计划书。这需要你在最初阶段多付出些劳动,但最终往往能节省你很多时间。如果基金机构不接受你的科研计划书,至少你可以让自己免去撰写整份申请报告的辛劳。而撰写整份申请报告通常是一个颇为费时的过程。

即使基金机构不要求提交科研计划书,项目官员也常常会乐于就你的研究思路和你聊聊,或通过传统邮件或电子邮件与你沟通。该官员一般让你知道你的思路是否适合他(或者她)所负责的项目。因此,和项目官员交谈是明智之举,它能确保你把计划书交给合适的机构或该机构中的合适人员。

大多数的资助形式要么是下拨专款,要么是签订合约,但也存在着二者并存的现象。专款从根本上说就是拨给你的、用于完成你所申报的研究项目的一笔钱,它的约束性极低。虽然你计划中的重大变动可能需要得到批准,但一般来说,资助机构多少还是灵活的,因为它们知道计划随着时间变的道理。合约是对事先已明确说明、在总体上已确定的意见所达成的协议——换句话说,就是你事先同意提供的成果。你应当对你承诺要实现的目标作大量的工作,然后把成果交给订立合约的机构。通常,合约的灵活性要小于资助专款。不过,如果你与任何签发合约的人进行协商,往往还是能有一定灵活度的。但是,如果你想改变合约条款,有一点很重要:你应该征得批准,而不是不经资助方许可就单方面行事。

经费获取过程的总体概述

1. 想出一个点子。获取经费的第一步是先有一个点子。它不一定非得是最好的。后面我将提到,不是"最好的"点子往往更好。你只需要有一个好的想法,或者说至少有一个你能说服资助机构接受的想法。人们产生想法的方式各不相同,有些人是在阅读文章、决定下一步该做什么的基础上有了想法;有些人是通过观察周围世界存在的问题产生了想法;还有人是这些方式和其他方式兼而有之。每个人都得找到他(或者她)本人所偏好的想点子的方法。如果你的想法有理论基础——也就是说,它源自某种现有的理论或你新近正在提出的理论,那么,这通常会有助于你获得经费。创新的方法也能引起许多资助机构的兴趣。

在思考申报什么项目时,要记住许多科研计划书都需要合作。你或许想与本单位的人合作,或许想与外单位的人合作。在本单位内部,你可能选择与本系或另一个系的人合作。一些最好的计划书都是合作性质的。有些基金甚至要求申报的项目必须是合作性质的。

2. 将这个点子付诸实施。接下来,你需要把这个点子写成文字,表述一个研究或研发项目。换句话说,你需要把这个点子付诸实施。

3. 找出对你的点子可能感兴趣的人。虽然大多数心理学者只认准为数很有限的一些基金机构,但基金来源其实有几千种之多。弄清什么样的资助机构有可能对你提出的研究思路感兴趣。你可以从同事、系主任、你所在学院或大学的拨款与合约办公室那儿得到忠告,或从书本中和因特网上寻求建议。电子布告栏也能发挥作用。你可以列出相应的关键词,当凭靠你输入的关键词出现了相应的建议时,你便可得知获取经费的机会。

4. 撰写经费申请。下一步是撰写体现你科研思路的科研计划书。不同机构对科研计划书的格式和内容有不同的具体要求。一般来说你需要陈述(a)你的"伟大的"思路是什么;(b)其重要性何在;(c)其理论基础是什么;(d)有关这一思路以前曾有过何种研究;(e)你的研究方案是什么;(f)你打算如何分析研究数据;(g)你进行此项研究需要多少钱,你将怎样分配这笔基金;(h)如果实验参与者是人,你将如何处理此事宜(诸如知情同意和情况汇报);(i)为什么由你(或你的团队)来做这项研究(即,你的资历),以及(j)你拥有何种资源能使你完成此项研究(诸如实验空间、现有设备、你所具备的研究时间等)。

务必校对核查你的科研计划书。评审员们的时间一般都用于经费申请的评估方面。他们不希望在审阅的计划书中看到排印或文字处理错误,而且对此可能也没有什么耐心。

5. 征集对你的科研计划书的反馈意见。就像我常常发现的那样,你可能也会感觉到其他人很容易看出你的经费申请中你自己察觉不到的纰漏。因此,在给科研计划书最后定稿前征求一下同事们的反馈意见,同时从一个评审员的角度把计划书从头至尾看一遍。我每写完一份科研计划书后总要把自己设想成是一名评审员,把自己的计划书从头看到尾,然后设法从评审员的角度向自己提问题。带着挑剔的眼光重读一遍自己的经费申请常常能把问题提前解决掉,这样就用不着评审员们来发现了。

6. 使科研计划书得到所在大学的批准。几乎所有大学都有一套规范的经费申请的审批程序。每一份科研计划书都需要通过这一程序后才能提交。之所以这样,是因为这笔经费实际上是拨给单位而不是拨给个人的。你也许是首席调研员或合作者,但基金的真正划拨对象是你所属的大学,不是你。

如果你的研究实际动用的是人类实验参与者,那么该审批程序的一部分可能就是对参与者的审批。这种审批需要时间,因此,你应确保提前相当一段时间把你的人类实验参与者的表格提交给你所属大学的评审委员会。近年来,对人类实验参与者权利的监护越来越严。即使一项研究看似有益,但你可能会发现它要获得通过也非易事。NIH 已开始要求未来的首席调研员们参加如何保护人类实验参与者方面的培训。我在撰写本文的同时,其他政府机构预计也会跟着做。

7. 按时寄出科研计划书。大多数基金机构都设有最后期限。因此,你需要关注计划书提交的时间范围。最后期限的规定往往很严格。如果你错过了,很可能就得等到下一轮经费申请工作的开始。

把科研计划书投递给多家资助机构通常是一个好主意,但要记住的是:一般来说,向不同的机构申请经费必须遵循不同的规定。你可能需要对科研计划书进行"微调"以使之适合每家机构的要求。向多家资助机构提交申请是常有的事,这么做能加大获取经费的可能性。通常情况下,在向多家机构提交经费申请时,你将被要求在计划书中申明你已向其提交过申请的所有机构的名称。此外,如果你得到不止一家机构的资助许可,你将理所当然地只能接受来自其中一家的基金。有时,当你凭借同一份科研计划书幸运地得到多家机构的资助许可时,选择很容易做出。因为并非所有这些机构都提供相同数目的经费或其他资源,所以,你可以仅凭哪家机构提供的待遇比较好这一点来做出选择。

8. 有必要,就修改;否则,暂时放一边。第一轮即获得资助许可的科研计划书相对较少。一般来说,它们都需要修改。因此,如果申请被拒,你要有重新修订的思想准备。假如你收到的评语极差或者你简直不懂该如何把这份计划书修改成一份可以接受的版本,那就把它塞进文件橱等一段时间。你也许永远也不知道怎样去修改这份计划书,但可能的情况是,酝酿能使你以一种更为积极的眼光看待事物。

9. 重新提交申请并说明已修改部分。如果你再次提交科研计划书,对方一般都会期待看到你对上一次评审意见所做出的反应。你应采纳评审员们所有或大多数的建议。如果你已决定对一位评审员或一组评审员的某个建议不予采纳,要说明不采纳的理由。

10. 经费申请获批;如果没有获批,从头再来。你的经费申请可能获批,那么,恭喜你。好好享受得到经费的快乐。但无论你的申请是否获批,你都将很快开始又一次的撰写工作。对我们大多数人而言,撰写科研计划书不是一时之事,它是你研究生涯的一个常规工作。你有时会成功,有时会失败。但无论何种情况发生,很快,你都将开始新一轮的经费申请撰写工作。

以上是有关撰写经费申请过程的基本介绍。当然,有些计划书会得到资助许可,有些得不到。怎样做才能把经费申请获得批准的可能性增加到最大呢?有一点是:要有正确的心态。

心 态

1. 相信自己。撰写经费申请是一个耗时的过程。有时,你的努力可能白费。或者,你可能会对自己写出来的东西不满意甚至感到厌恶。而且,当你看到评审意见时,你也许自我感觉会更糟。这很容易让人放弃。但千万别放弃!相信你自己有获取经费的能力。遭遇挫折是普遍情况而非例外。成功获得研究经费并能一直维持经费供给的人都是那些相信自己的人。他们并不认为自己曾经有过的每一个想法都是好的。脑子里只有好点子的人不存在。相反,他们认为,随着时间的流逝,他们将有能力拿出值得基金机构拨款的研究思路,而且,他们相信最终他们会得到经费的。

2. 去努力争取。有几年时间我一直认为申请经费来从事我在智慧心理学方面的研究兴趣不值得,因为资助机构会觉得这个课题太怪。事实上,我第一次申请就被拒绝了。之后我们写了另一份不同的科研计划书,寄给了三家基金会,其中一家为我们提供了三年的资助。我惊讶不已!真的很惊讶!但这个教训我本来早该学到。如果你告诉自己你拿不到经费,你就会拿不到,因为你永远不会去尝试。你得去争取,你可能成功也可能失败,但知道结果的唯一方式是——去尝试。

3. 不要为是否拥有最好的想法而担忧。一份经费申请中研究思路的好坏与获取经费之间的关系是什么？如果我非得对自己的职业做大胆推测的话，我认为这个相关数很可能是零。的确，蹩脚的思路一般都得不到资助。但有时真正好的想法也得不到资助。造成这种情况的原因有很多。有时，真正有创意的想法并不适合现行的时代思潮。评审员们可能不理解它们，不知道如何对待它们，或看不到它们的价值所在。有时，真正有创意的想法会对评审者构成威胁。评审员们可能比较认可一种观点，而你的观点则证明他们的认可的观点错误，这是他们不愿意承认的。还有些时候，真正有创意的想法似乎根本不切实际。因此，如果你的想法你自以为很好但并不轰动世界，不用着急。如果你认为你的想法能震惊世界，务必确保其表达方式要尽可能与评审员们的思维倾向接轨。对于自己感觉评审员们或许会反对的想法我有时会低调处理，旨在希望他们能给予较积极的评论。我并不"背叛"自己的想法，但我确实软化了表达方式。常常，这个办法能奏效。

有时，研究思路会超前。我们中许多人都有过这样的经历：申请一项科研经费却由于评审员们不明白一个问题或者不明白研究这一问题的现实意义而被拒绝；几年后看到对某一受资助项目的报道，而此项目的思路在本质上正是我们曾申报过的。如果你的想法特别有新意，那你就得花费专门的精力去说服可能支持你的评审员们相信这项研究的重要性。

4. 坚持不懈！我的研究小组成功地获得了科研经费，于是一些同事就猜测说我们在这方面一定有一系列的辉煌纪录。错！我可以坦白地对同事们说，我们的经费申请被拒绝的次数很可能比我所了解的其他任何个人或团体都要多。我们不过是比别人写了更多的科研计划书而已。我发现在我的职业生涯中我的经费申请获批的比率基本稳定，只是偶尔有些小波动。所以，获取经费的重要一点就是：撰写许多科研计划书，把每一份计划书寄给几家不同的资助机构。

许多人在被拒一两次后就放弃了。他们断定他们的研究——或者说他们自己——永远也得不到资助。他们的结论是对的。缺乏坚持不懈的精神已经注定他们得不到经费，因为他们不再继续撰写科研计划书。被拒绝后——这是常有的事——我们要继续努力，最终总会有所获。

有些机构对所允许的重新递交经费申请的次数可能会有最高限量。例如，NIH目前允许一份被拒的科研计划书可以重新递交最多两次。因此，在修改过程中要做到一丝不苟，认真考虑评审员们的评审意见。这一点很重要。

5. 脸皮要厚。许多经费申请人没有坚持下来的一个原因是：评审意见中的负面言论和那些听起来甚至常常像是个人侮辱的评语让他们很沮丧。没有人喜欢被活剥硬刷，所以要放弃很容易。一个重要的经验是：千万不要把评审意见理解成是针对个人的言论；如果其语气中带有讽刺或侮辱性，不要在意它。你要把注意力集中到评语中富有建设性的意见上来。如果你觉得自己能够对评审意见做出回应,那就去做,但不要评论它们的语气。抓住其中实质性的内容进行回应即可。

6. 集中注意力——不要受外界影响。与撰写经费申请相比,几乎总有其他许多事是你更乐于去做的。几乎没有人以写计划书为乐;大多数撰写科研计划书的人都宁愿是在做其他事。况且,也总有许多其他事可做。你需要备课,一些学术论文急等着你去完成,你的委员会工作可能已经滞后,手头还有一些个人委托事项需要处理。的确,任何人都能找到不想写计划书的借口。但是,如果你想搞研究,你就很可能需要一些经费。所以,你得集中精力写申请,把其他所有也真正需要关注的事情放一边,设法确保科研计划书的完成。你必须保证这个时间。

7. 找到合适的评审员。如果你把科研计划书提交给一个压根就不对你申报的这类工作提供资助的基金组织,其结果就是白白浪费大量时间。动笔写经费申请之前,确保你准备投递申请的这一家或几家机构确实在资助你正申报的这类研究。有些资助机构会公布各种经费审批小组的成员和领导的名字,这样你就可以提前知道谁有可能对你的申请进行评价。不过,即使有了这么一份名单,你还是不知道你的科研计划书还将寄给哪些机构外的专家进行外部评审。

既然你已开始这项工作,以下是撰写科研计划书时需要注意的几件事。

科研计划书

1. 讲述一个故事。你也许认为从某个角度说科学与讲故事是相对立的,但情况并非如此。真正的科学就是在讲述一个故事。这个故事以一个问题开头,接下来一般讲的是人们在过去如何试图解决这个问题(或者,人们过去也许没有正确认识到这个问题的重要性)。然后再讲你打算怎样解决这个问题或至少怎样为解决这个问题献策献力。因此,一份出色的科研计划书具有叙述性,能把整个事情连接在一起。它有一个好的想法——就像故事情节;它不断拓展这一想法进而使整份计划书浑然一体,就像一个故事那样。如果连你自己都无法理解你的科研计划书中想要讲述的故事,那就别指望评审员们能看得懂。

2. 证明该项研究的科学重要性和利益所在。对于你正在申报的这项研究你很可能已经思考良久,因此,它的重要性对你而言可能是再清楚不过了。但不要期望你的计划书的评审员们也能清楚这一点。你得向他们证明此项研究的重要性。不要主观地认为不用你说明别人也会明白其重要性。如果你真的不知道这项研究为什么很重要，那么别指望评审员们能明白。

指出人们已对 X、Y、Z 进行过研究，而对 A、B、C 的研究尚属空白，因此你的目标就是对 A、B、C 进行研究。用这种方法证明一项研究的重要性其效果是很差的。一件事从没被人做过这一事实本身并不能使这件事变得重要，可以做但从未有人做过、也永远不会有人去做的研究有无数项，因为没有人在乎这些研究的结果。你需要说明你这组特殊的研究为什么值得一做。

3. 表达要清楚、再清楚。如果你正在写有关某一具体领域的科研计划书，你可能至少已掌握了该领域的一些专门知识。你也许会由此认为评审员们也具备你所拥有的同类和同水平的知识背景。可他们也许并不具备。因此，你在陈述研究思路时要做到表达明白无误。另外，由于你对自己的研究思路已考虑过多次，所以书写时很容易留下缺口，因为你觉得你的意思应该显而易见。但除了你自己，极少有人能明白你的想法。尽可能地表达清楚，并在此基础上进一步润色。撰写经费申请时，要记得它的读者具备你所在的广泛的研究领域的一般知识，但对于你正在研究的某个或某几个领域内的具体问题却不一定精通。

4. 认真组织科研计划书。科研计划书一般是技术性的，往往也是错综复杂的。评审员很容易迷失在其中。这实际上是几年前我的研究生导师戈登·鲍尔曾对我说过的一句话。因此，你要确保所写的内容尽可能条理清楚。

将你的科研计划书分为若干层次，确保重点突出，次要点处于适当的从属位置。任何一个评审员都不可能记住你写的所有内容。以分层的方式写作就能保证评审员记住最重要的部分。

5. 推销你的研究思路。认真思考过该如何表达自己的研究思路后，接下来你需要考虑怎样进行推销。好的点子通常并不具备自销能力。你得推销它们。无论你认为你的点子有多好，别指望其伟大之处对评审员们而言也那么显而易见。你得让他们信服。所以，撰写经费申请时不仅要表达清楚，而且要使之具有说服力。这很重要。你不能仅仅说明你想做什么。你是在告诉任何一个思维正常的读者愿意资助你进行这项研究的理由。

6. 文献评论既要全面又要有所选择。通常，撰写经费申请要受到一定页数的限制。因此，尽管通篇都在进行文献评论的情况并非不可能，但你还是需要有所选择。尽可能多地引用与你申报的项目直接相关的研究，跳过那些表面相关但并无直接联系的部分。

我的研究小组在撰写科研计划书时会努力想到这些计划书可能的评审员们。大多数评审员都认为自己在本领域的工作很重要。毕竟，他们会觉得如果自己的工作不重要就不会有人邀请他们来评审科研计划书。所以，当看到自己最优秀的论著或论文完全被忽视时，他们是不会对你的计划书感兴趣的。

这里要介绍的经验是：只要有可能，就尽量多地引用可能的评审员们的作品。

虽然你无法确定将由谁来评审你的科研计划书，但你可以做些合理的猜测。本领域的核心人物、曾经评审过你论文的人（假如你能知道他们中的任何一位的话）、你在学术会议和你感兴趣的专题讨论会上遇见的人——这些人都在可能的评审员之列。撰写计划书时头脑里想着他们，因为你希望他们能帮你一把。

7. 进行文献评论时要谦恭有礼。有时，研究者申报一项研究的目的是纠正记录——也许是更正他所发现的过去工作中存在的失误。但是，即使你认为过去的工作得出的结论是错误的，你想予以更正，你也应对该工作持尊重的态度。这一点很重要。首先，尽管你可能不同意你前辈的观点，但他们毕竟是创立正作为你工作基础的方法或结果的科学家。你的工作是建立或重建在他们工作的基础之上的，因此，他们有恩于你。其次，失礼是违反行业道德的，甚至有人争辩说是幼稚的。第三（也是很实际的一点），过去做此工作的人是最可能对你的科研计划书进行评审的人；如果你对他们失敬，你计划书的生存就会受到威胁。

8. 经费申请要有坚实的理论基础。我认为科研计划书被拒的一个主要原因是缺乏理论，或者只是对理论轻描淡写，或者理论与所申报的研究只是勉强有些关联。因此，要特别重视计划书中的理论部分。这一点对你很重要。清楚地阐述与你的研究相关的理论以及由此产生的假设。务必说明该假设是怎样从这一理论引发而来的。不要期望评审员们能自己看出这种派生关系。之后，在阐述研究的过程中，要确保对于此项研究将如何检验以该理论为基础的假设的部分明白无误。

9. 遵循条例。资助机构，尤其是政府的资助机构，对于撰写科研计划书制定有许多要遵守的细则。遵循所有这些细则、完成所有规定的书面工作是极其耗时的，有时会令人沮丧。然而，你必须遵守它们，以免因违反条例致使计划书被退回甚至被拒。我曾经因疏忽而漏答了一个表格上的几个问题，于是计划书被退回，之后不得不等待下一轮的经费申请提交期限。一位同事的计划书因为没有达到资助机构对页边空白的要求而被退回。

现在，学院和大学的拨款与合约办公室一般都会检查这些技术性细节方面的差错，但确保按指导方针办事终究是你的而不是他们的责任。你不希望自己的申请因为没有遵守书写规定而被拒。如果非被拒不可，也应该是出于科学方面的原因。因此，不要因为忽视或者轻视了细则而使自己的申请不堪一击。创新要用在学科研究上，而不是用在撰写科研计划书的技术性细节上。

10. 确保预算合理且符合所申报的研究的需要。经费申请的评审员们通常都很有经验。一个项目预算不足或预算过高时他们很快就能看出来。如果你预算不足,那就表明你对此项研究的总成本并不了解。这会引发对你是否真的了解此项研究所需资源的质疑。如果你预算过高,则会给人留下更看重钱,而不是研究、甚至是贪婪的印象。因此,预算合理很重要。有些机构声明对预算的评估和对研究价值的评估是分开进行的。但我个人的经验是:不切实际的预算会影响评审员们对你申报的研究的看法。一般来说你会被要求为预算提供一个正当理由,该理由应能完全解释你为什么申请该等级的经费支持以及你申请的经费的分配方案。不幸的是,经费下拨前预算常常会被削减。

做预算时要记住:大多数院校都收取"一般管理费"。一般管理费是大学留出自用的经费或合约的一部分。从理论上说,一般管理费用于诸如空间、图书馆的使用、暖气、电、付给大学的经费管理成本等等的支出费用。一般管理费的比率在大学与大学之间相差甚远,可达到65%甚至更多。一般管理费可根据整笔经费或仅仅根据月薪和周薪来计算。例如,假设管理费率是50%,那么你每花费一美元,你所在大学就将从你的经费中扣除50美分。大学和资助机构可就管理费率进行协商。

在一般管理费的收取方面各大学的灵活性有所不同。不过一般来说,它们都愿意适度协商。例如,我所在的大学通常收取相当高的管理费,但如果资助机构写信说它们的政策是减少拨款,那么我所在大学会愿意降低管理费率。这样一来,在协商管理费率时你也许就能起到一些作用,尽管这种作用可能并不大。

大学还可能收取工薪税。这是从经费中拿出的一笔钱用以支付诸如保健、退休计划、人寿保险、残疾保险等教工福利。各大学收取的工薪税率大不相同。从研究人员的角度来说,不能花光资助机构分配给你的所有经费。认识到这一点很重要。

同时,认识到大学有经费支出政策也很重要。查阅这些政策是明智之举。例如,当用经费支付一次差旅费时,大学可能会规定报销每日食宿费的最大额度。

对科研计划书的评价

每一个资助机构对经费申请都有自己的评价标准和评价工作安排表。评价工作可能只需花费几个星期,但通常要求四到六个月甚至更长的时间。

评价可以是内部的、外部的,或二者结合。内部评价指的是由资助机构的人员对科研计划书进行评价。这种评价方式在基金会和企业很常见。外部评价指的是资助机构之外的评审员——常常就是你这样的人——对科研计划书进行评价并向资助机构提供他们的评价结果。在撰写科研计划书时要时时想到有可能对你的计划书进行评价的评审员,把他们放在心上。

当经费申请被寄出去评审时,有一点明白无误:该申请是一份特许加密的文件。这就是说,评审员不许把该科研计划书拿给别人看,更不许和他人讨论该计划书。当然,他(或者她)也不许将该计划书中的任何想法用于自己的研究。通常,评审员们对经费申请的评审工作结束后会被要求销毁该科研计划书。就我个人经历而言,评审员们基本上能遵守这些规定。毕竟,他们不希望别人剽窃他们的想法!当然,害群之马在所难免,没有谁能保证事情总能如人所愿。不过在我的经历中,评审员们一般都能认真恪守职业准则。

不同机构在评价科研计划书时采用不同的标准,但某些标准在许多不同的资助机构中往往是相通的。大多数资助机构评价一份计划书时采用的一个首要标准是:该计划书是否属于该机构资助的研究范畴。其次的一个标准可能是该项研究的科学(或教育或商用的)价值。除了研究的设计手段和实施方法的质量外,资助机构通常还会寻求该科研计划书是否具有一定程度的创新性。第三个标准是看数据分析与所申报的研究是否相吻合。第四个常常是预算的恰当与否。第五个是经费申请者的资质水平及其现有的设施。这最后一个标准很重要,因为它有助于确保该项研究的完成,而且是圆满完成。

现在,撰写经费申请的准备工作已基本就绪。你所需要的就是要有一些想法并安排出时间把这些想法整理成一份科研计划书的形式。或许你宁愿去看一场足球赛,去野餐,或了解一部新影片的上映时间。可是等这些事情做完,这些想法也跟着没了,所以要尽快抽出时间写完计划书。从事一项研究可以对你的职业产生一辈子的影响;如果这项研究真的很重要,那么它还能对整个领域产生永久的冲击力。

结　　论

你想获得科研经费吗?可能的情况是:你能获得也将获得。当然,你需要一个点子。你可能已经有了所谓的点子,甚至不止一个。那么,你需要做的主要事情是,调整好状态和抽出时间去撰写一份科研计划书。你应该全力以赴,但不要等到每一个想法、每一个句子都尽善尽美后才动笔。等得太久,花在做研究上的时间可能就会一去不复返!找出那些能为你从事某种研究提供经费的机构,并向它们提交科研计划书。最重要的是,记住坚持不懈的重要性。一些幸运者第一次申请经费就获得了批准。不过更多的人很可能没这么幸运。你也许不得不一次甚至两次对科研计划书进行修改。或者,你也许不得不把计划书提交给其他机构。或者,你不得不写一份新的科研计划书。如果说存在一把获取经费的钥匙,那就是坚持不懈。不断尝试,你迟早会如愿以偿的。我们就是这么做的。我们知道,并不是所写的每一份科研计划书都能获批,但我们从不放弃,最终某个时候,其中的某一份就会获得资助。那样,我们手中就有钱做自己的项目了。

(本章作者:罗伯特·斯登伯格)

第九章
撰写与发表论文

你已完成一项研究并对数据进行了分析。现在该是撰写成文的时候了。把文章拿去发表，告诉世人你之所学。本章旨在帮助你增加让某位期刊编辑选中你的文章的可能性。

应该撰写什么样的文章？

有两种可能的文章可供你写：(a) 当你构思出一项研究时打算写的文章；或者，(b) 研究结果出来后再写的最有意义的文章。正确答案是(b)。

对于研究过程传统的看法是：我们先由一个理论得出一组假设，构思并进行一项研究来测试这些假设，通过数据分析看看它们是被证实还是被推翻，然后在学术论文中把研究过程依次记录下来。假如我们的工作果真如此进行的话，那么在收集数据之前我们就可以完成论文的大部分写作任务。我们可以完成绪论部分和方法部分，为结果部分搭好框架——留下空间有待具体的数值结果填入，再安排好两个可能的讨论部分，一个为积极结果而备，另一个为消极结果而备。

然而，这并不是我们真实的文章写作过程。在最优秀的学术论文中，真正的观察结果从一开始就会被提及。因此，动笔写论文之前，你需要对数据进行分析。同时，概述一下你的主题。

数据分析

从前，心理学者是直接观察行为，而且常常是长时段地进行观察。他们现在不再这么做了。如今，调研者的职位越高，他（或者她）距离我们学科的基础观察通常就越远。如果你已经是一名成功的研究心理学者，那么你很可能已有一段时间没有见过实验参与者了。你的研究生助理会把研究工作布置给一名头脑灵活的本科生去完成，他会编写自动收集数据的电脑程序来完成数据分析。当代心理学者绝大多数情况下看到的数据都已事先经过人脑或电脑处理过。

为了弥补这种疏远实验参与者的现状,我们至少应该对记录他们行为的资料了如指掌,从各个角度来审阅这些资料。把资料按性别分开进行分析,构成新的综合指数。如果有一个数据使人联想到一个新的假设,那就尽力在这些资料中找出证明该假设的其他证据。如果你隐约可见一些有趣的模式,就重新整理这些资料,努力使之更清楚地显现出来。如果有你不喜欢的实验参与者,或者令人讨厌的人和观察者,就(暂时)解聘他们,继续寻找有趣之事,任何有趣之事。

这绝非不道德。它们使我们知道在为大众阅读所写的文章中我们可以下什么样的结论,它们为我们的读者提供了决定是否相信我们的标准。但是在发现这一领域内,没有任何规范的准则可循,有的只是探索或策略。一个人如何发现一个新现象?如何嗅到一个好想法?如何对行为具备敏锐的洞察力?如何创立一个新理论?在实证研究有限的环境背景下,要有所发现只有一个方法:钻研数据。

的确,这里存在一个危险。虚假的发现偶尔会出现,我们需要提防任何此类具有欺骗性的发现。在有限的事例中,有一些统计方法可以消除这种危险。但如果因为对数据重视不够而导致一个重要发现被忽略,那么任何统计法都无法起到矫正的作用。我们宁可在发现上出差错。

汇报研究成果

完成了对资料的分析后,你也许会得出结论说,这些数据力度不够,不能有效证明你的新观点的正确性,但至少现在你已做好准备开始构思新的"正确的"研究计划来证明这一观点。如果你仍然打算报告当前的数据,你可能会希望试探性地提及你的新观点,并坦言它还有待检验。另一种情况是,这些数据足以证明你的新观点,你可以围绕你的新发现重新安排文章重点,并将最初的假设放在第二位,甚至忽略最初的假设。

这并不是建议你对消极结果不进行报告。如果你的研究当初真的旨在检验一些假设,这些假设源自一套规范理论或因为其他某个原因而被广泛关注的假设,那么,这些假设就应该继续成为你文章的重点。科学领域的诚实性要求如实报道未经确证的结果。

不过,这个要求的前提是有人在意这些假设。许多可敬的研究显然是探索性的或者由各种各样的"我想是否……"的猜测所引发。如果你的研究也在此列,那么没人会在乎你是不是错了。科学并不在意你在预测结果方面多么敏锐或多么富有洞察力。科学的诚实性也并不要求你让你的读者了解你所有错误的预测,到头来只是为了表明——瞧!它们都错了。学术论文不应成为你个人不成功想法的史记。

你的首要目的是告诉世人你的研究所得。如果你的研究结果为其陈述提供的是一个引人注目的框架,那么,采用它,把最有启发性的发现作为你文章的中心。把你的数据集合想象成一颗宝石。你的任务就是对它进行切割和磨光,选择重点刻面,为其精心制作最好的底座。许多有经验的作者都是先写出结果部分。

但是,动笔之前,务必先分析数据!

好论文的标准

好的科技文章的主要标准是准确和清晰。如果你的文章有趣且有文风,那很好。不过这些是次要的优点。首先要力争准确和清晰。

文章要清晰,第一步是组织有序。学术论文的标准化格式为你省了不少劲。它不仅使读者能像他们阅读任何连贯的记叙文那样把研究报告从头看到尾,而且能对之进行扫描式阅读以快速了解该研究的总体情况或者直接翻到相应部分轻松找到具体信息。不过,即使套用标准格式,先列出自己的提纲仍然是有好处的。这使你能仔细考虑顺序的条理性,发现被遗漏或放错地方的要点,决定如何在绪论和最后的讨论部分进行陈述。

做到文章清晰的第二步是文笔简练直白。学术论文讲述的是一个直截了当的故事:一个特定的问题需要寻求一个解决方法。它不是一本小说,有次要情节、倒叙和文学引喻,而是一个叙述思路呈单一直线型的小故事。你要大胆突出这条主线,不要让人们在喧嚣的文章中勉强听到你的呼声。你有理由为自己的表达能力感到自豪,但要让它滋润你的文章,而不是任其泛滥,要尽量保持文笔简练直白。

论文写给谁看

科技刊物是为拥有重要知识和懂得方法论的特殊读者而发行的。但如果想把文章写好,你就应当忽略这一事实。心理学所包含的论题和方法论的范畴要比其他大多数学科更广,其研究发现也常常引起更多公众的兴趣。社会心理学者应能看得懂《心理测试学学报》上有关逻辑分析的文章;个性理论工作者应能看得懂有关下丘脑功能的生物心理学的文章;有着历史学学士学位的议员助手应能看得懂《个性与社会心理学杂志》上的有关理论文章。

同样,好文章让人受益匪浅。把你的写作目标定位为学习心理学入门课程的学生、在艺术史系工作的你的同事以及你的祖母。无论你的文章在具体细节上技术性多强、多深奥,不具备统计学或实验设计专门知识的智力正常的非心理学者都应当能理解你的基本研究重点及动机。他们应能大致明白研究结果。最重要的是,他们应能理解为什么有人会在乎这一结果。介绍部分和讨论部分尤其应该写得让这些更广范围的读者能看得懂。

真正的技术性内容——主要出现在研究方法和结果两部分——应该是写给校稿人看的。他们的专业水准比不上出版该期刊所主要针对的读者群。假设你那篇刊登在《心理测试学学报》上的文章的校对者知道什么是回归理论,但他需要有人向其介绍逻辑分析方面的一些知识。假设《个性与社会心理学杂志》的校稿人知道什么是人的意识,但他需要了解什么是性情归因和情境归因。

因此,本章中建议的许多写作方法其实是在教你如何使你写的文章尽可能地为最广泛范围内的读者所理解。好文章能让人受益匪浅。

论文的格局

论文是以沙漏的形状进行写作的。它开始时是一般性的陈述,渐渐细化到你研究的具体部分,然后再拓展开,提出更广义的一些思考。

泛泛开始绪论部分:	"在表达情感的乐意程度和能力水平方面,人与人之间有着极大的不同。"
变得具体化:	"的确,普遍的观点认为这种情感表达力是男人和女人之间的一个主要区别所在……但是,研究证据正反皆有……"
继续细化:	"甚至有证据表明男人实际上可能……"
细化到你能用概念性词汇引出自己的研究:	"在本项研究中,我们记录下了男人和女人对拍成电影的……的情感反应。"
方法和结果部分是最具体的部分,是电影中的其中一部……	"(**方法**)男女本科生各一百名被分别安排观看两沙漏的'瓶颈';(**结果**)表1显示在有父亲在场的情况下男性哭得更……"
讨论部分以你所做研究的含义谈起:	"这些结果暗示:不同性别在情感表达力方面的不同受到两种变量的影响……"
逐步展开:	"自从查尔斯·达尔文最早的观察资料问世以来,心理学还从未贡献过如此多的新的……"
继续拓展:	"如果情感能够通过隐藏我们的复杂性而禁锢我们,那么把它们表达出来至少能展示我们真实的一面从而使我们获得解放。"

这句结束语对于有些期刊而言兴许有点儿浮夸——我甚至不确定它的意

思是什么——但如果你的研究是认真进行的且做了稳妥的阐释,那么大多数编辑将会允许你在沙漏的两个广口处略显张扬。

绪　论

论文的首要任务是说明正在调研的问题的背景和性质。以下是写出好的开场白的四点经验。

1. 使用一般的英语表达,不要使用心理学行话。

2. 不要使读者毫无准备地陷入你研究的问题或理论中。花费必要的时间、使用必要的篇幅把他们一步一步地引导到你所研究问题或理论的阐述上。

3. 用例子来说明理论要点或介绍陌生的概念性名称或术语。内容越抽象,这样的例子就越重要。

4. 只要有可能,尽量以针对一般人(或动物)的表述开头,而不要直接提及心理学者或他们的研究(这一条几乎总是不被遵守,所以不要以期刊为范例。)

开场白范例:

错:几年前,埃克曼(1972)、伊泽德(1977)、汤姆金斯(1980)和赞乔恩科(1980)指出,心理学忽视了对各种情感及其表达方式的研究。(出现在绪论部分尚可,但不宜充当开场白。)

对:在表达情感的乐意程度和能力水平方面,人与人之间有着极大的不同。

错:被迫依从模式的研究焦点是做决定前可供选择的方案和刺激程度大小的影响。

错:费斯汀格的认知不和谐理论在20世纪后期受到了广泛关注。

对:持有相互矛盾的两种信念的人可能会感觉不舒服。例如,知道自己喜欢吸烟但又相信吸烟有害健康的人可能会因为这两种想法或认知的不一致或不协调而产生不适感。这种不适感被社会心理学家利昂·费斯汀格(1957)称为**认知不和谐**。费斯汀格指出,只要有办法,人们将会目的明确地消除这种不和谐。

注意最后这个例子是如何把读者从熟悉的名词(**信念、不一致、不适、想法**)通过过渡词(**不协调、认知**)引导到陌生的术语**认知不和谐**,从而为该术语提供了一个明确的定义。下面这个例子说明的是人们可以怎样去定义一个术语(**自我控制**)以及如何较含蓄地判定其概念情形(一个个性变量):

延缓喜悦、控制冲动、调整情感表达——这些需要是社会对成长中的孩子最早、最普遍的要求。由于一个人在一生中如此多的事情上取得成功主要靠的是个人对这种自我控制力的掌握，因此，我们应该找到证据以证明自我控制这一重要的个性变量具有终身延续性的特点。

最后，再举一个仅仅通过上下文来给术语下定义的例子。不过，请注意，MAO 这个术语缩略词在第一次出现时还是被明确说明了意思。

  在不断寻找引起精神错乱的相关生物因素的过程中，血小板现在成为调研的首要目标。尤其是血小板中一元胺氧化酶（MAO）活动的减少有时与妄想狂症状学、慢性精神分裂症中的听觉幻觉或妄想以及男性非临床实例中精神病理学的倾向相关。不幸的是，这些观察结果并不总是重复出现，从而使 MAO 活动实际上是精神错乱的一个生物指针这一假设遭到质疑。甚至血小板模本具有解决精神分裂症中枢神经系统异常情况的一般效用依然处于争议中。此项研究试图澄清 MAO 活动与慢性精神分裂症中症状学之间的关系。

这种文章不会出现在《新闻周刊》上，但一个对血小板、MAO 活动或生物指针也许一无所知的智力正常的门外汉依然能看懂它。文章本身的结构足以界定这些事物之间的关系，并提供充分的上下文来使该研究的基本思路及其理论基础明白易懂。同时，该介绍既不高高在上，也不会让精于此行的读者感到厌倦。使非专业人士能看得懂该介绍的方法不仅对专家而言将是显而易见的，而且还能为两种读者增强文章的清晰度。

举例部分的写作范例

在阐述复杂的概念性论点或介绍技术性内容时，不仅为读者举例说明很重要，而且例子的认真选择也很重要。尤其是，你应该努力想出一两个能预见你真正成果的例子，然后反复使用以证明几个相互关联的概念性论点。例如，在我本人对特征稳定性所做的一项研究中，有些参与者自始至终很友好但却不能做到一贯认真。于是，我们在整个绪论部分贯穿使用了友好和认真的例子来解释和阐明有关特征稳定性的微妙之处的理论要点。这一技巧能加强文章的主题连贯性，悄悄地为读者理解结局做好准备。同时，它还免去了借用假设的例子先后两次在绪论和实际结果部分阐述所涉及理论的麻烦，从而缩短了文章的篇幅。

你现在正在看的这一章本身就提供有反复出现的例子的范例。主要一个例子将是前面为说明一篇文章的沙漏结构时所引用的那个关于情感表达的性别差异的假设研究。只是你还没有意识到而已。我刻意杜撰了这个研究，一开始就对其作了充分的概述以便能在文章中反复引用它。继续往下看文章时请注意对它的精心安排。我选择了不和谐理论作为第二个例子,因为大多数心理学者对此已经很熟悉。我可以利用这一共有资源而无须占用大量篇幅对该理论进行解释。不过万一你不熟悉这个理论,我在一开始就能把你领入门的"开场白范例"部分已经先对它进行了介绍——你对你的读者就应该这么做。最后,贝姆—艾伦有关特征稳定性(上一段提到)的论文有一些特别之处将随着本文的继续而为其添光加彩。

文献评论

开场白过后,概述所调研领域的知识现状。就此问题以前曾有过什么研究?这一现象的相关理论是什么?虽说在构思自己的研究之前你会先去熟悉相关文献,但如果你的结果引发出这个问题的另一面或导致你用一种不同的模式重做这项研究,你可能就需要查阅其他的参考书目。例如,如果你在数据中发现一个未曾预料到的性别差异,你会想去弄清楚别人是否已经报道过类似的性别差异或者可能解释此差异的发现。如果你认为这一发现很重要,那就在绪论中论及性别差异和相关的文献。如果你认为这不过是一个边缘发现,那就把性别差异的论述推后到讨论部分再进行。

《美国心理学协会出版手册》对文献评论提出了以下指导方针:

> 讨论该文献但不要进行详尽的历史回顾。假定读者对你撰文论述的领域知之甚广不需要看完整的摘要……只引用与具体议题相关的作品以供参考,不要引用仅仅附带触及主题或太笼统的作品。概述早先的作品时不要提非本质的细节,而应强调相关的发现、相关的方法论和主要的结论。有可能的话,引导读者参阅该主题的概论或评述。

《美国心理学协会出版手册》还敦促作者不要受简洁目标的误导而写出只有专家才看得懂的陈述。简洁却不失清晰地描述甚至整项研究的一个办法是,以时间顺序记述研究过程的变化,同时对该研究作一个全面的概述。(你可以在你论文的方法部分使用同样的方法。)举个例子,下面是就认知不和谐理论所做的复杂但经典的实验的一个较恰当的概述:

> 有3种条件。60名男性本科生被随机分配到其中一种条件下工作。在1美元条件下,参与者先是被要求在一次单独实验时间段内从事长时间重复性的实验室工作,之后被实验者聘为"助手",报酬为1美元,任务是告诉1名正在等候的同学(他的同伙)这些工作很有趣。在20美元条件下,每个参与者拿20美元的报酬做同样的事。在对照条件下,参与者们单纯从事那些工作,而未获得报酬。该实验完成后,每个参与者在一张调查问卷上标明他对这些工作的喜欢程度。结果显示,1美元条件下的

参与者对这些工作的喜欢程度远远超过 20 美元条件下的参与者,而后者与对照组参与者对这些工作的喜欢程度则无差别。

这种缩写的文章看似容易,其实不然。如此的概述你得反复写多次才能使之既简洁又明了。上面这一段是我的第 8 稿。

引用

学术论文的标准格式允许你在文章中引证作者时要么在括弧中写出他们的姓氏和出版年份,如例 A,要么句子本身用到他们的姓名,如例 B。

  A. "一些患精神分裂症的人体内 MAO 的活动力实际上比正常的要高(谢和汤,1949)。"

  B. "谢和汤(1949)报道说,一些患精神分裂症的人体内 MAO 的活动力实际上比正常的要高。"

通常,你应该选用格式 A,把你的同行放进弧内。你的叙述主线应该是有关患精神分裂症的人体内 MAO 的活动力,而不是蒂斯和汤。不过偶尔,你或许想把重点具体放在作者或研究者身上。关键是你应该深思熟虑地做出选择,而不要只是随意地把这两种格式混杂在一起而无视文章的叙述结构。

批评前作

如果你对所回顾领域的先前研究或早期文章持怀疑看法,那就随时予以严厉批评和指责。但是,批评作品时,请不要牵涉调研者或作者。人身攻击会让编辑和评审员感觉不舒服;而且,你攻击的这个人有可能被邀请担任你论文的评审之一。这样一来,你向读者表达观点的机会就将被扼杀在萌芽状态。

结束绪论

简要概述一下你的研究,结束绪论部分。这可使文章顺利过渡到紧随其后的方法部分:

  由于这种性别差异仍然令人困惑不解,因此,似乎有必要在一种更为现实的背景下测试赞纳提出的父母对情感表达的影响之理论。于是,在现在马上要介绍的这项研究中,我们让男人和女人观看拍摄下来的、旨在唤起他们消极或积极情感的场景,对他们认为自己正被双亲中的一个或双亲同时注视时的情感反应做出评价。我们还试图探索情感表达与自尊的关系。

方法部分

《美国心理学协会出版手册》详细说明了一篇论文的方法部分需要包含的要素。下面是有关文体的其他一些建议。

如果你进行的是一个包含有一系列步骤或活动的相当复杂的实验,那么,把读者设想成参与者、领着他(或者她)穿越整个过程是很有用的。先对该研究做通常的概述,包括介绍实验参与者、环境以及评估过的可变因素,但接下来应从对实验参与者有利的角度来记述该实验。提供对参与者实际说过的话的概要或摘录,包括任何原理的阐述或讲过的"表面理由"。描述实验室的相关情况。展示调查问卷的样题、态度等级表上的标识、刺激物的文字说明,或者设备图片。如果你进行的是一个标准的人格测试或态度等级表测量,将其一般特征描述一下,除非大家对这一测试或等级表都很熟悉(如 MMPI 或 F 量表)。例如,"实验参与者随后填写了马洛—克罗恩社交赞许性量表。这是一种衡量人们用社交赞许性词语进行自我描绘程度的、以"是/否"形式作答的量化表(如'我从未说过谎。')"。

做这一切的目的是让读者感受一下当一名参与者是怎么一回事。(即使你使用的是非人类参与者也是如此。在这种情况下,对斯金纳箱的加固安排和对其内部容积的描述比对其外观大小和电源电压的描述更重要。)这种信息常常对观察到的行为的解释有重大影响,读者应能就其结论做出自己的判断。

用容易识别和记忆的标签列出所有组、变量和操作的名称。不要使用缩写词(AMT5%的组)或空泛的标识(疗法3)。应把成功组与失败组,有父亲在场的情况与有母亲在场的情况、教师样本与学生样本等都告诉我们。另外,最好用操作性词汇而不是理论术语来标明组别或疗法。得到鼓励少的是不和谐程度高的组,得到鼓励多的是不和谐程度低的组——这种表达很难记。所以换种说法。告诉我们什么是1美元组和20美元组。你可以在后面讨论结果时提醒我们这些变量的理论性解释。

方法和结果部分共同承担提供某些类型的数据的责任。这些数据用以证明你的重大发现的可靠性和有效性。该信息出现在论述的哪一环节最为贴切以及读者什么时候能最容易将其消化,你必须对此作出判断。例如,如果你设计出一张新的人格等级表,你需要告诉我们它的内在相似性和其他心理测量学的特性。如果你聘有观察者,要告诉我们内部评判协议。如果你寄出了调查问卷,要告诉我们反馈率是多少并描述未回应者与回应者会有所不同这一可能性。如果你解聘了某些参与者,要说出原因、解聘人数,并分析这么做会限制或限定你所能得出的结论的可能性。特别是,要让我们相信他们原先不是集中在相同的实验条件下(在数据分析期间被解聘的实验参与者应在结果部分论及。)

只有当参与者退出问题和你在研究过程中遇到的其他难题有可能影响你研究结果的有效性或阐释时才去讨论它们。否则不要向我们诉说你的不幸。只要告诉我们一些参与者不等你评估出他们的心理反应就逃离了你高强度的疗程；不要告诉我们你的狗吃了你的鸽子，你不得不重做这项实验或门卫一时大意把大楼的门锁住了致使你周二晚上无法进行参与者实验。

如果没有产生有用信息的操作和步骤是你在收集主要数据之前进行的，应该提一下。通常，你只需说它们没有产生信息，后面将不再提及就够了。如果它们是在你收集了主要的数据之后进行的，你或许根本没必要提及，除非你想到其他调研者也许也会设法去走相同的毫无结果的路。不过，一个"零"结果有时候会令人吃惊或有其自身的意义。在这种情况下，你应在结果部分把它当作一个常规数据来对待。

说明了你在研究中所使用的方法之后，开始讨论它们可能引起的任何道德问题。如果该研究方案要求你对参与者隐瞒研究步骤，或者向他们提供有关研究步骤的不正确信息，那么事后你就此是如何向他们解释的？你是怎样征得他们的事先同意的？他们任何时候都可以随意退出吗？有无任何的尴尬与不爽？你采取了哪些措施来保护他们的匿名身份？你有在别人没意识到的情况下观察他们吗？

如果你的研究会引发这些问题中的任何一个，你则应该做好准备去证明你的步骤的合理性。此外，你需要让我们相信你的实验参与者们受到了尊重，离开你的研究项目时他们的自尊心未受丝毫损害，他们对你和对心理学的尊敬没有减弱而是增强了。如果你用的是非人类的参与者——特别是狗、猫或灵长目动物——那么你需要回答类似的有关如何关心、对待它们的问题。

对研究程序及其总的目的作一个简要概述，结束方法部分。你祖母应能够对此部分一扫而过而不用去认真阅读；最后一段应把她重新拉回"轨道"。

结果部分

在关于单一的实证研究的短小论文或报告中，结果和讨论两部分常常是合并在一起的。但如果你需要把几种不同的结果融为一体或谈论几项一般事宜，那就另外准备一个讨论部分。不过，不存在没有叙述相伴的纯粹的结果部分。你不能只把几个数字扔给读者，期望他们在看到讨论部分时还能记住这些数字。换句话说，以一般的英语表达形式撰写结果部分。

布置舞台

在陈述结果之前,你需要先做好两件事。第一,你应该拿出证据证明你的研究成功地为检验你的假设或回答你的问题提供了条件。如果你的研究要求你有一组心情愉快的实验参与者,另一组心情沮丧的参与者,那么在这一部分向我们显示由这两组做出的心情评定结果显著不同。如果你将实验参与者分成若干组,要保证这些组在有可能对你的结果阐释产生影响的某些非预期变量(如社会阶层、智力)上并不存在着不同。如果你的研究要求你不把有关研究步骤的正确信息告诉实验参与者,你怎么知道他们没产生怀疑?怎么知道先加入的参与者没有把相关情况告诉后来者?怎么知道你陈述表面理由让参与者产生了测定你的假设所需要的信任状态?

你也可以把在方法部分讨论的一些内容放在这一部分:测试仪器、评判员和观察者的可信度、邮件调查的反馈率和参与者退出的种种问题。

并非所有这些事都需要在结果部分的一开始就进行讨论。除了你认为放在方法部分更合适的数据外,把其他一些内容后推到讨论部分或许会更好——在讨论部分,你将斟酌对你的研究结果可供选择的几种解释。同样,决定把哪些内容包括进来完全是一件判断上的事。这一步很重要,但不要做过头。尽快做出决定,继续你的下文。

第二件预先要做的事是分析数据的方法。首先,陈述你所使用的将原始的观察资料转换成可分析数据的所有步骤。你是如何为邮件调查的反馈意见进行编号以备分析的?如何综合观察者们的评定结果?所有评判尺度都首先换算成标准分了吗?这其中有些内容可能也是放在方法部分更合适,不必重复。同样,高度具体化的数据组合步骤也可以推后再谈。如果你把对焦虑感的三个衡量分合并成了一个单一的综合分数用以分析,等到后面你要提供有关焦虑的数据时再告诉我们。

接下来,单纯谈谈统计分析。如果这是一般性的分析,就简要描述一下(例如,"所有数据的分析都是通过对两个独立变量——实验参与者的性别差异和心情诱导——的双向分析进行的。")。但是,如果这个分析是非常规的或所做的某些统计假设可能是你的数据无法证明的,那就阐述其基本原理,或许你可以为愿意做深入了解的读者推荐一本参考书。如果你的分析法是新的或者有可能不为该期刊的读者所熟悉,你也许就需要对其进行详细说明。有时,对数据进行定量处理是一篇论文的主要贡献。在这些情况下,分析法及其基本原理有着和一个理论同样的认识论的地位,应在文章的绪论中提出来。

最后,如果结果部分很复杂或者被分成几个部分,你也许希望对它作个概述:"结果分三部分来陈述。第一部分是男性的行为结果,第二部分是女性的行为结果,最后一部分是男女综合的态度和生理方面的资料。"然而,我要说明的是,这种概述应尽量少用。在大多数情况下,文章本身的层次感也使这种概述没有存在的必要。

陈述研究成果

陈述研究成果的通则是先综述再分述。这也适用于对整个结果部分的处理:先陈述主要成果,然后陈述较次要的成果。在进一步细分的部分中情况也一样:先陈述基本发现,再进行详细说明或证明其必要性。同样,先谈总体措施,再谈个别步骤。开始时先陈述最重要的成果,之后按下列步骤进行。

1. 提醒我们你的概念性假设或者你要提出的问题:"应提醒的是,男性会比女性更富于情感表达。"或者,"首先,我们提一个问题:是男性还是女性更富于情感表达?"注意,这是假设或问题的概念性陈述。

2. 提醒我们所进行的操作和被衡量的行为:"特别是,在影片放映过程中男性会比女性流泪多。"或者,"在影片放映过程中男性流的泪比女性多吗?"注意这是假设或问题的操作性陈述。

3. 立刻用英语把答案告诉我们。"答案是肯定的。"或者,"如表 1 所示,事实上,男性的确比女性哭得畅快。"

4. 现在,只是到了现在,开始用数字说话(你祖母万一忘记了统计资料或忘了带老花镜现在就可以跳到下一结果。):"这样,男性在所有四种条件下比女性平均多流泪 $1.4cc, F(1,112) = 5.79, p < 0.025$。"

5. 如果有必要,你现在可以对总的结论进行详细说明或限定:"只有在父亲在场的情况下男性才不会比女性流泪多,但对这种影响的一次具体测试并不能说明问题。$t = 1.5, p < 0.12$。"

6. 概述一下事情的现状,结束结果的每一个部分:"因此,除了父亲在场这种情况(下面将谈到),看到影片中描绘的悲伤场景男性会比女性流泪多的这一假设似乎得到了强有力的支持。"

7. 用一过渡句平稳引入结果的下一个部分:"在消极情感方面男性比女性更具表达力,但他们对积极情感的表达也比女性强吗?表 2 显示他们并不……"(同样,答案要马上给出。)随着结果部分的展开,继续总结和"更新"读者已看过的内容,以使读者不必为了温习你的叙述要点而不得不一直翻看前面的部分。

从整体到局部、先明确说出每一个结果再具体引用数字和统计资料,并且不断进行总结——通过这种方式安排结果部分,你就可以使读者得以决定在每一个关键处他(或者她)想阅读的粗细程度,使他们随时可以跳读到下一个要点。

图表和表格

除非一组发现可以用一两个数字来说明,否则要强调结果的重要性就应该配有一张概述相关资料的图表或表格。陈述事物的基本准则是,读者要么通过看文本要么通过看图表和表格就能够掌握你的主要发现。因此,必须清楚完整地给图表和表格冠以标题和标识,即使这意味着需要构思一个冗长的标题或题目("由两部情感类影片引发的流泪平均数看自觉情感诱导力、参与者性别、父母在场以及自尊的影响")。在文本内,手把手引导读者解读整张表格,指出有趣的结果:"表 2 第一栏显示,男性流的泪(2.33 ml)比女性(1.89 ml)多……特别有趣的是当父母都在场时(第三行和第四行)流泪量……"不要对表格内容仅作大体示意而期望读者去搜索信息。有关图表和表格的详细信息可参阅《出版手册》。

关于统计资料

你知道,组与组之间的每一个比较或变量与变量之间的每一种关系都应标明其不同的统计意义。否则,读者没法知道研究成果是否是碰巧得出的。不过,尽管推论性的统计资料很重要,但它们并非你论述的核心,应位居成果描述之后。无论什么时候,只要有可能,就先陈述结果再说明其统计方面的意义,但大多数情况下你都不应只给出统计数据而不进行本质上的解释。

如果你的实验采用的是方差分析法(简称 ANOVA),那么你的数据分析将自动显现几个独立变量对一个单一的依赖性变量的影响。如果这一做法与你顺利陈述研究结果不冲突,算你运气。就这么干。但不要成为 ANOVA 的囚犯!如果讨论一个单一的独立变量对几个概念上相关的依赖性变量的影响能使陈述更流畅,那就撕毁你的 ANOVA 结果,重新组织它们。统计方案本身没问题,但你——还有你的文章——是主人,它们是奴隶。

正如你的方法部分应该让读者了解所使用的步骤,结果部分也同样应该让他们了解所观察到的行为。选择尽可能形象地表达实验参与者行为的描述性标识或统计资料。告诉我们在你的研究中踢波波娃娃的孩子的百分率或者他们这么做的平均次数。提醒我们在对侵略性所做的五分制评分等级中得分 3.41 分表示该侵略性介于"轻度"和"中度"之间。

即使必须对某个较为间接的数据(如,把波波娃娃被踢次数或三个标准化了的对侵略性评分的总和转化成反正弦形式)进行统计分析也要这么做。如果你愿意,把这些间接标识也展示出来,但首先要考虑读者的直觉。

陈述了量化的结果之后,开始较为随意简短地描述你的研究中具体个人的行为常常很有用。同样,其目的不是要证明什么而是为了丰富你的成果,与读者共同感受这一行为:"的确,其中两个男人在观看心脏手术的演示过程中使用了一整盒纸巾,但是不愿抚摸秘书养的那只小猫咪。"

讨 论 部 分

如前所述,讨论部分可以和结果部分合并在一起,也可以单独出现。无论是哪一种情况,它都与绪论部分的论述紧密联系在一起。你在重写和重新设计研究报告时应该预计到要在这两部分之间反复使用一些内容。报告的中心话题将在绪论中出现,在讨论部分很可能也会出现。较次要的话题只有在陈述完研究结果之后才有可能被提及。讨论部分同时还是沙漏状格式的底部,因此,其进程是先从有关你的研究的具体事务说起,然后是较为笼统的事项(如方法论),最后是你所希望做出的最广义的归纳。话题的顺序常常和绪论中的顺序一模一样。

讨论部分开始时先告诉我们你的研究所获。开门见山地明确表达支持或不支持你在绪论中第一次提出的假设或问题。但不要简单地再次系统阐述和重复结果部分已经总结过的要点。每一个新说明都应该对加强读者对问题的理解有所帮助。从研究成果中可以得出什么样的推论?这些成果的理论、实践或政治含义是什么呢?

此时也很适合于把你的结果和那些其他调研者们报道过的结果进行比较,讨论你的研究可能存在的不足。提醒读者你的参与者样本的特点,它可能与你希望扩展到的其他类型的人有所不同;提醒读者你的研究方法的具体特点,它们或许对你的研究结果产生了影响;或者,提醒读者其他任何操作起来可能产生了反常结果的因素。

不过不要就每一个缺点都神经质地说个不停!尤其是,要乐于接受消极的或出乎意料的结果,不要挣扎着试图去解释个明白。不要编造冗长复杂的理论来说明数据中每一个卡壳的部分。一名调研者调研结果的明晰度与他(或者她)讨论部分的长度之间存在着 -0.73 的相关系数。

但是反过来设想一下,你的研究结果将你引入了一个重大的新理论。该理论使你的数据有了惊人的说服力,并革新了你对问题领域的看法。这能成为讨论部分写得长的理由吗?不能。在这种情况下,你写这篇文章就应该以你的新理论开头。前面说过,你的任务是从开篇第一句就为你的研究提供最有见解和强烈吸引力的观点。如果你的新理论做到了这一点,就不要等到讨论部分才突然向我们宣布。学术论文记述的不是你的思维进程。

讨论部分还应考虑到那些尚未回答的问题或研究本身提出的问题以及就何种研究有助于解答这些问题所提出的建议。事实上,建议进行另一项研究很可能是结束一份研究报告最常用的方法了。

常用,但乏味。一篇文章的结构呈沙漏形意味着文章最后应该是意义深远的一般性陈述,而非只让心理学者感兴趣的珍贵细节。文章结尾要掷地有声,不要沉闷不响。

标题和摘要

文章的标题和摘要能让可能的读者对你的研究有一个快速整体的了解并决定自己是否想看正文本身。标题和摘要还被编成索引汇编在参考书和计算机控制的数据库里。基于这个原因,它们应准确反映文章的内容,应含有能确保在数据库里对它们进行检索的关键词。你应在文章写完后构思标题和摘要,应对其结构和内容有一个明确的了解。

一个标题的推荐长度是 10 到 20 个单词。它独立存在时应意思明了,应指明被调研的理论议题或变量。由于你无法在标题(甚至摘要)中提到你研究的所有特点,因此你必须决定出哪些是最重要的。同样,收集到的数据应能给予你指导。例如,从我们对情感表达所做的研究中得出的最有启发性的成果应能决定下面这些标题中哪一个是最合适的:"笑与哭:积极情感和消极情感的公开流露之性别差异";"父母在场对男性和女性对视觉刺激的情感反应的影响";"性别和自尊对视觉刺激引起的情感反应的影响";"有人注视情况下情感公开流露的性别差异";"公开与私下:男性和女性的情感流露"。

一篇实证论文的摘要不应超过 120 个单词。它应包含所调研的问题(可能的话,一个句子就可以)、参与者(具体说明诸如数量、类型、年龄、性别及种类等相关特征)、实验方法(包括设备、数据收集程序和完整的测试名称)、成果(包括统计意义的大小)以及结论和含义或者应用。

显然,摘要必须简洁。这一要求使得许多没经验的作者把摘要写得难以理解。去掉不必要的词,把有关方法和结果的不太重要的细节也删掉。特别是,使偶然间浏览此文的读者能清楚你所调研的问题。通常,你可以把正文中的关键性陈述抄下来,也可以进行节略。

如果在你的文章中理论贡献比论证性研究更重要,那么,这可以通过省略实验细节、为理论性的内容留出更多空间的办法在摘要中得以体现。

修改与润色

对许多作者来说,修改文章是极度痛苦的事。甚至校对文章也让人心烦。于是他们既不修改也不校对。草稿写好后,他们大松一口气,然后就把稿子寄给期刊,心想可以等稿件被采用后再对之进行整理润色。唉,这一天极少到来。有些人也许聊以自慰地认为即使手稿被大幅度地修改润色过很可能也会被退回。毕竟,大多数心理学刊物仅采用提交稿总数的百分之十五到二十。但根据我作为一名编辑的经验来说,我认为被采用的手稿与那些被退回的、排在前面百分之十五到二十位的稿件之间的差别常常是好与较好之分。提醒你一句:不要指望期刊评审员们能透过鱼目混杂的文海迷雾看到你的光辉。修改你的手稿,加以润色,进行校对,然后再提交。

修改难有几个原因。第一,剪辑自己的文章有困难。你会注意不到那些模棱两可的话和解释上的缺口,因为你知道自己要表达的意思,明白自己省略的部分。克服这个困难的一个办法是把手稿暂放一边,等它变得稍微陌生时再来看它。有时念出声会有帮助。但没有任何方法替代得了练习装扮成一个非专业读者的角色,学着扮演祖母的角色。你可以一边看一边问自己:"这个概念的意思告诉过我吗?""这一步的逻辑性论证过了吗?""我能知道这时候的独立变量是什么吗?"这恰恰是教授心理学入门的好讲师应具备的技能,即在讲课的每一个关键处预测读者理解水平的能力。

但因为这不是一件容易的事,所以你也许应该把一份着力润色过的手稿拿给一位朋友或同事看,征求其批评意见。(如果你能得到两位同事分别写的评论文章,你就已经模拟试验了一家刊物的评审过程。)最好的读者是那些自身已在心理学刊物上发表过文章但对你的论文主题却不熟悉的人。(学过心理学入门的学生很可能因为害怕而不敢反馈有用的批评性意见;祖母则会因为太仁慈而提不出批评意见。)

如果你同事发现某处意思不清,不要和他们争辩。他们是对的:从定义角度看,此处意思表达不明确。他们关于如何更正那些含糊之处的建议也许是错的,甚至是愚蠢的,但是作为含糊之处的发现者,读者永远都没错。同时要克制口头上为他们澄清疑惑的冲动。你的同事并不想得罪你或显得愚笨,所以他们将只会咕哝着"噢,对,当然,当然"并为自己看得不够仔细而向你道歉。于是,你将得到安抚,而你的下一拨读者——期刊评审员——又将遇到同样的问题。他们不会道歉;他们将断然退回你的稿件。

改写难的第二个原因是:它带有很大程度的强迫性,这种强迫性要求对细节高度重视。第一次就写出完美句子的可能性微乎其微;好的作者在一稿接一稿地润色文章的过程中,几乎对每一个句子都要修改。但即使是好作者在处理第一稿的方法上也各不相同。有些人一边写一边花费很长时间仔细斟酌每一个用词,认真改写每一个句子和段落。其他人则先很快打出一篇草稿,然后再回过头进行全面修改。虽说我个人偏好前一种方法,但我认为那样做浪费时间。尤其对于学术论文来说,我认为大多数作者应该尽快把第一稿先写出来,不要为追求文体优美而痛苦挣扎。不过第一稿一旦完成,强迫症和关注细节便成为必要的优点。

最后,改写难还因为它通常意味着结构重塑。有时你需要去掉文章的整个部分,加入新的部分,回头再进行更多的数据分析,之后仅仅为了理顺论据的条理性而对文章进行彻底重组。不要对你的第一稿太留恋以至于不舍得将它撕毁重写(所以说精心撰写第一稿的每个句子的做法是浪费时间。那个我花了40分钟想出来的优美措辞在修改文章时被去掉了。更糟糕的是,我对这一措辞非常依恋迟迟不肯改写,直到为它找到了一个新的落脚点。)一幢建造拙劣的建筑无法靠贴上鲜艳的墙纸而获得新生。一篇布局差的文章也不能靠改变用词、倒装句子、更变段落而获得认可。

是什么把我带到了文字信息处理机前?它那创造这些装饰性变化的精湛技巧可能会诱惑你没完没了地修改文章,促使你幻想自己正在显示屏前进行修改工作。勿被愚弄。你没有在修改。一台文字信息处理机——即使配有高档的"提纲模式"——也不足以成为一个改写工具。此外,它能把拙劣的文章改变成完美无缺、外观优美的文稿,这使你产生幻觉以为它们都是准备提交的最终稿。勿被愚弄。它们不是。如果你有幸有一个极好的存储器(或一个非常大的显示屏)而且确信自己能完成一个纯粹的电子改写过程,那很好,干起来吧。不过你不要羞于把整份手稿打印出来,在桌子或地板上铺开,手拿铅笔、剪刀和透明胶带,然后——完全靠你的笨手笨脚——开始搞定它。

省略不必要的文字

几乎所有资深作者都认为任何称得上是**有活力的文章**的书面表达,无论是小故事、学术论文还是整本书,都有简洁、**紧凑**和切题的特点。**一个句子**——无论它在文章的哪一部分出现——**不应含有任何不必要**或者说多余的词,即那些妨碍作者直接表达他(或者她)的意思和目的的词。同样,**一个段落**——英语文章的基本结构单位——**不应含有任何不必要**或者说多余的句子,即那些把无关紧要的内容加进文章或偏离文章基本叙述思路的句子。正是从这个意义上说,一个作者就像一位在绘画的艺术家;正是从这个意义上说,一个作者就像一位设计机器的工程师。好文章应该力求精简,**正如一幅画不应有多余的线条,其道理是一样的**。好文章还应是高效一体化的,正如设计**一台机器不应有任何不必要的部件**,即那些对预期功能几乎不起作用或根本毫无用处的部件。

简洁紧凑这一规则常常被误解,应用时需谨慎。**这并非要求作者必须把**他(或者她)文章里的**所有句子都写得简短**、不连贯**或者**把所有形容词、副词和修饰语一概略去不用。它也不意味着他(或者她)必须在文章中避免使用**或者**

摒弃所有细节、**仅以纯粹的梗概或提纲形式介绍**他(或者她)的研究**主题**。但是,该**要求**的确暗示写下来的**每一个词都应能发挥效用**,并且能言简意赅地表达出作者试图表达的意思。

你刚看完一篇有关简洁的短文。它虽不算是蹩脚的第一稿,但一个好作者或编辑会认真考虑其内容,删减其81%的篇幅(把所有非黑体的词都去掉)。来体会一下修改结果:

> 有活力的文章是紧凑的。一个句子不应含有不必要的词,一个段落不应含有不必要的句子;正如一幅画不应有多余的线条、一台机器不应有不必要的部件,其道理都是一样的。这并非要求作者把所有句子写得简短或者摒弃所有细节,仅以提纲形式介绍主题,而是要求每一个词都发挥效用。

这篇有关简洁的短文来自《文体的要素》一书,题目是"省略不必要的单词"。听从他们的告诫,因为这是本章中最重要的一则建议。学术论文还应省略不必要的概念、话题、轶事、插入语以及脚注。清除任何有碍陈述的潜在因素。如果某一论点与你的主题似乎关系不大,就去掉它。如果你舍不得删除,就把它放在脚注里。之后在修改原稿时再删除该脚注。

修改他人稿件是提高本人写作水平的好办法。同时,它不像修改自己的文章那般痛苦,而且比实际动笔写要容易得多。任何文章都行。

要维持文章的活力,设法每天花上15分钟删减不必要的文字。你的目标应该是至少删减所看文字的30%。

使用重复和平行结构

没经验的作者经常用同义词替代再次出现的词且经常变换句子结构。他们错误地认为这样做更有创造性、更时尚或更有趣。他们不使用像这一句中的重复和平行结构:"男性在消极情感方面可能比女性更富有表现力,但他们在积极情感方面的表现力并不会更强",而是试图表达得更有创意:"男性在消极情感方面可能比女性更富有表现力,但这并不意味着他们比异性更乐于和能够展示较愉快的情感。"

这种创造性几乎不会更有意义,但无疑会令人更感迷惑。在科学界的交流中,这可能是致命的。当一个作者在一篇科技文章中——此时准确是至高无上的——使用不同的词去指代同一个概念时,读者会纳闷是否出现了不同的含义。重复和平行结构是表达清晰最有效的手段中的其中两种。不必富有创造性,意思清楚就好。

重复和平行结构还在更大的组织层面上辅助文章的清晰表达。通过为读

者提供文章结构的明显导向。例如,以下是前面论文章修改那一部分的其中三段的开首句:

第二段:"修改难有几个原因。第一……"
第五段:"修改难的第二个原因是:"
第六段:"最后,修改难还因为……"

假如我当初用同义词替代重复出现的词或改变这些开首句的语法结构,它们的导向功能就会丧失,读者对于该部分的组织感就会变得模糊不清。

最后,重复和平行结构不仅有助于表达清晰,对文体和创造性也有所帮助。它们能提供节奏和力度:"一个句子不应含有不必要的词,一个段落不应含有不必要的句子;正如一幅画不应有不必要的线条、一台机器不应有不必要的部件,其道理都是一样的。"它们能融入隐喻:"一幢建造拙劣的建筑无法靠贴上鲜艳的墙纸而获得新生。一篇布局差的文章也不能靠改变用词、倒装句子、更变段落而获得认可。"它们能增加幽默:"文字信息处理机促使你幻想自己正在进行修改工作。勿被愚弄。你没有在修改。文字信息处理机促使你幻想你的文稿已是准备提交的最终稿。勿被愚弄。它们不是。"

术语

术语是一个学科的专门词汇,在科学界的交流中发挥着许多合理的作用。一个专门词汇可能比任何自然语言的对应词汇用法更广泛、更精确,或更没有多余的意思(例如,*disposition* 这个词包含 *beliefs*,*attitudes*,*moods* 和 *personality attributes* 的意思,因而比它们广义;*reinforcement* 比 *reward* 意思精确且没有多余的意思)。术语经常造成靠普通人的词汇所无法理解的概念上的重大不同(如,*genotype* vs. *phenotype*)。

但是,如果一个术语达不到这些标准中的任何一个,那就选用普通英语。大量使用心理学术语已经成为我们同行的习性,它只会使我们写给普通读者看的文章变得晦涩难懂。(我曾经不得不长时间地追问一位作者才弄清一个"加强自我管理功能"的监狱计划其实是教犯人如何填写求职表。)除非一个术语广为人知(如,*reinforcement*),否则第一次提到时就应该给它下定义——直接地、含蓄地,或通过举例。

语态和自我指认

过去,科技文章的作者几乎无一例外地使用被动语态,并以第三人称自称:"该实验由笔者策划用以测试……"这种写法产生的是毫无生气的文章,现在已不再流行。除非文体或内容有硬性要求,否则就使用主动语态。而且,一一般来说,尽量不用自我指认。记住,你不是文章的主题。你不应把自己称作"作者"或"调研者"。(不过,如果实验者碰巧是你,那你可以在方法部分自称为"实验人员";实验者是方法部分讨论话题的一部分。)除非确实有两位或多位作者,否则不要称"我们"。你可以自称"我",但要少用。它往往会把读者的注意力从主题转移开,所以最好让自己呆在幕后。把读者也留在幕后。不要说:"读者会发觉很难相信……"或"你会很吃惊地发现……"(本章违背了此规则是因为你和你的文章是主题。)不过,你可以用不指明"你"的祈使句间接指称读者:"首先,考虑一下女性方面的结果。""请特别注意表1中两种方法的不同。"

在有些上下文中,你可以用"我们"来共指你与读者双方:"在表1中我们可以看到,大多数眼泪……"然而,《美国心理学协会出版手册》强调,"我们"的所指对象必须是确切的。例如,编辑会反对使用这样的句子"当然,在日常生活中,我们往往过高估计……",因为"我们"所指不清。他们会接受这样的表达:"当然,在日常生活中,我们人类往往过高估计……"或"当然,在日常生活中,人类决策者们常常犯错误;例如,我们往往过高估计……"

语法和用法的常见错误

在我看来,下面这些错误似乎在学术论文中出现频率最高(按字母顺序排列):

compared with 与 *compared to*。同类事物进行比较时用 *with*;不同类事物之间的比较用 *to*:"让我别把你和我以前的情人作比较(with);让我把你比作(to)夏日吧。""人们经常把米歇尔的文章和班都热的作比较(with);贝姆的文章常常被比作(to)是莫扎特的奏鸣曲。"

data,该词是复数形式:"透彻分析那些数据(those data)。"

different from 与 *different than*。第一个是正确的,第二个不正确。因为 *than* 跟在形容词比较级后面是正确的。

that 与 *which*。*that* 引导的从句(称作限制性从句)对于整个句子的意思至关重要;*which* 引导的从句(称作非限制性从句)只是附加说明情况。

while 与 *although,but,whereas*。*while* 的意思是"与此同时",在大多数情况下不可替代其他这几个词。

发表论文

很久以前,在很远的地方,据说有一个期刊编辑接受了一份不需要任何修改的手稿。我相信这位作者就是威廉·詹姆斯。换句话说，如果你的文章已被暂定出版，"正按照评审员的意见进行修改"，那你应该欣喜若狂。现在出版一事基本处于你的掌控之下。如果你的文章被退回但对方邀请你重新提交一份修改稿，你还是应该感到高兴——即使不是狂喜——因为你仍然有合适的机会让你的文章得以发表。

然而，就是在这个关键时刻许多作者选择了放弃。正如一位前编辑所写：

> 根据我当编辑的经验，我认为在预测最终出版事宜上存在的许多意见分歧都来自这个阶段。作者们常常被消极的反馈弄得灰心丧气而忽略了被要求修改文章这一至关重要的积极事实！他们也许就再没有二次提交过文稿，或者可能过了很长时间才再次提交（在此期间编辑和评审员们忙得不得闲，或者忘记了你的项目思路等）。与之相反的一个问题是，一些作者开始采取守势，变得好斗，毫无理由地拒绝作所需要的修改。

所以在这个时刻不要放弃。你可以尽情地对你的同事抱怨或者怒斥你的卷毛狗，因为那个愚蠢的评审员没能正确理解你的原稿。不过之后你就要以一种冷静的、解决问题的态度开始原稿修改工作。首先，对于不止一个评审员提出的或编辑在附信中强调的批评意见或建议要特别关注。你的修改稿必须采纳这些意见或建议——即便不是完全按照编辑或评审员提出的方法改。

其次，认真查阅评审员的每一处误解。前面我曾主张说，一份原稿的读者无论什么时候发现文中意思有含糊之处，他们都是对的；从定义的角度看，是文章表达不清。问题是读者本身并不总能明确识别或判断意思含糊之处。相反，他们会误解你写的内容，然后提出批评或提出毫无意义的建议。换句话说，你应该把评审员的误解也理解成是你表达不清的信号。

第三，寄出修订稿时，在附信中告诉编辑你是如何回应评审员提出的每一条批评意见或建议的。如果你已决定不采纳某一个具体建议，说明理由。你或许还可以说明你是如何用另一种方法修正这个问题的。

最重要的是，你要记住在努力造就一篇对于你和期刊双方都将是一种荣誉的文稿方面，编辑是你的同盟。因此，与之联手努力使你的劣材成器。要彬彬有礼，友好示人。你不一定会活得更长，但你将有更多的作品得以发表。

（本章作者：达里尔·贝姆）

第十章
知识产权

在学术界，我们通常认为，知识进步需要思想的自由交流。在我们所处的世界里，信息快速转变为商品——一份受到版权保护的具有有形价值的资产。在这个世界里，法律、文化和技术的转变似乎快速走向"付费浏览"模式。在这一模式中，浏览信息就得付款，思想得到积极的保护。知识界如何应对这些外界的压力——决定教学所使用的作品种类和数量的时刻、谈判出版合同的时刻、确定著作权问题的时刻、就谁拥有教学和研究权的问题与学术机构周旋的时刻，对我们这些学者的未来都至关重要。

在这一章中，我们简单地评论了版权法，进行了一系列的案例研究，以探讨版权法及流行文化对大学政策、教职员工生活以及学术传统的挑战。我们相信这一领域存在着巨大的风险。因此，这一章的目的并不单纯是提供问题的答案，而是要促使人们进行思考和讨论。

制定法律阶段

为了理解版权带来的压力和机遇，就必须理解版权背后的逻辑。由于这种逻辑经常与直觉背道而驰，我们只能通过一系列的"版权意外"来强调版权法的要点——在这些版权意外中，一般的直觉常常导致错误的结论。

意外一：版权存在的原因

版权存在的原因是什么呢？多数人认为答案显而易见。版权是为了保护作者的知识产权而存在的。请认真考虑以下的证据吧。在放映每部电影时，映入我们眼帘的是美国联邦调查局的警告：未经授权擅自复制的行为将受到严厉惩罚。年青一代的大学生遭到起诉，因为他们利用学院提供的点对点网络和快速连接，窃走了唱片行业价值数百万的音乐作品。当商业性的笔记代抄服务开始出现时，大学教授都主张对他们授课的内容进行版权保护。那么，

第十章　知识产权

毫无疑问地,版权存在的原因就是保护财产。

然而事实并非如此。版权主要是保护财产的概念是一种较为新兴的、文化的概念。与此相反,版权的首要任务就是促进学习。保护财产仅仅是为了达到这一崇高目标的手段。

我们如何确定版权与学习有关呢?首先,美国宪法第一章告知了我们这一点。宪法第一章列举了国会的各种权利。国会的权力之一就是对原创作品给予版权保护。令人好奇的是,尽管宪法没有说明国会为何有征税、批准和约或宣布战争的权利,但却对国会为何有权保护版权作了说明:

> 国会有权……保障著作者和发明人对各自的著作和发明在一定的期限内的专有权利,以促进科学和实用艺术的进步。(美国《宪法》第一章第八条第八款)

也就是说,国会有权使版权保护成为达到某种目的的一种手段。最初的观点是:通过授予作者对自己作品的专有权力,激励他们创作新作品,并使其他人能够应用作品中所包含的观点。

其次,版权赋予著作者和发明人对他们的著作和发明创造有限的专有权利。如果当时《宪法》的制定者们对专有权产生疑问的话,又有什么重要的理由能够保证著作者和发明人的专有控制权呢?正如《宪法》第一章所提到的,知识的进步——而不是利润——才是有限的专有权的目的。

第三,为了获得版权保护,最初著作者和发明人必须对他们自己的作品进行登记,并在多份不同的报纸上发表声明,出版他们的作品,并在作品出版后的六个月内将作品的复印件存放在州秘书处。如果版权的唯一目的就是为了保护作者的财产,为何又要设置这些障碍呢?也许它们的共同之处是:这样做能使人们更容易获得并使用这些作品的内容以及作品所包含的观点。

意外二:不受版权保护的范围

当本章的第一位作者还是个无知少年时,他为某个多媒体项目拟写了一份说明书,并深信自己将由此走向富裕之路。在将说明书寄给出版商之前,她做了两件事:登记版权并将说明书的复印件邮寄给自己,以证实——通过邮戳——自己将创意写成书面材料的时间。当出版商开始对这个项目表示兴趣时,他聘请了一位知识产权方面的律师协助他谈判。这位律师问的第一个问题是,"迄今为止你做了些什么?"在听完他的叙述后,律师笑了,这可不是什么好兆头。他称作者的行为"真奇特。""真奇特"——这可不是你想从律师口中听到的话。

到底这位作者有什么过错呢?可能他有多处过错,但最重要的一点是他并不了解版权保护的范围。版权保护几乎涵盖了所有形式的有形的作品内容，其中包括，但不局限于，诗歌、散文、电脑程序、美术作品、电影、录像、乐谱、音乐录音、戏剧、摄影、网站、信件、传真、甚至是 PPT 等。关键的一点是：只有具备一定的创造性、并固定于某种有形的载体（如写在纸上、存在硬盘上、录制在录像带上）的作品才能受到版权保护。但版权不保护构思、纯事实、标题或简短的句子。

因此，当本章的第一位作者寄出说明书时，他究竟想保护什么呢？不是作品的内容。说明书不可能进入《纽约时报》的畅销书排行榜。他要保护的是说明书上的构思。但是版权法不保护构思。的确，版权法制定的基本原理就是为了从经济上激励这些作家和发明人，以分享他们的构思。这样就使得那些构思成了公众谈论的话题，由此促进科学和艺术的发展。

版权不保护构思的事实令许多人感到意外。有些人因此对版权法的价值产生怀疑。如果版权不保护构思，它究竟保护什么呢？

版权保护范围极广。版权包括各种权利，如：作品的复制权、发行权、公开表演权、展览权、汇编权。也就是说，在一般情况下，如果要复制某种作品的内容、表演作品或者将作品的片段合并到另一部作品里时，必须取得版权所有人的许可。为什么呢？因为版权赋予著作人使用其著作的专权。除非你能提出"合理使用权"（见本章稍后的探讨），否则你必须取得版权所有人的许可才能使用其作品的部分内容。但使用作品所包含的构思却不必如此——好莱坞电影情节的许多雷同之处说明了这点。如果版权保护构思，只要有一部男女爱情故事上映，其他同一主题的爱情故事都将被束之高阁，无法面世。

意外三：版权保护何时生效

本章的第一位作者犯的第二个错误就是将说明书送交登记。版权保护无须登记。事实上，作品一完成，版权保护就自动生效。创作作品就是保护作品。甚至连版权符号ⓒ都无须标注——当然，标注符号ⓒ是个不错的主意，一者是向世界表明你打算拥有本作品并决心保护它，二者是有利于你将来通过法院申请赔偿。由于版权保护在作品诞生时无须登记就能自动生效，几乎所有的作品内容都受到版权保护。这就表示几乎所有书写的便笺、打印的备忘录、朗读的手稿以及访问的网站都受到版权的保护。即使著作者不希望行使他或她的权利，法律仍然赋予他或她对其著作的专有权利。

意外四：公有领域不可思议的缩小

如果所有备忘录、草稿、网站、甚至传真和电子邮件在完成之后都受到版权保护的话，还剩下什么呢？是否有一些作品不属于版权保护范围呢？的确，有些作品属于公有领域,不受版权保护,但数量没有我们预计的那么多。从本质上来说,作品以不同的方式进入公有领域——也许作品从一开始就是美国联邦政府的出版物,也许版权保护期限已到,也许是版权拥有者有意将作品归属于公有领域。但切记以下两点注意事项:其一,尽管联邦政府的出版物属于公有领域,但由个人委托美国联邦政府出版的作品却不属于此范畴;二是版权保护期限很长。

人们通常认为,只要书停止再版,版权保护期限就结束。实际上,版权保护与书是否再版无关。按规定,目前的版权保护期限为作者终生及其死亡后70年内。而且,国会每次修改版权法都会延长保护期限。由于载体的功能差别较大,真正的保护期限较为复杂。你可以查阅《作品何时进入公有领域》一书,来查看不同的作品进入公有领域的时间。

意外五:合理使用与言论自由

尽管版权赋予著作者专有权利,但也列出了数量有限的例外,方便以科学和艺术的进步为目的而使用作品。其中最重要的例外就是所谓的合理使用条款。大部分对合理使用略有所闻的人认为,合理使用就是为了教学目的在未经版权所有人允许的情况下复制作品。合理使用的确是为了教学目的而复制作品,但不仅仅如此。

版权赋予著作者对他们作品的专有权利,但如果情况仅是如此,就会对我们宪法第一修正案规定的的言论自由构成了严重的威胁。在这种情况下,只有他人未拥有我们言论所涉及内容的版权时,我们才可以在公共场合畅所欲言。合理使用通过限制版权所有人的专有权利,排除了这一威胁:

> 为了评论、批评、新闻报道、教学(包括课堂教学少量复制作品)、学术、研究等目的合理使用版权作品,包括复印成书或录制成唱片,或者是通过那个章节(106条)提到的其他手段合理使用版权作品,不属于侵权。(美国《版权法》第107条,1976)

也就是说,合理使用允许我们为评论某一作品而引用他人作品的某些内容。合理使用允许我们嘲讽某一作品,即使作者提出反对意见。同时,合理使用允许我们为了教学或科研目的,可以不经版权所有人许可,少量复制作品。

这是个好消息。坏消息是由于合理使用的界定必须考虑著作人权利和公众权利之间的平衡,这一简单的概念很难付诸实施。在确立了合理使用的原则后,法规紧接着列举了在确定对作品的使用是否属于合理使用时必须考虑的四个因素。

1. 使用的目的及性质,包括是否为商业目的或非营利性的教育目的;

2. 版权作品的性质;

3. 同整个版权作品相比所使用的部分的数量和内容的实质性,以及

4. 这种使用对版权作品的潜在市场或价值所产生的影响(《美国法典》第17编第107节)。

每一种因素都可以作为一种平衡条例。朝一个方向的偏移(如:非营利使用实事性的材料,与原创作品联系较少,对其市场影响力较小)就暗示着天平朝着合理使用这方倾斜。朝另一个方向的偏移(如:为营利目的完全照搬创造性的作品,对原创作品的市场影响较为明显)就暗示着天平倾向于必须获取版权所有人的许可才能使用作品。

更为复杂的是,尽管法律确定了必须考虑的四个因素,法庭却认为合理使用不需要同时具备四个因素。例如,即使是为了盈利目的使用他人的材料,也有可能属于合理使用的范畴。报纸总是这么做,他们引述版权作品的部分内容或照片,对公开展览的作品发表评论。但只要情况稍有偏差,就必须征得版权所有人的允许。例如,有这样一个案例,一家新闻杂志社从杰拉尔德·福特的回忆录中摘录了一段重要段落,福特在这一段落中首次透露了他赦免理查德·尼克松的原因,最高法庭认定:即使只从书中引用了少量内容,但只要引用的部分是作品的核心内容,这种行为就构成了侵犯版权。实际上,我们能够确知自己是否合理使用作品的唯一方法就是找到法官,请他裁决。那么,面对如此模棱两可的规定,我们该如何应对?

第一种可能性就是遵循出版商和其他著作权人所提出的合理使用准则。即:为了减少有关合理使用的歧义,出版商已经提出了合理使用指导,论述了他们对合理使用的理解。但是,出版商的这一方法至少存在两个问题。第一,他们所提出的限制(如合理使用允许复制1000字以下的作品内容或不超过作品总字数10%的内容,以较低者为准)过于苛刻,对课堂教学用途不大。10%的作品内容无法为课堂讨论提供足够的素材。第二个问题更为重要。由于合理使用指导的存在,我们轻而易举就能得出结论:出版商和其他版权所有者为合理使用设定了上限。实际情况并非如此。从出版商的角度看,合理使用指导所确立的只是一种没有约束力的承诺,对指导范围内的作品使用不起任何作用。但值得注意的是,在一定的条件下,对作品的整体使用也有可能被法庭认定为合理使用。严格遵守出版商提出的合理使用指导极大方便了我们对作品的使用,只是代价过于高昂。

第二种可能性就是接受合理使用条款中模棱两可的规定。合理使用总是设法在版权持有人的利益和公众利益之间取得平衡,一切取决于自身的优势。如果你承认这个事实,并能提出理由,说明你认为某个特定的使用属于合理使用,万一你被告上法庭,你就可以受到保护。这是因为尽管法庭是唯一能够就

某种特定的合理使用提供确切答案的地方,但人们相信,为教育目的的合理使用理由能使你免受侵权惩罚。具体地说,万一你被法庭起诉侵犯版权的话(记住:相对而言,很少有教育案件被告到法庭),如果你能说服法庭,你确实认为你对作品的使用是合理使用,法庭就可以免除对你所有的经济处罚。我们知道,大多数人对被告上法庭充满恐惧,但遭到起诉的风险不大。随着出版商越来越倾向于"付费浏览"的模式,我们如果不去使用作品,就一定会失去合理使用的权利。

学术背景下的版权

我们该如何面对版权法向学术界提出的挑战呢?我们认为应该以两条原则作为指导。我们首先应该明白,版权并不一定是零和游戏。许多人以为版权是一种全有或全无的主张,这种主张认为作品的法定"所有者"对作品有着完全控制权。事实上,根据版权法,版权通常以多种形式分属不同当事人,以满足有关各方的利益和需求。法律只规定了默认参数;它并不妨碍有关各方就作品的使用和传播达成最有效的办法。

其次,我们必须执行"报桃以李"的黄金法则。学者们发现,自己所处的位置与众不同。我们每时每刻都占据着版权方程式中的各个不同角色。身为作者,我们创造出数量庞大的版权作品,并努力确保作者的权益得到保护。身为学者和教师,我们需要使用他人的版权作品。借助网络的力量,我们又扮演了出版商的角色,这意味着我们可能会十分关注受到版权保护的信息的传播途径。我们必须时刻关注版权的多面性,以避免这些角色互相间的冲突。也就是说,作为作者,你赢得的每场胜利可能转化为你在使用版权作品时的损失。

牢记这两条原则,紧接着我们要进行一系列案例研究,以确定这些原则在不同的情况下的运作方式。

谁拥有对课程和课堂材料的所有权?

婉妲·波洛菲特教授在系里教授社会学导论。她不辞辛苦地挑选教材、制作教学大纲、设计考试题目、忙于备课等。她的课堂材料包括一本教材、自己拟写的授课提纲、自行查找并进行剪接处理的一些照片和录像。

许多教师首先想到是一个简单的问题"谁拥有这一切?",答案自然不简单,因为法律似乎总是如此。简短的答案是:那要看"这一切"是什么。

当然,各所大学必须对自己学校的课程、学位或证书承担一切责任,学校管理的原则也适用于课程内容的构成。课程表是由不同的课程组成的,从这一点上看,学校"拥有"课程。然而,联邦政府的《版权法》只适用于"固定于某种有形的作品载体的著作者独创性的作品"(《美国法典》第17篇第102节(a),2001)。课程作为一个整体是不可能符合这一定义的,除非它是完全数字化的网络课程。例如,口头演讲是不会受到联邦政府《版权法》的保护,除非它的内容是固定于某种有形的载体上——如录音或书面材料。课堂上所讨论的事实和观点本身也不受到保护。因此,根据《版权法》,大部分的传统教学的内容都属于"无人拥有的"。不过,和其他原创作品的编排一样,课堂材料的组织方式有可能得到少许的版权保护。

也许其他人对课堂材料的其他部分享有所有权。尽管波洛菲特教授自己创作了一些材料,如教学大纲、考试题目等,但毕竟她大量借用了他人的作品。教材也许是其他人写的,所用的照片和录像肯定也是其他人创作并拥有的。在与学生面对面的授课中,波洛菲特教授成了不经允许使用他人作品的典型范例。尽管她使用了这些材料,她或她所在的学校却不能成为这些课堂材料的所有者。

但不可否认,有些课程内容属于原创作品,是受到版权保护的。例如,谁是教学大纲、考试题目以及波洛菲特教授制作的其他各种原创材料的所有人呢?根据联邦政府《版权法》,雇主对其雇员在任职期间所创作的作品拥有版权(定义,《美国法典》第17篇第101节,2003)。这个标准听起来很简单,同时,它适用于学院本身特别指定使用的作品(如官方委员会报告),这也是显而易见的。但教师在自己的专业领域发表反映个人见解和理论的学术作品又是如何一种情形呢?尽管教师所从事的教学和研究工作是有报酬的,但这些一般性的职责通常并没有对教师在学术著作所写的内容以及作品的出版等提出具体要求。

事实上,与版权所有人相关的权利包括了作为用人单位的大学无法对学术作品行使的许多权利,例如:作品的编辑权或作品是否出版、在何处出版的决定权等。长期存在的学术传统和学术自由准则对教师在各自专业领域发表的作品予与保护,这一点在绝大多数大专院校的教工手册、集体合同协议书,或其他大学政策中都有记载。

然而,从法律的角度来说,学术作品所有权人的归属问题仍然是个悬而未决的问题。在1976年联邦《版权法》尚未大规模修订之前,存在着"教师例外"这一明确的规定,承认这一学术传统。但是,后来的法律修订中并没有明确提到"教师例外"。从那时起,人们就"教师的作品不属于雇主所有"这一悠久的学术传统是否仍然具有法律效力的问题争论不休。

幸运的是,法律对这点没有决定权。许多学校已经颁布了知识产权政策,提出所有权问题以及教师学术作品的管理问题——确认了教师及学校本身的权利和利益。美国大学教授协会在最近发表的**版权声明**中指出"把教师当作是作品的所有权人是一种普遍的做法,而这些作品是教师以传统学术为目的、自发独立创作的作品"。

因此,波洛菲特教授等教师最先应该仔细考虑的是个人对构成这门课程的贡献,并向学校咨询相关的知识产权政策,而不是一味询问这门课程的所有权归属问题。

现在假设波洛菲特教授所在的院系要求她重新设计课程,以达到"远程教学"的目的。学校免去波洛菲特教授原先所上的课程,并且,学校媒体中心的程序设计人员可以帮助她进行课程的转换。这门课是为传统的攻读学位的学生而开设的,这些学生正在攻读网络学位。波洛菲特教授成功地完成了课程转换,这门课现在成了系里定期远程教学的组成部分。不幸的是,波洛菲特教授没有获得终生教授职位。但她获得另一所大学提供的职位,该大学希望她能为本校的远程教学项目开设同一门课程。

与传统课程的明显不同是,网络课程必然包含版权作品。现代通讯方式保证创造性的作品能固定在有形的媒介上,因而能受到版权保护。但是谁该得到版权保护呢?

乍一看,网络课程所涉及的教材似乎只是固定在新的媒介上的另一种形式的学术作品。但是,它们的创作和媒介可能与那些诸如文章、讲座、课本等传统的学术作品的创作和媒介大相径庭。为了开设这门新课,波洛菲特教授所在的院系里特地要求她研发这一特殊的教材,免去她原来教授的课程,并向她提供技术方面的支持。因此,与一般的学术性文章或课堂教学不同,波洛菲特教授所在的学校也许会认为他们将这一特殊的教学任务特别分派给她,为她所提供的支持也远远超出学校资源的正常使用(如图书馆、电脑、秘书助理等)。除此之外,学校出于自私的考量,设法要使这些材料成为网络课程的一部分,并从一开始就将这一意图告知波洛菲特教授。考虑到网络课程研发初期所产生的相关费用,学校似乎不可能把稀缺的资源耗费在无法持续使用的课程上。

委派和资源配给问题并非是这一情形里最棘手的问题。网络课程不仅仅包括授课以及其他数字化的教学内容。提供技术支持的人员研发了编码,将课堂材料传送给学生,同时也为教师和学生之间的互动提供了平台。这类编码本身可能受到版权保护,教授不能将之占为己有。假设技术人员受聘于大学并为创办网络课程提供支持的话,"作品为雇主所有"的说法对他们来说最为适用——这意味着学校被认定为是这些作品的版权所有者。(特别说明的一点是:如果有独立承办人或聘任外来顾问的话,应向这些个人索取版权转让。)

最后,正如在第一种情形里所讨论的那样,这门课程所使用的教材可能出处不同。我们将在稍后更多地探讨关于使用他人作品的问题。但目前要注意的是:在一定的程度上,人们必须得到许可才能使用这些作品,这些许可应该包括所有那些材料的使用。

因此,波洛菲特教授是否是这门课程的所有者呢?该是寻求政策解决这个问题的时候了。另一个问题是:一旦波洛菲特教授没有获得终身教授职位,她是否能够将她所教的课程带到另一所学校去呢?毕竟大多数教师会将他们的课堂笔记、教学大纲和其他教材带到新的院校——那些学校希望他们能利用自己的专业知识和经验,教授相同的或类似的课程。为了使这门课程能够持续使用,学校投入了相当多资源。那么,校方是否有利可图呢?从本质上来看,许多网络课程是为不同时期的重复使用而设计的——这种使用方式有利于学校回收在课程开发过程中所产生的费用。这正是学校开始实施保护知识产权政策的最佳条件。在这种条件下,明智的做法是尽早签订书面合同,以避免在项目完成时可能出现的种种误会。波洛菲特教授和她所在的学校对这门课程都享有合法的权益,也许需要将《版权法》所涉及的权利加以分门别类,以求能得出公正的解决方法,满足有关各方的需求。在这种情况下,订立书面合同需要考虑的相关权益包括以下几个方面:

从教师的角度看:
- 对他们的作品拥有编辑权;对作品的发表拥有控制权;或许,在作品再版时能行使第一优先权;
- 对过期的材料有修改和更新的权力;对他们自己的专业领域的最新研究、依据或发展有发言权;
- 有创作衍生作品或相关作品的权力(如教师可以保留发表网络教材和网络课程相关文章的权力);
- 他们的工作在应得到校内外专业认可与荣誉(如在评定终身职位的政策及晋升职务的政策上);
- 当教师到另一所大学任职时,出于自己教学和科研的需要,能够带走并使用自己创作的哪些教材或者教材的哪些部分;
- 对他们的作品是否被商业化以及商业化的方式具有发言权;并有权分享作品商业化所带来的收益(如果有收益的话);以及
- 与学科同行分享作品的权力(如审阅他们的作品或参考他们的作品)。

从学校的角度看:
- 以教学和管理为目的使用这些作品(如学校计划内的教学工作和资格

认定审核等）；
- 对课程材料进行适时的调整和维护，使之得以持续使用；
- 收回作品研发期间所产生的相关费用，分享作品商业化所获得的利润；并且
- 对作品上出现的大学名称、图章或商标具有使用权和管理权。

随着网络教育的普及，学术界内外的许多人都猜测网络教育进入原本供给不足的市场并为国内外数百万学生提供网络教学各种课程，由此将获得丰厚的利润。但是随着网络市场严峻形势的日益明朗化，教师、管理人员及其他人成为网络百万富翁的梦想可能会被更加现实的想法所取代——那就是如何将网络教育发展成为现行的高等教育整体版图的一部分。对学术界来说，期望值的降低可能是一种健康的发展，使得学校和个人都能重新关注教育所带来的好处以及网络教育的成本。

网络教育在设计、程序使用以及教师参与的程度和本质上差别很大。因此，大多的院校并不适合采用统一的方法。依据《版权法》，在将相关的职责和权力加以分类时，应考虑到教师、学校乃至整个学术界的利益。

假设波洛菲特教授获得终身职务继续在学校任教，她所讲授的远程教学也取得了巨大的成功。此时波洛菲特教授离开学校去休假，她的同事里奇教授应邀前来代替她授课。当学校向波洛菲特教授索取她研发的网络课程教材时，波洛菲特教授却不愿意拿出她的教材与同事分享，因为她认为这是她自己的知识产权，况且当时里奇教授也没有参与课程的研发工作。

学校是否有权使用由它资助研发的教材？这一情形再次指出了有关教材使用书面协议的重要性。波洛菲特教授从法律的角度对她的同事如何使用并评价她的教材以及她对这门课的内容及授课所拥有的权力表示关注。精心制定的知识产权政策或合同会考虑到这种可能性，并会提出波洛菲特教授与学校双方的权力，同时提供适当的鼓励以激发创作。

我们暂且不考虑知识产权问题。在这一案例中，学术自由、大学教师权力问题和同事共享权的原则又是什么呢？两位相关的教师都享有学术自由的权力。波洛菲特教授考虑的是她的同事如何使用并阐释她的材料，而里奇教授则希望能在课堂上自由灵活地加入自己的观点和见解。毕竟他不可能完全赞同波洛菲特教授的观点和理论，或许他可能采用与波洛菲特教授完全不同的教学方法来诠释这一课程的某些章节。

学校拥有有效的权力以确保它所提供的课程和项目能被学生接受。许多大学在职务晋升和终身职位的政策条款中包含了大学服务和同事共享的理

念。如果认真对待学术共享的观念,那么同一院系的教师共同分享教研成果就显得合情合理了。但是,偶然的分享和长期的分享又有什么不同呢?别的教师使用波洛菲特教授的材料授课,波洛菲特教授是否应该获得某种形式的赔偿呢?

另一个需要考虑的问题是相关教师身份的相对性。假设波洛菲特教授不是全职教师,情况又会如何呢?如果她只是个兼职的教辅人员而非终身教师的话,她在学校就没有长期的工作保障。也许她同时在另一所大学兼课——也许是教授同一门课程。在此需要注意的是:学校这一方面的政策和做法必须能够灵活机动,以应对不同的教师职位。

> 学校参与了一个盈利性的远程教育合作项目。作为项目的组成部分,学校提供了由教师开设并管理的课程。在开设这门课程时,学校与教师个人签署了书面合同,就收入分成及知识产权问题达成共识。共有约10%的学校教职工参与了这个项目,但波洛菲特教授却没有参与。与此同时,一家研发系列网络课程的私人出版商与她取得联系。该出版商表示愿意支付新课程及其材料所需的一切的研发费用,无须利用波洛菲特教授权限之外的学校资源,同时波洛菲特教授将得到一笔预付款和版税收入。

波洛菲特教授会接受这样的安排吗?乍一看,这和其他形式的学术创作有许多相似之处——这类学术创作大多由校外的经济实体提供资金。假如学校政策认定这类作品的版权属于教师,假如学校不是提供资金的一方,假如这一项目没有使用学校的特殊资源,学校似乎不可能要求拥有教学材料的版权。

但是,需要再次说明的是:《版权法》和政策不是唯一考虑的因素。也许是由于波洛菲特教授在教学科研领域的专业修养和名望吸引了这位出版商与波洛菲特教授联系。出版商也许会在广告活动中大肆渲染波洛菲特教授与她所任职学校的关系,甚至可能展示学校的标志(如著名的商标等),以利用学校的知名度。针对其他经济实体,特别是商业公司,使用自己的名称和商标,大学可以行使合法权利。事实上,目前许多学校正在出台或修正关于使用学校名称和商标的规定,以维护学校的名誉。

私人出版商的目标听众是否也有关系呢?如果出版商想要招收的部分学生与波洛菲特教授学校所参与的远程教育项目的学生属于同一类型的话,该怎么办呢?波洛菲特教授是否会感到一种利益冲突或责任对立呢?

随着大专院校参与此类合作项目的日益频繁,进入远程教育市场的盈利性经济实体日益增多,非营利性的高等教育与盈利性的联合培训或办学之间的界限日益模糊。作为学术活动的一部分,大多数院校的教师有望能走出校园,进入社会,参与咨询、外出授课以及其他形式的活动,以丰富自己的经验,提高专业知识。学校通常发布一般性的政策,限制教师参与这些活动。这类政策针对利益冲突,强调时间和空间的传统观念。例如,这类政策也许会限制教师每月或每周参与校外活动或咨询的时间,或要求教师应在得到学校的批准后才能承担外校的常规性课程。但是波洛菲特教授可能不需要走出家门(通过使用家里的电脑)就可以完成出版商的任务。并且,波洛菲特教授在这个项目上所花的时间最多只占全部时间的20%。

波洛菲特教授面临的更为严峻的问题也许是一种责任冲突。如果她和她的同事在校外公司从事网络教材研发所得到的报酬比在校内得到的报酬高的话,他们很可能会经不住诱惑,将时间和精力都投入到校外的经济实体中,而疏忽了他们本校的工作。至少,这类校外活动减少了教师参与本校活动和工作的时间。随着校外活动与学校所从事的活动日趋相似,校外活动可能会构成了对大学的竞争。在公司方面,许多公司(如软件制造商等)要求他们的雇员签署一份不竞争条约作为聘任的条件。目前大专院校也面临着相同的可能性。有些学校正在着手修改它们的有关责任冲突的政策,以对付来自本校教师的竞争威胁。

对我们而言,对付这些状况的关键在于尽早公开。在多数情况下,教师的校外工作不会对学校产生竞争,教师个人对学校的责任感也不会因此而减少。的确,一位前任的大学系主任曾经说过,他们学校最乐意看到的是,停在教师停车场内的豪华轿车越来越多——这表明教师参与校外公司的活动使得学校的知名度得到提高。学校和教师必须共同努力,创造一种鼓励公开并探讨此类项目的氛围,而不要在项目所需的时间和程序上过度苛求。大学的政策也要明确指出教师的行为哪些属于允许的范围,哪些属于不允许的范围。

合作带来的挑战是什么?

作为教学试验,心理学教授科尔·亚伯雷特让他的学生参与一场网络辩论。他对学生的洞察力赞叹不已,决定撰写一篇有关这次网络辩论的学术论文。为了谨慎行事,亚伯雷特教授将学生张贴的所有评论从留言板上删除,但是在他最终发表的论文里却包括了许多的完整的、重新打印出来的学生留言。

亚伯雷特教授是否能以这种方式使用学生的作品呢?答案应该是否定的。《版权法》规定,学生拥有他们的作品,除非他们是学校在职的雇员。在这一例子中,学生的作品不是他们作为学校雇员应承担的职责的一部分,事实上,他们是交了学费来上课的!

如果亚伯雷特教授得到许可,是可以以这种方式使用学生的作品的。但是他与学生之间的权利关系肯定会成为一个话题。作为教学手段,他可以要求学生参与网络论坛,使之作为课程的一部分。但或许他不能要求学生允许他在课外发表文章时使用他们的评论。因为在这一点上,他利用学生所发表的评论,为他的个人目的服务(虽然是专业目的),而不是为学生的教育目的服务。

亚伯雷特教授把学生张贴的评论全部删除的话,是不是就可以了呢?从版权的角度上看,这样做是无济于事的——与其他版权所有者一样,从作品被依附在有形的媒介上那一刻起,学生就拥有他们的作品了。将作者的真实身份删除并不会减少作品所有人的权利。从道德的角度上看,亚伯雷特教授的做法可能构成了对信任和职业责任的破坏——更别提破坏了其他有关隐私保护和人类参与研究的规定了。

有位对多媒体论文课题感兴趣的研究生找到了亚伯雷特教授,他们一起选定了某个课题,这是亚伯雷特教授一直都想要研究的课题。最后的"成果"将成为学生的论文,同时也是具有商业潜力的学术作品。亚伯雷特教授提供了一部分,但不是全部的资金。学校的教师也全力以赴地投入到课题的准备工作去。

上例中,谁拥有最终的作品?在互联网时代,院系内部和跨院系的教职人员和学生之间的协作正在变得越来越普遍,这就大大加剧了《版权法》实施的复杂性。

要牢记的第一条规则是:构思本身不受保护,只有有形的作品才能受到保护。没有人仅仅因为他们对某个项目提出有创意的想法就可以要求拥有这个项目的版权,无论他们的想法是多么深奥或多么有创意。因此,亚伯雷特教授不能凭借他和学生最初的交谈就能拥有该项目的所有权。

要牢记的第二条规则是:正如之前所讨论的,假如这些作品不是在大学任职期间作为任职要求而创作的话,学生们通常拥有自己作品的版权。但在此情况下,学生可能不是唯一的版权拥有者。例如,大学教师如果是在大学任职期间参与项目的话,他们可以让大学分享部分所有权利益。如果这些教师确实参与了有形作品的创作,大学就有权要求他们的工作得到承认。如果项目从一开始就是为了使教师和学生成为共同作者(如果各自的工作难以区分的话),那么学校和学生都有权共同拥有最后的成果。

最后,学校提供的资金必须经过审核,这是学校的政策和惯例。以上的情形再次说明了这一点:只要在项目开始时签署一份简单的书面协议,就可以避免项目完成时可能出现的许多误会和感慨。这种书面协议并不一定是冗长的、充斥着各种小型字体及高深莫测的法律用语的文件；它可以相对简短,用简单的语言来说明有关各方对完成的作品所享有的权利和利益。

哪些材料可以使用？何时使用？

  为了讲授历史课,伊凡娜·沙拉尔教授专门开发了一个网站,网站上包括了她的教学大纲、她发表的学术论文、在互联网上下载的图像和音乐、从图书馆借来的影片剪辑,以及其他相关的链接网站。

  沙拉尔教授是否能在她网站上张贴所有的这些材料呢？毕竟,该网站与她的课程相关,并且,她已获知可以在与学生面对面的课堂教学中展示各种材料。国会日前通过了一项联邦《版权法》的修正案,主要是将展示材料的许可范围从课堂上延伸在现代远程教育节目上。但这一法律只适用于非营利性的教育机构,并要求有限的使用。2002年颁布的《科技教育和版权协调法案》(TEACH Act,2002)并没有将这一规定的范围延伸到公开的网站。

  教育的合理使用概念是什么呢？如果我们回顾在合理使用分析时所考虑的因素(正如之前所讨论)的话,沙拉尔教授当然可以辩称她的网站是为教育的、非营利目的服务。另一方面,由于沙拉尔教授的这些材料在因特网上唾手可得,人们就能轻而易举地免费复制和使用这些材料。如果这些作品获得商业许可或是被出售的话,公众对作品的自由使用似乎就会影响了作品的潜在市场。然而,许多教师都希望此类网站可以对其他教育机构的教育工作者、甚至广大市民——而不只是对自己的学生——开放,使之成为教育对外扩展使命的一部分。

  沙拉尔教授可能以为,至少在张贴自己创作的作品方面,她是没有过错的。几乎可以肯定的是,她公开张贴她的课程表是没有过错的。不论她的学校是否要求获得课程表的所有权利益,学校是不可能会反对将其公开张贴的。但对于她自己的学术论文是否也是如此呢？在沙拉尔教授将学术作品随意在网站上张贴之前,她可能得去查阅一下她签订的出版此类文章合约的具体内容。不少出版合约规定教师必须将他们作品的版权转让给出版商。如果合同没有保留教师公开张贴自己文章的权利,那么沙拉尔教授可能会由于在网站上张贴自己的文章而违反合同。因此,教师应该仔细审查这些出版合同,尽可能保证自己保留一切为教学和研究目的服务所希望并需要得到的权利。这些权利可包括:展示本人作品的权利、复制本人作品参加学术会议的权利、与同事和学生分享本人作品的权利。

  音乐和电影剪辑体现了网站特定的复杂性。例如,当你使用他人的音乐时,你可能必须考虑多重著作权问题——作曲家、作词者、表演者(或那些得到他们转让版权的实体,)都可能是某一特定作品的版权利益拥有者。在点对点网络时代,音乐界与电影业已经变得咄咄逼人,尤其在维护互联网安全以及版权的执行方面。这些行业也都制定了周密的机制,以应对人们在各种场合大量使用全部或部分的作品。人们认为,由于获取使用许可相对较为容易(尽管要付出一定的价钱),那些未经许可使用音像资料的行为就变得令人不齿。

来自书本、杂志或其他来源的图像也可能会成为特殊的难题。即使某一图像出现在某本书或杂志上,人们可能也无法轻易辨认出图像的版权归属人(如果此人存在的话)。身为历史学教授,沙拉尔可能会以为,对她而言,使用图像、雕塑或其他早已进入公共领域的作品是一种安全的做法。但照片本身可能会受到版权法的保护,——即使照片上大部分的主题内容并没有受到保护。

沙拉尔教授最可能采取的做法是:提供从她的网站到其他载有这些作品的网站的链接。只要这种链接的设计不会使浏览者误以为自己仍然是在沙拉尔教授的网站上浏览就行。迄今为止,法律普遍保护在网站上提供与其他网站链接的权利。

建　　议

我们在本章一开始时就注意到,《版权法》的修改,以及随之而来的将思想及其表达看做是具有有形价值的专有商品的明显趋势,已经对学者、其所在的学校以及学术性的文化构成了严重的挑战。虽然目前还没有简单的方法来解决这些问题,但我们提出了以下的建议,供大家审议和讨论。

1. 根据《版权法》,了解你的基本权利,并考虑就特定的作品而言,哪些是你真正需要的权利(哪些是你愿意放弃或与人共享的权利)。

2. 了解你所在学校的知识产权政策及做法,并确定在你遇到问题时你的联系人是谁。不要忘记与此相关的潜在资源,如:员工手册、集体协议书、大学网站等。

3. 在与出版商打交道时,应密切关注你所放弃的权利。确认你没有转移你可能会关心的权利,(如创造衍生作品的权利或在教学和学术演讲时使用自己作品的权利),或转移出版商并不真正需要的权利。

4. 在与校内同事或校外同行合作创作作品时,或作品得到学校资源实质性的或特别的支持时,在项目开始时必须签署一份书面协议,指定参与各方的权利和义务。

5. 了解你所在学校的赔偿政策。

6. 在使用其他创作者的作品时,仔细考虑你需要如何使用或分发作品。

在适当的时候,不必惧怕充分利用合理使用条款。同样地,在合理使用条款不适用的情况下,必须毫不犹豫地请求获得使用许可。

7. 在可能的情况下,获得书面的版权许可。记住,书面授权可以是简短随意的——但要确定的是,授权许可的一方必须在授权信或授权表上签名并注上日期。书面授权要说明你对他们的作品所获得的权利。

8. 报之以桃,还之以李。记住每个人的角色并非是一成不变的。——我们都以不同形式来创作、使用和传播知识产权。

9. 当你是一个版权所有人时,记得所有权也可能带来潜在的法律责任(如对付侵犯版权等),以及负责发放许可和执行其他著作权人的权利。

10. 不要让法律成为在你处理版权作品时的唯一动力。身为学术界的一员,我们也必须考虑到有关信任和权利关系的道德伦理(例如,在处理与学生的关系时),有关处理适当的归属权、剽窃等的规则。版权法并不意味着你可以将这些规范抛到脑后。

11. 最后,始终牢记,版权不仅仅是一个特例。与其他许多领域相同,当谈到版权政策时,会叫的鸟儿经常备受关注。由于这些问题的重要性在我们的校园、甚至在整个世界日益明显,你可以帮助教育你的同事和学术圈里的人,鼓励他们围绕这些问题进行讨论,并在校园及全国范围内向那些帮助制定并落实相关政策和做法的机构代表提供反馈,发挥你的作用。

结　　论

在本章中,一方面,我们认为,学术界必须保持其共享的传统。学院的蓬勃发展,正是因为它是一个自由交流思想和作品的地方。另一方面,我们的忠告始终倡导遵守法纪。我们觉得,合同、政策和书面备忘录总体都是不错的想法。我们应如何协调自由交流的精神与谈判的务实态度呢?我们认为,协调可以有两条途径。

首先,我们确信,明确的协议是优秀的教学和指导实践的自然延伸。用牙齿做比喻,处理版权问题不会像牙根发炎那样令人感到痛苦。签订协议也不需要通过律师进行谈判,协议的内容也不需要用法律术语表达。究其根本,协议是合作者之间对项目所应承担的责任、所预期的结果以及如何着手进行项目的约定。正如颁发教学大纲是为了阐明课堂教学计划那样,我们相信,签订书面协议的将有助于阐明与合作有关的各种期望。

第二,我们确信,明确的协议将使我们有望在流行文化背景下保持思想交流。因为在这种流行文化的背景下,思想和作品多被当作是单纯的财产。看看以下这个例子吧,它可能预示着明天的大学。最近,我们阅读了这样一篇报道:一名学生在提交论文给他的教授修改时,要求教授签署一份保密协议。我只想说,如果我们没有找到方法来对付今天的学生所认同的财产文化的话,这种文化将成为学术界未来的文化。

(本章作者:爵姆斯·希尔顿 乔那森·阿尔杰)

第四篇
学术界的环境

第十一章
学术界的权力、政治和生存法则

大学教师在不同的院系里工作、生活。在大学这一真实的政治版图中,院系是一个渺小而孤立的世界。本章作者针对某些对你的职业生涯造成影响的、来自院系外部的力量提出了一些见解。作为一名教师,你必须对这些力量有所认识,才能在工作中应付自如。这是因为你在从事职业活动期间,可能经常需要与院长、教务长、校长、董事会成员或其他社会人士打交道。

大学的分类

大学分类第一项关键的衡量标准是你所在的大学对科研的重视程度。并非所有的大学都能重视科研。美国高校具备多种运作模式,他们的使命和结构都有重大的差异。最常用的高等教育院校的分类是由卡内基教学促进基金会作出的,人们称之为卡内基高等教育院校分类。创办于1973年的最新高等教育院校分类(见表11.1)淘汰了以往熟悉的研究型一类院校和研究型二类院校,代之以博士/研究型大学—广泛型(在被调查期间,它们每年授予至少15个学科50个以上的博士学位)和博士/研究型大学—密集型(在被调查期间,它们每年授予至少3个以上学科10个以上博士学位或每年总计授予20个以上的博士学位)。欲知更详细的分类信息,可登陆分类网站 http://www.carnegiefoundation.org/Classification/ 查询。这种新的分类法不再将以往研究型一类院校和研究型二类院校分类的主要标准——研究经费列入考虑的范围。在148所被列为博士/研究型大学—广泛型中,有89所大学在1994年曾被列为研究型一类院校,37所被列为研究型二类院校,19所被列为博士一类院校,5所被列为博士二类院校。许多人认为新卡内基分类法缺少了一些重要的信息——即:哪一种的大学才能称得上是一所"研究型大学"。

表 11.1　新卡内基高等教育院校分类

高校机构类别	定义
博士学位授予院校：	
博士生/研究型大学—广泛型	• 提供众多学科的学士学位课程 • 从事博士研究生培养教育 • 在被调查期间，每年授予至少 15 个学科 50 个以上博士学位
博士生/研究型大学—密集型	• 提供众多学科的学士学位课程 • 从事博士研究生培养教育 • 在被调查期间，每年授予至少 3 个以上学科 10 个以上博士学位或者每年总计授予 20 个以上的博士学位
硕士学位授予院校：	
硕士学位授予一类院校	• 提供众多学科的学士学位课程 • 从事硕士研究生培养教育 • 在被调查期间，每年至少有 3 个以上学科授予 40 个以上的硕士学位
硕士学位授予二类院校	• 提供众多学科的学士学位课程 • 从事硕士研究生培养教育 • 在被调查期间，每年授予 20 个以上的硕士学位
本科学位授予院校：	
本科大学—文科	• 多数为本科院校，主要从事本科生培养教育 • 在被调查期间，50% 以上的学士学位授予文科领域的学生
本科大学—普通	• 多数为本科院校，主要从事本科生培养教育 • 在被调查期间，50% 以下的学士学位授予文科领域的学生
本科/专科学校	• 本科院校，大多数颁发本科以下的文凭 • 在被调查期间，至少有 10% 的本科生被授予学士学位
专科学校	• 提供专科学位和证书课程，一般不授予本科学位，但有个别例外[a]
专门院校	• 提供不同学科的学士至博士学位，并且通常授予某一专门领域的各种不同学位

a. 在被调查期间，这个群体所包括的专科院校有不到 10% 的本科生获得学士学位。

如何得知你所在的大学是否属于"研究型大学"呢？

关于研究型大学的其中一种定义为：每年必须拥有超过两千万美元的联

邦科研经费。"中心"——位于美国佛罗里达大学内一所独立的研究中心，列出了所有符合这一标准的美国大学以及依据各种质量标准被列为研究型大学的名单（参见 http://thecenter.ufl.edu）。符合这个标准的美国大学有 154 所，其中公立大学 106 所，私立大学 48 所。

如果你所在的大学是一所研究型大学，其对经费和科研的重视程度就会明显高于其他任何一所非研究密集型大学或学院。现在许多任职于非研究密集型大学的教师都是在研究密集型大学里获得博士学位的。这样一来，势必造成教师参与科研的热情与有限的科研经费之间的矛盾。一位任职于某非研究密集型大学的同行获得了在中西部心理协会会议上宣读论文的机会，但他所在的大学却阻止他成行，原因是所有的教师都必须出席学校的毕业典礼。研究型大学理解教师的需求，希望他们能具备行业协作的精神，能在国内各自的研究领域中发挥作用，如：出席会议、担任经费审查组的成员或杂志编辑等。非研究型大学重视教学，并鼓励教师积极参与当地的大学活动。这类大学的教学任务较重。相对于全国性的活动，它们较侧重于校园活动。为了你在学校里的工作能够进展顺利，首先你必须要了解你所在的大学属于哪一类型的大学以及你所在大学的价值取向。其实，本章所传达的最重要的信息是：为了使你在学校里有所成就，你必须努力使你的需求与大学理事会的结构和需求相符合。大学理事会包括你所在学校的校长、教务长、院长、系主任以及你所在系的其他教师。此外，如果你任职于州立大学，你还必须对州议会的运作有所了解。大多数教师不会去考虑系主任之外的事情，但这是一种错误的做法。

州议会

如果你在州立大学任职，你就应该遵循所在州有关高等教育的立法。只有这样，你才能理解董事会、校长以及学校所面临的压力，并对如何为学校申请到更多的资金有所认识。高等教育与所在州的其他许多优先项目，如监狱、K-12 和社会服务之间形成竞争。议会有什么理由要把资金提供给高等教育而不是给这些似乎需求更为迫切的机构和组织呢？在这一点上，你可以有所作为，例如：你可以向州政府证明你的研究具有实用价值，配合州政府的需要展现教师的工作效率和教学科研质量，并了解自己所面临的政治现实。正如教师不喜欢被立法者视为无足轻重的知识分子那样，立法者也不喜欢被教师当作一群没有教养的白痴。作为一名教师，当媒体问及你的工作时，你应该欣然回答，使公众和立法机关能理解其重要性。你应该了解你所在州的重要议题，把你的知识应用在需要的地方。你应该对州政府资助的高等教育机构情况有一个大体的认识。在这种高等教育机构工作，你实际上是在为州政府工作。在各种类型的大学里，作为一名教师，你还应该了解并关注所在学校的执行董事会的运作。

执行董事会

各大学都有执行董事会。如果你是在一所州立大学任职,学校董事会的形式是由州政府所决定的。学校可能会有一个校级董事会和一个州级董事会,或者两者合二为一。如果你是在一所私立院校任职,学校将拥有自己的董事会。大学校长向董事会报告学校的运作情况,而董事会对大学的政策和程序拥有巨大的影响力。你应该去阅读有关董事会的材料,并决定你该如何争取到董事会的重视。许多董事会对教学的数量和质量都十分重视。你应该充分认识到教学质量检查的必要性。假如你是董事会的成员,难道你会对所管辖的大学教学质量漠不关心吗?许多教师对教学质量检查或对将教学检查报告提供给校外人员的做法持有抵触情绪。然而,向学校的管理者证明自己优秀的教学质量也是为了维护教师的自身利益。所有的董事会成员对稳定学校的财政都表现出极大的兴趣。这种兴趣使他们迫切想了解他们学校的教师有多么优秀,学校运作有多么高效。

校长

校长负责向董事会报告学校的运作状况,并代表学校与校外的赞助者打交道。在一般情况下,校长承担的主要责任包括募集资金及处理与当地社区的关系。校长喜欢听好消息,对坏消息深恶痛绝。来自外界的坏消息使他们不胜其烦;他们希望听到的是学校所取得的成就,因为这是他们向外界募集资金的最好借口。但这并非表示即使你有问题也不应该向校长投诉,而是表示你的投诉应该通过指挥链,即你的投诉要先经过很多人处理,最后才能送达校长那里。一般来说,最佳的做法是:把你和同事的精彩工作片断报告给校长,而把你的投诉送交系主任。

教务长

教务长负责向校长报告,院长负责向教务长报告。院长所获得经费的多少通常取决于教务长的决定,而你所在的院系获得的经费数额也将取决于这一决定。如果你认为你所在的大学或学院(院长一级)所获得的资金不足,并且已经影响了心理学系的正常运作,你可能要与教务长周旋。这种情况对心理学系而言并非少见。由于历史原因或其他种种原因,心理学系经常会被错误定位,迷失在大学这一庞大的结构中。心理学系常有这样一部分教师,他们需要生物实验室和昂贵的设备,而且获得了相当数额的经费——他们的工作方式更像理科的教师,而不像社会科学的教师。如果他们是在社会科学学院任职,而他们的院长经费不足。在这种情况下,就可向教务长要求拨给更多的经费。稍后我们在讨论权力和金钱时,还会对此有所提及。

院长

对学院的任何一位教师而言,院长绝对是一个举足轻重的人物,如果能与他或她私下交往的话,对你肯定会有所帮助。院长事务繁忙,但他们会审查你的职务聘任和晋升的文件、负责分配你所在院系的预算、任命系主任、关心你的工作等等。一般的规则是:你能否得到重视和青睐取决于院长的特别影响力。院长也会为是否能得到教务长与校长的重视而忧心忡忡,但你需要对院长的独特视角有所了解。理解院长权利的灵活性不失为一种明智之举。这样一来,你就会发现谁是学校里真正大权在握的人。院长是否能够全权分配院系的预算?如果没有,那谁又有这一权利呢?此人就是真正掌握院系大权的人。不管此人是谁,你需要了解院系预算分配的基本原则。在预算分配过程中,可能要把授课学时、所获得的经费、院系的质量或者其他与大学密切相关的因素考虑在内。有时候,这一过程也是一个体现私人关照与人际关系的过程。如果是后者,与院长建立良好的私人关系将是有十分有益的。这并非是件艰难的事,但首先你必须对你的系主任与院长之间的关系做出评估,并确定你与院长的私人关系没有超越界限。与任何管理者建立私人关系并不是一件难事。你可以将杂志上或其他地方刊登的有关你工作的报道送交给管理者,或给他们发送图片和简明易懂的工作报告。邀请资深管理者到你的实验室看看或到你的家中参加聚会。教师们往往没有勇气这样做,但管理者喜欢和教师在一起,教师们的邀请会使他们觉得受宠若惊。管理工作是一份令人倍感寂寞的工作,管理者希望能耳闻目睹教师的工作,他们也不断地朝着这一方向努力。假如你的系主任没有反对的话,你可以邀请院长参加各种活动,让院长了解情况,送交院长的报告同时也要送交系主任,邀请院长出席活动的同时,一定要记得邀请系主任参加。

系主任

系主任的日常决策影响你的生活——这些决策对于你的职务聘任与晋升、工作空间分配、你所获得的经费赞助等都起着关键的作用。你必须与你的系主任保持良好的关系。你必须了解你所在院系的价值取向以及资源分配方式。系主任权力的各种可能性与我们前面对院长的讨论相似。你的系主任可能依据授课学时、获得的经费或者其他一些客观因素来分配资源。你应该去了解这些情况。另外,你也是否处在一个私人关照体系中,你与系主任之间的关系非常关键。你要弄清楚资金分配的原则是什么。你可以向资深教师请教,但更重要的是关注资金的分配动向。

大学的结构

通常,大学在各个学院里设置不同的系。系代表教师同盟,各个系拥有自己的一套教学科研质量和效率的评价规则。英语系的评价标准和方法与物理系的标准和方法不同。同样的,心理学系的评价标准和方法也与物理系的不同。众所周知,校园里不同学科的教学负荷各不相同,但在全国的研究型大学的同一学科中,教学负荷却是相当标准的。这是因为同一学科对教师及学生的竞争是在研究生的层次上的——为了得到最优秀的教师及生源,不同大学的心理学系之间相互竞争,而不是与大学内部的其他院系竞争。院长、教务长和校长都了解这一情况,但教师通常对此并不了解。因此心理学系的教师可能会报怨他们比物理学系的教师教学负担更重、授课课时更多等。毫无疑问,这都是事实,而且在全国范围内都是如此,但这种抱怨不切实际。物理学系对学校所作的贡献大部分是依靠科研和获得的经费,而心理学系整体而言是凭借授课课时和获得的经费为学校作贡献的。对于你所任职的心理学系而言,适当的参照物是同类大学的其他心理学系,而不是同所大学里的物理学系。心理学系并非处在大学结构的核心位置。一所大学不能没有英文系,但却可以没有心理学系。

然而,对于心理学系教师而言,他们完全有可能跨越自己的院系,去参与校内其他院系的跨学科研究。的确,与其他任何学科相比,心理学者在跨学科研究方面占据绝对优势。心理学的内容与社会学、政治科学、管理、生物学、数学以及其他许多学科的内容部分重复。凭借着学校对跨学科研究的重视,你完全能够对上级管理部门产生一定的影响力。虽然你可能在经费匮乏的院系任职,但作为一名教师,你可以创建或参与某个跨学科研究中心,这个中心应该具有前瞻性,能申请到数额较大的研究经费,吸引优秀生源,为学校带来名誉和财富。你应该密切关注跨学科研究的动向,尤其要关注那些能得到联邦机构鼎力赞助的机会,然后在校内具有研究前景的领域中创建你自己的中心或研究所。这是非常值得你去尝试的事情。

权力和金钱

你应该了解的最重要原则是:权力就是金钱,也可以说成金钱就是权力。在大学里,教师通过教学(有时是通过收取学生学费和政府拨款)与科研(经费)创造财富。教学是一个本地市场。你所在的大学如何通过教学获得利润以及如何依据教学和授课课时来分配经费,可能会是举足轻重的权力来源,但也可能根本无足轻重。如果你所在大学的主要经费来源不是依靠招生所得,或不是依据招生进行预算拨款的话,教学或许不是权力的源泉。事实上,所有的教师都在教学,而且大部分的教师都教得不错。从习惯上来说,只有你所任职的学校才了解你的教学能力,即你只有本地市场,而非全国市场。这意味着在某种程度上,教学时数的多少或教学质量的好坏取决于你所在的大学对教学活动的重视程度。不过,科研天才是十分罕见的。有些教师不从事科研活动,有些教师只从事少量科研活动,只有少数教师在科研领域中成绩斐然。研究型教师具有全国性的市场,你的研究数量和质量是有证可查,能在全国市场上得到认可。优秀的研究型教师是各个大学竞相追逐的对象,能获得大笔经费的教师在学校里是非常有权力的。将来,能够通过远程教学产品或专利许可为大学带来大量收益的教师也是非常有权力的。这一点正好与学校重视人才的原则相符合。因为各大学需要资金,如果你能为你所在的学校创造财富的话,你就会得到学校的重视。

如果你讲授的课时很多,但并未获得相应的报酬,你可能应该重新审视你的教学。如果你所在的系授课时数很多,但教师却未从中获得收益,你的系主任应与院长就此进行商谈。如果你所在的学院教学负担很重,但却未获得任何经费,你的院长应该与教务长进行协商报酬。这是因为你确实是在创收,这对任何大学都是非常重要的。

院系内部的权力格局

仔细想想某位任职于另一所大学的同事的情形吧。我们称这位同事为珍妮特。珍妮特从研究生院毕业已经五年了。在她完成她的学位课程时,就业市场可谓疲软。但珍妮特比她多数的朋友幸运,她在一所较有名望的学校找到了一份教师的工作,是六十年来唯一受聘的女性心理学教师。也许是因为珍妮特觉得受宠若惊,以至于她在接受这份工作时,没有太多地考虑合约的细节问题。她忽略的两个细节,即院系对暑假薪资的计算方式以及参加学术会议的差旅费问题。直到后来才发现,这两个问题对珍妮特的未来关系重大。在学校就读时,珍妮特积欠了大笔的债务。当第一年的工作接近尾声时,为了能专心从事科研,珍妮特向系领导询问了有关暑假薪资的事。系领导坐在靠背椅上,告诉她说系里已经完成了暑假的科研预算,由于珍妮特在被聘任时并没有提出这方面的要求,系里理所当然地认为她不需要。"但是,"系领导说,"如果你愿意上课,我们可以给你薪资补贴。"珍妮特接受了授课的提议,当然,也放弃了已计划多时的大量科研工作。

再往后的几年里,珍妮特又经历了多次类似的交换。系领导每次都会有一些理由,使得珍妮特无法得到她所需要的薪资。最近的一次"意外"是在她去申请会议经费的时候。为了要去参加某个与她的研究领域相关的特别会议,珍妮特再次找到了系领导。系领导向她解释了系里的旅行政策:系里将支付每位教师每年一次的旅行费用,并且珍妮特可以参加在美国境内召开的任何会议。"那么,"珍妮特打断他的话,"我想要去参加今年的美国心理学学会会议,因为我有一篇论文要宣读。但我也要去参加这个特别会议,因为这对我的工作也非常重要。"系领导再次重申了系里的政策,并告诉她虽然他通常有一些可支配的资金,但都已经另有安排了。"真希望我能早点知道这件事。"当珍妮特离开时,他这么说道。

与同时到系里工作的其他同事相比,珍妮特的工作落后了许多。而且,周围的人们开始将她和其他的同事作比较。此时,珍妮特清楚地意识到她不可能与他们同时获得晋升了。

珍妮特的问题是由于她所在的院系的日常政治所引起的。在这一情形下,究竟权力掌握在谁的手里?在系领导手里吗?让我们探究一下究竟是什么因素使得系领导大权在握。首先,珍妮和系里的其他教师一样,想要得到某种特别的资源。其次,珍妮特与其他的教师都没有获得他们想要的资源。第三,系主任暂时控制着资源配置,并根据他的意愿随意分配资源。这些就是滋生系领导权力的必备条件。你想要这东西,而别人有权力并有能力提供你所缺乏的东西。这些条件缺一不可,否则就不会有权力存在。如果珍妮特和其他教师对于暑假的薪资和和旅行费用不屑一顾的话,系领导的权力就会被架空。如果这些资金不能任意支配,而且必须按照大家所认可的标准来分配,系领导就被贬低成了账房先生,只负责记录资金的申请和分配。

简而言之,由于系领导这一职位在系里所扮演的角色,系领导就是权力在握的人。精确地说,权力集中在他的手中是为了解决诸如珍妮特所遇到的不愉快。在这一方面,各个院系的情况不尽相同。一些院系的权力较为分散,并且他们的领导没有发言权。在大学中,有两类系一级的管理人员。一类被称为院系领导;另一类被称为系主任。选择不同的名称并非出于偶然。系领导没有固定的任职期限,在位者被授权负责所有院系的教育、预算、聘任、晋升以及工资给付等。与其他大学的领导职位相同,系领导是一个有权力的职位。相比之下,系主任的职位有固定的任期,任职者必须重视院系选举"执行委员会"的忠告。权力没有集中在系主任手中,而是留给了全体教师。

有多少权力集中在这一组织机构的职位(系主任、系领导、院长、经费管理人、委员会)上,将取决于组织机构利益冲突的程度。举例来说,我们所描述的系主任管理模式的出现是由于教师无法在保证整体利益不受侵害的情况下解决他们之间的冲突。通过选举的程序选出代表教师自己利益的行委员会委员,从而争论者确保能在执行委员会上陈述他们的观点,彼此协商谈判。他们经常争论不休,彼此无法说服对方接受自己的观点。这种情况常见于意见分歧较大的领域。在社会科学领域较为普遍,在物理科学领域较少见。

正如大多数的学术部门那样,权力集中在某些重要的职位满足了院系多数利益的需求。系领导精力充沛地指挥着系里的工作,却不时忽略了系里的各种不同的利益需求。然而,系领导不可能长期损害系里绝大多数人的利益却安然逃脱责任。当看到系领导因得罪了某位大人物而被迫下台时,所有人都知道仕途险恶的含义。

那么,系里的权力就落在教师或至少是在某些教师的手里。就珍妮特的情形而言,权力又在哪里呢?为了探个究竟,珍妮特向同事打听,了解系里到底发生了什么事,究竟是谁获得了她所需要的资金。

事情很快就水落石出了。在过去几年里,系里成立了认知心理学研究小组,珍妮特没有得到的资金落到了这个小组里的新教师的手里,或许部分老教师也从中受益。发生这种情况的频率之高、问题之多,深谙其道的统计家得出的结论是:这决非偶然所为。

起先,珍妮特感到非常气愤。后来,她想到了系领导偏袒认知心理学研究小组的原因。当时,这个小组正处于发展期间;小组里的全体教师正在筹备某个研博士学位项目,需要动用几笔数额较大的资金。系里的预算几乎无法跟上。并且,虽然博士项目整体稍有进展,但政府的财政削减在过去的两年里严重地影响了社会学小组、临床小组以及实验小组的正常运作。

当珍妮特意识到这不仅仅是几次偶然失去的机会,而是蓄意的行为时,她原本气愤的心情变得郁闷不已。虽然系领导大权在握,但他的权力也应该反映教师的权利。然而,并非所有的教师都是平等的。认知小组似乎得到了特别对待。系领导的决定最大程度地体现了他们的利益。为什么会这样呢?因为系里其他的博士项目都仰赖认知小组这个大金库。虽然其他院系的具体情况可能与珍妮的具体情况不同,但大体的情况就是如此。机构里的权力是围绕着那些有望创造出最重要资源的小群体(系、学科组或个人)而运作的。

珍妮特的经历表明,机构的权力并不取决于某些幸运儿或贪婪者的个人品质。它因情况而异。认知小组的教师之所以拥有权力并不是因为他们有特殊的魅力,而是因为他们为系里提供了系里所需的资源。与其说这是蓄意而为,还不如说是大势所趋。它是美国总统的决定以及计算机智能产业发展所造成的结果。

从根本上来说,学术机构的权力源于外界。约翰·肯尼迪总统探索月球的决定使得自然科学得以发展,约翰逊总统消除贫困的决定使得社会科学得以发展,我们亲眼目睹了这一切。在大学校园里,我们也看到了相似的一幕。高校的各个院系及其各研究领域代表了不同的学科,在某种程度上它们是各自为政的。每个学科都有自己的资金来源、教师、生源、杂志、自我定位以及社会声誉。虽然有些知识链将他们连接起来,虽然他们相互之间在某种程度上会为了获得资金、学生和公众注意力而展开竞争,但大部分学科都是独立运作的。这些事实构成了高校和院系权力分配的基础。

院系的权力大都并不相等。某些院系占用较多的资源,他们的教师获得聘任和晋升的机会较多,教学负荷较轻,教学上能获得更多的协助。不同的群体操纵着不同的大学。与有声望的公立大学相比,名牌私立大学更有可能拥有优秀的法学院和商学院,而名声显赫的公立大学较有可能拥有杰出的工程学院和农业学院。这些差异反映了历史上资源流入院校的方式。与此相似,在院系之间或院系内部的权力分配也是由资源流入的方式以及院系所扮演的角色所决定的。

伊利诺伊大学是一所典型的研究型大学,大学里最有权力的院系来自物理学科。这一点并不难看出。学校里多数重要委员会的成员都是来自物理系、数学系和工程学系的教师。行为科学系的最佳代表是心理学。由于对这些群体操纵学校的行为充满好奇,有位同事,同时也是本章作者之一,对大学里超过半数的院系展开了长达 13 年的研究。他审查这些院系的预算、拨款、教学负担和学术排名(ACE 排行榜)等。与其他院系相比,那些在学校重要委员会中占一席之地的重点院系能获得较大比例的州财政预算,这与它们所从事的本科或研究生教学任务不相符。比如说,物理学系 13 年来的预算与本科教学发展的相关性为 0.73,而社会科学系 13 年来的预算与本科教学发展的相关性为 −0.64。尽管校方经常声明,应该把有限的资金投放到学校"更好的"的院系里,但有权势的院系所获得的拨款也是与其学术排名不相符的。在这 13 年期间,在排名榜上名列前茅的心理学系所得到的拨款始终不及排名与它差不多的电气工程系。

我们不难明白这些决定预算流向的因素。我们只需记得权力分配是按重要性先后顺序而定。伊利诺伊大学是一所重要的研究机构。它的首要目标是从事研究工作和研究生教育。这在他们所召开的每一次会议和校方关注的每一个问题上都得到了充分的体现。认识到这一点,我们就很容易推断出,院系为学校所作出的最重大的贡献是提供大规模研究生项目运作所需的资源。所需的资金数额并非来自伊利诺伊州,而是来自科研经费。

在大学里,经费之所以如此重要,有以下两个原因。比较次要的原因是经费为研究提供资金。这对教师和学生来说是一件好事,但主要受益者是获得经费的院系,而不是大学。如果仅是这样,经费就不会是大学权力的基础。更重要的是第二点,经费的一部分会以一般管理费的方式供大学管理者支配。

在大学里,一般管理费在维持教育和科研项目的质量方面扮演着重要的角色。一般管理费积累了大笔的资金,以备那些不能通过其他预算项目的活动使用。它的最大价值在于可任意支配。一般管理费对研究有益,可以为那些缺少资金支持的项目或是那些未吸引政府或基金会关注的前沿领域的基础研究提供启动资金。它们对教学有益,一般管理费为创新发明所提供的资金远远超出了正常的教育预算。

第十一章　学术界的权力、政治和生存法则　　　　　　　　　　181

　　一般管理费这种任意支配资金在大学管理中发挥了巨大作用。他们是吸引和留住人才的关键。有了任意支配资金,精明的系主任可以承诺对某些特别项目或暑期研究提供数额不一的支持,以笼络人心,提高自己的竞争力。当一般管理费用完时,影响力较大的系主任还在可以向学校管理者申请动用校方数额更大的一般管理费。伊利诺伊大学曾经以高达 100 万美元的资金和设备来吸引磁共振成像的发明者。这个项目由 15 个院系合作参与,大部分的经费来自一般管理费。为此类大型项目投资不仅表明这些参与的院系已经将其经费贡献给学校,而且表明了学校认为在这一项目上投入的经费可望在未来收回。

　　由于科研经费能带来如此重要的一般管理费,院系的权力与它对整个学校的贡献成正比也就不足为奇了。各个院系之所以拥有不同权力,主要的因素是它们所提供的一般管理费不同。70% 的权力衡量标准与一般管理费有关,而权力又是州预算拨款的主要影响因素。这就是说,由部分院系所提供的一般管理费有助于其控制其他的预算。夸张点说,10% 的资源决定 80% 的预算使用方式!

　　我们不能简单地、以偏概全地把此结论推广至其他大专院校。不同的大学有不同的目标,而且更重要的是,有不同因素影响其生存。对于伊利诺伊大学,研究生和研究项目的质量是至关重要的。但由于受制于其所在环境,保证研究生和研究项目的质量并非是件易事。其他大学是依靠其他资源而运作的。它们的共性是:权力在各所大学中都扮演一定的角色,权力来自大学的重要资源,并决定大学的成功乃至生存。私立学校由于缺乏国家拨款补贴,与公立大学的运作方式不同。它们靠积累捐款维持学校的正常运作,捐款的数额取决于其毕业生的财富以及他们捐赠的意愿。毫不奇怪,私立学校更注重其学生的在校经历。他们希望自己的学生带着温暖的感受和美好的回忆离校。学生的在校经历将影响他们未来的决定,就像国家科研经费影响伊利诺伊大学一样,只不过是影响的方式不同而已。

结　论

　　要了解权力和影响力,金钱是关键。大多数学者不喜欢去考虑钱的问题,他们相信,只要有优秀的构思,他们就会得到资助。然而,那些大学管理者们面对着大量优秀的构思,却必须从中做出选择。他们必须以大学的最大效益来进行选择。为了使你的构思能得到资助,最好的办法是去了解你自己的职责以及你所在学校的运作方式。

(本章作者:伊丽莎白·凯帕蒂)

第十二章
成功处理与系领导的关系

这一章的目的是向年轻的大学教师提出建议,告诉他们成功处理与系主任或其他占据院系权力位置的教师的关系最有效的方法。从年轻教师的角度来看,他们有时感到势单力薄,如履薄冰。对他们而言,处理与系主任的关系似乎是一种陌生而危险的概念。

或许对于系主任和年轻的大学教师之间的关系,最恰如其分的比喻是严厉粗暴但富有责任心、关怀备至的父母和聪明能干的孩子之间的关系。这类父母热爱他们的孩子,具有辅助他们成功的责任感,但是要求并期待能够得到孩子们最好的回报。当孩子确实获得成功时,那些父母所获得的快乐和满足无异于他们自身的成功。与父母对孩子的投资相同(例如:为孩子矫正牙齿、交付大学学费等),系主任在招聘费用、启动基金、科研场所以及设备方面对年轻教师进行了相当大的投资。显而易见,系主任最大的收益就是希望能借助你的成功,向他/她的上级证明这些投资是多么明智。因此,即使系主任对你的爱护远不如你的父母,你的成功仍然会使他或她感到由衷的快乐。

我们这种父母与孩子的比喻也强调了系主任和年轻的大学教师之间的另一层关系。正如你对青春期的回忆那样,关怀备至的父母和天资聪颖的孩子之间经常在成功的条件甚至成功的因素方面产生分歧。与此类似,关怀备至的系主任和才华横溢的年轻教师对成功的含义也有着不同的看法。但是年轻的教师和系主任之间的关系的确是一种互相依存的关系,不应该被看成是一系列零和的交换。把这种关系视为一种通过努力,以达到双赢目标的合作关系是更富有成效的做法。

在此,我们也希望,我们的年轻同事们不会认为这种父母与孩子的比喻有贬低他们或自以为是的意思。我们并不认为系主任一定比年轻的教师有才华(正如父母不一定比他们的孩子聪明那样),而是认为他们通常都对年轻的教师充满关爱、年龄较大、阅历更深,总是比新来的教师更有权力。

正如之前所提到的那样,本章的意图是帮助年轻的大学教师有效地、成功地处理与系主任的关系。要做到这一点,首先,我们对领导和大学教师的性质做了一些基本的假定。然后,我们简单地论述了院系内部正式的和非正式的权力结构及其来源。紧接着,我们向那些初始地位相对较低的年轻教师建议,如何才能获得地位并成为院系中有价值的一员。当然,我们必须意识到,尽管有关各方都表现出绝对的善意,教师和系主任之间的关系可能会变得剑拔弩张。我们将提供一些建议,以确保问题得到公正的处理。

一些基本假设

本章所包含的建议是基于以下三种假设。首先,本章的读者必须是高智商、有能力、对所从事的事业高度重视的专业人士。同时,他们具备成为成功的大学教师的潜能,对于自己的才华、能力和抱负能够有比较客观合理的认识。因此,本章的内容并不是关于"在学术界获得成功的捷径",而是为那些能力卓越、全力追求事业成功的人而写的。第二种假设是,心理学系的系主任能够公平地对待大多数教师,并能根据他们平时的表现对他们做出客观的评价,而不是随心所欲、反复无常。但重要的是不能将成就和努力混为一谈。在学术界(别的领域也是如此),成功不是由工作的努力程度来决定的,而是取决于人们实际完成工作的数量。第三种假设,大多数的系主任都是相当正派体面的人士,他们之所以能当选,是因为那些了解他们的人信赖他们,同时也是因为他们把辅助新教师踏上成功之路当作一项主要的职责。的确,系主任的权力在很大程度上依赖于他(或她)所服务的教师的支持。

跟领导走,但首先要搞清相关背景

虽然乍听起来有尼可罗·马基亚维利之嫌,我们仍然建议,新教师们最重要的事情是去了解他们所在院系的系主任手中握有多少实际权力,什么因素可能成为他们权力的基础。

系主任和头头

虽然本章涉及处理与系主任的关系,但是系里的领导并没有总是被任命为系主任。在相当多规模较小的系里,领导就是"系里的头头"。头头不仅仅是系主任的别称;在许多重要的层面上两者存在着明显的差异。在传统意义上,系主任被视为是代表系里参与管理工作的同事。相反地,系里的头头则被明确地认定为是管理层的一员;作为大学管理层的代理人,他(或者她)专门负责系里的管理工作,并且,系里的头头主要是效力于学院院长,至少文件上是这么说的。由于头头们的权力是建立在他们被正式委任的职位上的,而非像系主任一样通过教师支持当选而来,他们的管理一般比系主任不民主一些。当然,有些头头是非常有民主协商精神的,也有一些系主任非常专制。除了头头,还有其他描述部门领导的术语(例如教师代表)。不过,从现在起,我们将用"系主任"一词作为描述系领导职位的一般性术语。

权力来源

系主任权力的大小还取决于他自身条件中其他因素。这些因素之一是系主任预计任职时间的长短以及他再次连任(或者不再连任)的程序。或许你只要向同事询问或查阅系里制定的章程或细则就能获得这些信息。不过,这类正式的指导细则可能经常会令人产生误解。在许多院系,系主任必须每三年或者每五年正式改选或者重新任命一次。但是,在大多数这类院系里,系主任已经连续任职多个任期,重新任命只不过是系里和院长的例行公事而已。

其他各种关于系主任职位的客观信息与系主任是否是代理主任、临时主任、永久主任和院系是否有系主任轮值制的传统有关。至于最后这点,有些院系的制度是由资深教师在某个固定期限内担任系主任职位,并且,除非有特殊情况出现,期限一到就被轮换下台。显而易见,代理系主任或临时系主任的权力比轮值系主任的权力小,后者的权力又比永久系主任的权力小。因此,与代理系主任或轮职系主任商议他们的长期责任和目标可能不是一件很有价值的事情,除非在谈判后能立即签署正式的书面协议。好莱坞带有传奇色彩的制片人路易斯·迈耶曾经说过,"口头协议一文不值"。

具有讽刺意义的是,系主任脱离本职工作的意愿和能力构成了系主任权力的另一个重要的组成部分。那些企图无限期地占据系主任位置的人或那些希望能爬到更高的管理层位置的人不可能为了年轻的教师的利益陷自己于孤立无援的境地。他们关心的是如何保住系主任的职位,这就使得他们更可能屈服于院长的意愿或有权有势的资深教师的需求。确定你的系主任是否属于这个范畴的一种方法是观察系主任是否积极参与科研活动或参与少量的教学活动。一位把自己描述成是"暂时担任系主任工作的教师与研究者"的人可能拥有重大的权力。不过,如果一名系主任不积极参与科研或教学领域工作的话,他或许是希望长期占据系主任职位或担任其他的行政职务。

最后一点(与系主任的个人目标无关),了解院长对系主任的看法是非常重要的。在最简单的层面上,我们需要知道他们两人是否关系融洽,系主任是否能获得院长的尊重和信任。但是,了解院长授予系主任自主权的多少或许更为重要。具有真正自主权的系主任可能会形成一股正义的或邪恶的力量,但是无论如何,这绝对是一股应该予以重视的力量。没有足够自主权的系主任也许仅仅是个管理者。但是即使系主任似乎只有极少的自主权,他或她仍是管理系里事务的负责人。当出现问题时,你应该首先与他或她取得联系。大多数大学是相对"平展的"(即没有等级的)组织,但仍然存在一个指挥链,几乎没人能够疏远系主任,并越过他们直接找到院长。这种做法也许会得罪其他系里的教师,并且不会得到任何一位正直的院长的赞赏。

系主任不是一座孤岛

新教师普遍有一种错觉:系主任是系里的唯一决策者。迄今为止,这种错觉在一定程度上可能一直存在。实际上,情况很少如此。大多数院系都有正规的教师管理模式。在规模较小的院系里,有关院系运作的重大决策可能需要事先获得全体教师的共识或由教师直接投票。在较大的院系里,这项责任可能就落在一小部分教师的肩上。可以采取以下几种形式——由全体教师选举产生的执行委员会,或由院系内部的不同小组负责人组成的委员会,或者由包括系主任在内的教师组成的一些其他决策机构。委员会的成员可以做出的重大决策包括资源和空间配给、教学工作分配及加薪的幅度等。在某些院系,这些决策全部交由此类委员会处理;在其他院系,委员会只是充当系主任咨询顾问的角色。不过,最常见的做法是某种权力的分享。人们轻而易举就能了解到谁担任这个委员会(或者这些委员会)的成员、各种委员会正式的职责是什么等;准确判断委员会的权力比揣摩系主任的权力难多了。

与谁真正在管理院系的问题密切相关的(或许更为重要的)是谁掌握着教师聘任和晋升的决定权。毕竟,这些决定对一个人的学术生命(或者死亡)来说是最为重要的。在多数大学里,一系列不同层次的委员会和管理者对各种情况进行连续的评议,但是在这一过程中,院系推荐是关键的第一步。通常,系主任针对教师职务聘任和晋升做出独立的判断和推荐,这已成为教师申请聘任或晋升的正式程序。在这之后,通常紧接着是"教师职务聘任晋升"委员会的推荐,在多数的院系里,必须要有聘任委员会全体成员的投票。我们希望,在你成为大学教师后,你应尽快了解所在院系确切的有关聘任/晋升的政策和程序。实际上,我们在聘任面试时都详细告知了这些程序,以便求职者在获得工作时能够就是否适应这一体系做出明智的决定。

但再次重申的一点是,有许多正式规则之外的东西存在。在一些大学里,系主任关于聘任或晋升的推荐仅仅是许多同等推荐之一,但是在大多数学校里,与其他的推荐相比较,系主任的推荐更有分量。有两个关键的因素能影响系主任的推荐力度:一是之前所提到的系主任与院长的关系,二是系主任在学校其他院系的教师心目中的声望,因为这些教师可能担任学院一级或者学校的人事委员会成员。如果系主任与院长的私人交情不好,如果他们在学术目的和价值观上存在差异,或者如果系主任在学校里不太受欢迎,那么,很有可能,系主任在聘任的最后决定阶段所扮演的角色就不太重要了。

当然,如果你所在的系有轮值制系主任或者现任的系主任在不久后即将下台,那么,现任的系主任有可能不会参与对你的聘任或晋升申请的评议。因此,对你来说,重要的不仅是要了解现任的系主任与院长之间的关系,而且也要了解学校里有谁最可能成为未来的系主任。避免犯谚语里所说的"把所有的鸡蛋都放进现任系主任的篮子里"的常见错误。我们知道,在很多情况下,年轻的教师通常都会按照系主任的要求做事,努力让系主任满意,而不是让其他教师或自己高兴。这么做不仅破坏了学术生命中重要的自主权和自由,也是一种不可取的行为。正如我们在之前所提到的,系主任会被替换、会辞职、离职、退休或者被迫下台(有时甚至是消失得无影无踪)。如果你的未来与系主任的未来纠缠交错的话,万一发生权力变更,你可能就会陷入重重困境。但是,如果你能够清楚地了解系里的核心价值和任务,并且行事作风与之相符,你可能会使自己处于有利的位置,不用担心担任系主任的人是谁。

在我们暂时搁置院系权力的话题之前,我们要明确告诉你隐含在先前的段落里的某些内容。仅仅了解院系和大学的书面政策和程序是不够的。你还必须学会所在学校的风俗和规范,为自己的现在及将来做好打算。这可能是一个缓慢而艰难的痛苦过程,但却是你充分了解你所在的院系和学校的关键。

了解系主任、理解校园文化将为成功驾驭院系的权力结构提供坚实的基础。虽然如此,要想在学术界里获得成功,不能仅仅依靠被系主任或者个别举足轻重的资深同事对你的赏识。正如之前所提到的那样,关键的是,你必须在工作上出类拔萃。当然,让系主任和系里的其他教师都了解你卓越的工作能力也是十分必要的。现在,我们开始讨论这个问题。

为人所知与众所周知

在《推销员之死》一剧中,悲剧的主角威利·洛曼悲哀地感叹道:在他的同事中,他"为人所知,但并非众所周知"。如果想在一个优秀的院系里获得成功,年轻的教师通常必须让所有的同事清楚地了解自己。

除非你在一个规模较小的院系里工作,否则,你所在的院系很可能和学科一样,被分为(或许甚至是被隔开成)几个较小的区域。因此,你的同事们,即使他们就在你隔壁的办公室工作,都可能不知道你从事研究工作的场所。我们在此举一个例子。在我们作者当中,有一位社会心理学家。在过去的10年里,他和神经系统科学的一位同事建立了良好的个人关系和工作关系。当神经学科科学家获聘时,我们这位作者正担任心理学系主任。有一天,他们两位一起吃午餐,谈话的内容渐渐转向进化心理学。社会心理学家告诉神经科科学家有关用于测试近亲选择理论的某种实验。神经科科学家对实验的结果甚感兴趣,但却对社会心理学家竟然也进行实验的事实表示相当的惊讶。我们担心,这类对同事的研究性质缺乏了解并产生误会的例子不是一个独立的事件,并且,这种错觉可能会影响年轻教师的事业发展。

如今,由于心理学所说的工作离心力,成为一位众所周知的人并非是容易的事。并且,由于目前教师的工作方式产生了戏剧性的改变,成为一位众所周知的人几乎是难上加难。当在我们三人的职业生涯刚刚开始时,教师们几乎是无一例外地在他们的办公室里工作。毕竟,办公室是那些负责帮你打印课程表和稿件的人工作的地方,是你收邮件的地方,是你喝咖啡聊天、了解系里各种真实情况的地方。办公室就是你从事专业活动的基地。如今,大功率的个人桌面电脑、电子邮件以及互联网使你能够不用到办公室就能有效地完成大部分的工作。现在,大多数教师家里的设备可以与我们办公室的设备相媲美,甚至比我们的设备还先进。因此,一些教师在家工作的时间比在学校办公室工作的时间更长。

我们并非怀念过去的好时光,同时对于正发生在多数大专院校里的技术变革及其所带来的好处,我们充满感激之情。但我们也认为,对于一些教师,特别是对于年轻的教师而言,这种难以置信的时间优势和效率总是伴随着潜在的、高昂的代价。明确地说,这些变化所导致的隔离已经大大减少了年轻教师与他们的资深同事之间非正式的但却十分重要的接触机会。这种非正式的接触能够让系里的其他教师了解你的为人、喜好,也向你提供了认识他们的机会。的确,尽管教师每年都必须向系主任和评估委员会提交他们年度考核报告("吹牛小册子"),但是审查这些报告的人是不能将某个教师的表现或成果告诉其他人的。并且,教师很难将自己人际关系的信息体现在年度考核报告里。但是,在许多大学里,在教师的晋升和聘任考核时,这一能力正日益受到重视。

如果资深教师只是在晋升或者聘任评审期间才第一次对年轻教师的研究兴趣及所取得的成果有所了解的话,这可能是因为他们获得的信息太少、时间太迟了。评议者可能已经对教师的研究领域形成了印象(并且是潜在的、带有偏见的印象),并且,正如社会心理学家或认识心理学家所说的那样,人们经常很难处理图像矛盾的信息。第一印象是重要的,而且,职务晋升聘任委员会成员对你形成第一印象的时间不应该是在他们浏览你的个人简历或者阅读你的论文的时候,特别是当你论文的研究领域不为他们所熟悉时。你应该立志争取在职业生涯的前期就能让你的同事对你有清楚的了解。

让自己平易近人

能在别人心目中留下良好印象的方法是:除了与学生在一起的时间之外,你应该尽量延长在办公室里的工作时间。你在办公室逗留的时间长了,你的同事就有机会与你交谈,了解你的工作情况。而你也可能更好地了解你的同事。很多管理顾问建议:有效的管理者可以通过"走动管理"的方法,获得部门目前最新情况的第一手资料。年轻教师也应该关注类似的建议,四处走走,让同事认识你。例如,你应该听从你母亲的建议,"享用一顿丰盛的午餐"。我们之所以如此建议,是因为与同事,特别是与你的研究领域不同的同事共进午餐,将提供你极佳的机会,让你们彼此互相了解。如果了解你同事所从事的工作能让你兴趣盎然、他们的经历能使你受益匪浅的话,这对你个人以及你的职业而言是极有价值的。这种有关教学与科研的非正式交流不仅提供了解院系未来动态的机会,也能使你所在的院系成为一个积极向上、充满活力的地方。我们也建议你去参加同事聚会、聚餐等其他各项院系活动,即使你觉得这些活动索然无味。参加此类活动的最好的理由是你可能确实从中学到一些新知识,同时你和你的同事又有了一次接触的机会。最后,当你忙于这些社交活动时,重要的一点是要学会展现真实的自我。我们在之前的章节里有提及大学教师必须坦诚面对自己的能力、才智以及愿望;要获得同事的尊敬,诚实的社交态度同样重要。在与他人交往中,一切极力想获得良好印象并极尽奉承讨好之事的虚假行为将被人揭穿,并且很可能起反作用。

体现自我价值

我们再次提到威利·洛曼,他在工作中的失败并非是因为他不为人知,而是另有隐情。即使是那些对他十分了解的人都认为他不是个优秀的销售员。因此在他的雇主眼里,他的价值并不高。新教师该如何避免威利·洛曼的命运,在他们各自的院系以及系主任的心目中体现自身的价值呢?

这个问题的部分答案来自于工业—组织心理学最近的研究。沃尔特·博尔曼和他的同事们认为工作性能有两个不同的组成部分:任务绩效和公民行为。我们首先考虑任务绩效。它包括工作的技术和形式两个方面;卓越的任务绩效需具备某些专业知识、技术和能力。就教师职位而论,教学与科研是教师这一职业任务绩效的组成部分。显而易见,不同的大学和院系对教学和科研的重视程度有所不同,但如果教师无法胜任教学或研究任务的话,他就不可能在院系里有所成就,甚至无法生存。的确,在目前大多数的院系里,每位教师必须在教学、科研两个领域里都能体现出自己的价值。

教师如何才能在教学中体现出自己的价值呢?毋庸置疑,他首先必须是一位优秀的授课教师,但仅仅如此是不够的。以下所提到的几点可能有助于教师提高自身的价值。首先,你讲授的课程是系里必须开设、但其他教师不能或不愿讲授的课程。如果你愿意(或有能力)讲授的课程范围狭窄、只有你自己(或许还有少数学生)感兴趣的话,作为一名教师,你在系里的价值就会被降低。我们并非建议你全身心投入到那些范围广泛、超越你的专业领域的课程中去,而是合乎情理地建议,你应该愿意——甚至自告奋勇——去教授那些系主任认为为了完成系里教学任务需要开设的课程。学习新的教学技术也能使你成为你同事眼里有价值的教学资源(特别是年长的同事,因为他们希望得到你的指导)。除了正常的课堂教学之外,对院系的教学工作作出有价值的贡献的教师应该指导本科生和研究生的科研工作,愿意指导学生的毕业论文并积极承担论文指导委员会的工作。指导毕业论文并承担论文指导委员会的工作也提供了极佳的机会,让其他教师对你以及你的能力有所了解。

如何成为一位有价值的教师,我们提供了一些建议。近年来,虽然大学的优质教学变得日益重要,但是在一个研究型的院系里,优质教学不能弥补科研能力的缺乏。成为一名教学优秀、广受学生欢迎的教师可能极具诱惑力。与科研相比,教学上的成就能为你带来更加立竿见影、持续不断的喜悦。这样很容易让教师以为自己在教学上的优势能使他在系里处于有利的地位。不论你对教学和科研的相对重要性持何种看法,但你要记得职务晋升和聘任的决定是根据院系和学校的既定标准,而不是取决于你的意愿。通过与系主任和其他资深同事的定期接触,你对聘任的标准应保持现实的态度,这一点是非常重要,也是你必须牢记的。并且,针对自己为所在的院系创造的总体价值,你必须做出客观地评价。

接下来要讨论的是科研问题。在我们看来,一位有价值的研究人员应该开发能够让学生参与的、有凝聚力的研究项目,研究成果能在高水平的学术刊物上发表并享有一定的专业知名度。在许多大学里,要成为一位有价值的研究人员,你必须吸引外界为你的研究项目提供资金。如果你的研究能为院系或学校带来财源滚滚或资金回流,你在院系里的价值将大大提高。不过,各个学校对社会支持的重视程度不同,重要的是你必须了解学校在职务聘任和晋升审议中对此类科研活动的重视程度。相应地调整你的奋斗目标。要求系主任在对你的年度考核中明确地阐述社会支持的重要性也许不失为一种明智的做法。这样一来,即使评审标准在你参加聘任和晋升时发生了变化,你的成就已经记录在案了。

现在,我们开始探讨博尔曼及其同事所假设的工作性能的另一方面:公民行为。公民行为包括那些直接或间接支持并协助所在单位从事正式的、技术性活动的行为。对公民行为的分析一般包括以下两个主要的组成部分。其一是利他主义,即有意识地帮助单位的其他成员完成工作的行为。这包括直接帮助同事完成工作(如:提供统计咨询或客座演讲)、礼貌待人、尊重他人等行为。另一个组成部分是责任心,即有目的地帮助单位的行为。表现责任心的行为包括自觉地从事不属于自己职责范畴的工作(例如,在某些特殊情况下同意讲授额外的课程或者开设新课程),并且是院系里学识渊博、见解独到的教师。与很多其他的工业—组织心理学家一样,博尔曼及其同事认为,公民行为和任务绩效对于一个单位的成功与否可能扮演着同样重要的角色。我们认为,这种说法可能特别适用于学术部门,因为它们是紧密依存的实体,并且经常面临人员缺编严重的问题。因此,愿意向个别同事和系里伸出援手的人具有相当高的价值。当然,我们必须重申工业—组织心理学文献和常识所告诉我们的一点:出类拔萃的公民行为无法弥补低等拙劣的任务绩效。但是,假如某人具备优秀的任务绩效,卓越的公民行为将使他的价值倍增,并且这一价值可能对竞争激烈的职务聘任或晋升决议产生重大的影响。

　　针对公民行为,我们还需要讨论行政工作。除了教学和科研之外,大多数院系都对教师的行政工作进行评价。受到评价的行政工作包括各项有益于院系、学校、职业、有时甚至是整个社区的活动。通常,院系的行政工作是指你成为院系委员会的成员。在绝大多数的院系里,全体教师都要承担一部分院系委员会的工作。从事这类行政工作,你可能得不到太多额外津贴,但是如果你拒绝承担这一工作,你在同事的心目中以及在年终评估时就有可能会失去相当多的得分。尽管如此,你还可能面临某种进退两难的境地。系主任的确需要院系委员会的协助;他们对你的工作心存感激,甚至可能会给予你一定的报酬。但是聘任晋升委员会的成员大多对你在院系里的工作不置可否。对你而言,院系的行政工作能产生立竿见影的满足感,但是却无法弥补教学或科研的不足。虽然你想要成为一位好好先生,但是你必须提防被系主任有意无意地利用。

　　承担学校委员会的工作也是学术生命的一部分,但是我们的经验是:与院系的行政工作或教学科研活动相比,系主任对这项工作较为不屑。这主要是因为在一般的情况下,院系不仅无法从中获取直接的利益,反而可能会因为教师无暇顾及院系的本职工作而使院系利益遭受损失。当学校委员会的代表能够为院系谋取福利时,这一情况就会出现转机。对少数族裔教师与女教师而言,从事大学行政工作面临的压力可能是一个较为特殊的问题。大多数的大学都希望学校的各种委员会具有多样性。并且,如果你是某个鲜为人知的团体的一员,希望你承担此类委员会工作的邀请可能使你应接不暇。你可能会认为,承担此类工作是一种个人或社会责任,但你要记住,当大多数系主任对你的工作进行评价时,这份委员会的工作却无足轻重。如果这份工作影响了你的教学或科研,它可能为你的职业生涯带来损失。

与院系的态度形成强烈对比的是,学校聘任委员会对教师担任学校行政工作的重视程度可能远远高于对教师担任院系行政工作的重视。因此,对你而言,如何权衡不同的行政活动事关重大。你应以各大学的规章制度为依据,在院系和学校行政活动之间寻找合适的平衡点。例如,在规模较小的大学里,教师在大学社区内的知名度对聘任和晋升可能有较大的影响。然而,在一般情况下,我们的建议是:除非你对学校委员会所涉及的一些问题抱有浓厚的兴趣,否则,在职业生涯的前期,你应该对参与学校行政活动的频率加以限制。(友情提示:如果院系之外的工作让你疲惫不堪的话,你可以要求系主任介入,为你提供理由,谢绝这些工作。)

专业性的行政工作包括为某杂志审阅稿件、为联邦政府机构审批经费、付出一定的时间和精力参与某个专业机构的工作或参加某个会议(例如,作为项目主持人等)。由于这类活动能增加教师和院系在本研究领域的知名度,因此能够得到多数系主任的高度重视。当然,对参与者而言,此类活动可以为他们的职业生涯带来直接的益处,因为它们可以帮助新教师建立重要的职业联络(即关系网)。

最后,衡量教师价值的最佳方法与以下这一问题的答案有关:"此人如果辞职,会对院系造成多大的损失?"各个院系及系主任都十分重视对院系的发展作出独特的、重大贡献的个人。这些贡献可能包括他所教授的课程、所管理的学生人数、所从事的研究类别和性质或者所提供的服务种类等。不过,不同的学校对这些贡献的重视程度不同。关键的一点是,教师应该了解清楚学校和院系的侧重点。因此,每位教师都应该尽全力对所在的院系,特别是对院系的重要领域作出独特的贡献。但要记住,独特但与院系工作无关甚至对立的贡献不可能提高教师自身的价值。

自我防御的艺术

让我们总结一下迄今为止所谈论的内容吧:(a)确定谁是你所在院系的当权者,他们的权力可能维持多久;(b)让这些当权者认识你,了解你所从事的工作;并且,(c)在教学、科研和行政领域里为院系作出实际的、有价值的贡献。如果能做到以上几点,展现在你面前的将是一条直通学术成就巅峰的光明大道。然而……令人遗憾的是,事实并非总是如此。在这一章节中,我们将探讨该如何避免学术道路上的坑坑洼洼,以及如何有效地处理无法避免的烦恼。具体地说,我们将就得到并保留书面协议的重要性、获得定期反馈的价值进行特别的讨论,并就如何化解冲突提供一些指导意见。

保留书面材料

还记得路易斯·迈耶有关口头协议的说法吗？即使在最亲切最友善的院系里，为了避免情况恶化，你应该去了解并将某些事情付诸实施。尤其是作为一名新教师，你应该了解并且得到你所在的大学或者院系有关每年如何分配任务、进行工作评议、确定晋升和处理教师意见的书面材料。更重要的是，这些材料应该清楚地说明，在你获得聘任之前的见习期间对你重新任命的程序和对你的聘任晋升的决定方式等。你应该小心保留全部文件的完整的资料和你所收到的有关政策、程序及对你的工作表现的决议等信件。大学教师手册是提供此类信息的资源之一；它通常包括所有人事政策和程序的完整说明。确保自己领到一本大学教师手册，并随时关注这份资料里的任何变更。你也许对新开设的课程或者学校允许你使用的设备存在疑惑，而你在这些问题出现时才匆匆忙忙地查找系主任在两年前发送给你的相关内容的电子邮件。偏偏十分钟后就要召开会议，讨论与此相关的事宜。在这种情况下，你无法有效地保护自己。由于以下这点对你是否能够有效进行自我保护关系重大，我们再次强调：得到全部人事资料和资源使用承诺书的复印件，并将这些材料放置在一个安全并容易取阅的地方。

虽然有可能会吓到你，我们还是必须在讨论中增加最后一条告诫。即使有书面的约定和承诺，你仍然无法确保全部协议都能兑现。州议会可能削减预算；基金会可能出现亏损；大学的侧重点可能会改变；并且你所在的院系可能会因此而面临着数量可观的预算削减。此类财政困难可能会导致一些善意诚实的系主任被迫推迟履行(甚至取消)承诺和约定。如果这只是短时间内的问题，你或许可以暂时放下并在情况好转时期待系主任履行诺言。如果这些问题具有长期存在的可能性，对于在学校的未来计划，你可能会面临一些个人和职业的艰难选择。

没消息并非好消息；好消息可能会是没有消息

诸如人类这样开放的体系，能够幸存的主要原因是他们从周围环境中得到反馈，并能相应地修正他们的行为。新教师也需要得到反馈才能在学术环境中幸存。更具体地说，全体教师，尤其是年轻的教师，应该并有权要求系主任以及其他有关人员定期向他们反馈他们在系里的工作情况(评价性的与发展性的)，以优化他们的表现。要将我们的建议付诸实施并非轻而易举，但却是重要之举：定期要求系主任对你工作上的进展提出意见，并且寻找一切可能的机会，听取建设性的批评。如果你所在的系没有提供详尽的发展性年度评估报告，你必须请求与系主任或者其他相关的教师定期见面，讨论你工作的进展。然后,你也可以将谈话的摘要记录下来,并要求系主任在摘要上签名,以证明其内容的准确性。几乎所有大学在教师聘任的中期(例如在第三年)都对教师进行考核,但如果你所在的院系并没有这么做,你在提出这一要求时需小心谨慎。而且,除了系主任之外,你也可以试着向其他人打听到他们对你工作表现的意见。这些人包括其他资深教师,特别是有望成为系主任的教师或者其他大学的资深同行。

在获悉这些人对你的评价时,你必须记得,人们一般不愿意传达坏消息,特别是向那些他们仍将保持密切合作关系的人传达坏消息。另外,由于人们不喜欢收到负面信息,你可能在不经意间将话题转移你的长处上,而避开你的弱点。因此,你可能需要对这些评价持保留意见。我们并非建议你去征求或者鼓励负面意见,但是,如果你最初的缺点成了你永久记录的一部分,对你并非是件好事。相反,我们强烈建议,你尽早从各个不同的渠道征求诚实的、有建设性的反馈意见。在你有时间做适当调整并改进你的行为时,获悉对你的负面反馈意见是件好事,如果等到你要聘任或晋升时才得知这些信息,你采取的任何调整改进的行动都将为时已晚。

情况不利时该如何应对

教师和系主任之间出现的问题该如何解决?缺少了对这一问题的探讨,本章的讨论就不够完整。在此之前,我们已经数次对大家提过,大多数的学术部门是理性的、由充满善意的个人(如我们几位作者)所领导的精英阶层。但是,即使在这种情况下,年轻的教师和系主任或者其他资深教师之间仍然有可能出现激烈的争论。这些问题可能是由于率直的误会,而不是出于个人的恶意——但这关系不大。无论什么原因,你应该要采取措施,应付这类冲突。

我们建议的第一件事是:当冲突出现时,不管你感觉如何沮丧,你一定要避免采取任何轻率的或重大的行动。记住,这是一种不平等的权力关系,并且,你也不希望事态恶化。这种局面一般都较为复杂,在没有获得完整的信息并对其他的行动步骤缺乏全盘考虑时,任何回应的举动都将有损你的利益。你首先应采取的行动是:就你职位上的优势及解决问题的最佳方法向他人咨询。这一行动的目标不在于与其他人结成联盟,而在于向其他人寻求忠告。或许这类忠告最好来自本系比你年长的人或至少比你经验丰富、深谙对付系主任和其他相关人员之道的人。虽然这并非是件易事,但你一定要设法接近那些遇事冷静、判断客观的同事,而不是那些可能对社交应酬更感兴趣的朋友。正如我们在本章开始时所建议的那样,院系就像是一个家庭。最好是尽可能关起门来解决问题,而不是从院系以外的人那里寻求解决方法,除非你已无计可施了。千万不要因为你把问题告知其他人而感到尴尬；学术上的争议是常有的事。如果只是由于误会而发生争论，那可能根本不存在任何问题。如果冲突更具有实质性，别人所提供的信息能够帮助你以更豁达的态度来对待问题，确定未来解决问题的最有效的行动步骤。

一旦你已从多方面获得忠告，你需要拟定行动步骤的计划。在你拟定计划时，你应该要牢记以下几点：学术上的冲突一般是没有绝对的输赢。冲突之所以得到解决，通常是由于某种意义上的妥协。这一点非常重要，因为你必须知道，不论你的职位有何相对的优势，问题的解决不可能是以你大获全胜、系主任一败涂地而结束。并且要记得，尽管相反的情形也有可能发生，但发生的几率较低。我们告知你这些，并不是要恐吓你（也不是要鼓励你），而是要敦促你对争议的最终结果进行较为实际的评价。正如圣人米克·贾格尔曾经说过的，"你不可能总是能得到你想要得到的东西。"

现在，让我们来探讨问题的解决方法吧。我们希望你不要通过电子邮件或者其他形式的书面文件去解决问题。如果系主任收到你发给他的陈述你心中不满的书面文件，或电子邮件，他或她通常会以另一份书面文件（出于自卫的考虑）答复。你们两人可能就会进入一个利用电子邮件（或备忘录）相互抗衡的阶段。这样的信件往来是不可能减少紧张的情绪或合理解决存在的问题的。反而会使一次简单的误会迅速演变成为一场不愉快的抗争。因此，我们从一开始就建议你尽量以非正式的方式处理冲突和误会。例如，你可以先与系主任在较为轻松的场合见面，努力澄清争议的焦点，解决冲突。与系主任见面的目的是寻求解决冲突的办法，而不是赢得辩论。因此，系主任该如何妥善解决问题？对此，你应该有自己明确的想法，并向他或她提出你的建议。大学教师通常更擅长交谈，而不愿意倾听。但是，你与系主任的会面应该从倾听开始。你要记得，一般说来，尽快解决冲突对系主任有益。倾听系主任的建议和说法，以求结束冲突，而不是使冲突延续。

如果与系主任的会面并不能解决你所关心的问题，那么，也许你要采取的第二个措施就是请求本系一名资深的教师来协调处理你们的争议。如果这种方法也不成功，或许你该妥善准备一份正式的备忘录或信函，列述你的立场并再次寻求解决问题的途径。我们建议你，你将这封信只送达系主任一人；这个时候千万不要把信件复制给其他人（例如院长等）。将你的问题在这个阶段公开化肯定会激化冲突，使你的处境更为艰难，并激怒系主任——从而减少了建设性地解决问题的机会。把系主任逼到绝路并非是件好事；相反，你应给他或她留下一些空间，使事情朝着建设性的方向迈进。记住，在你经历这一过程时，你一定要细心留下资料，以证明你和系主任之间的互动过程。如果一切解决问题的尝试均已失败，那么你必须做出一个重大的决定。你是要结束这一切，提出正式的申诉,还是要把这件事告知院长? 院长通常不愿意参与这样的纠纷,除非事情牵涉到明显违反学校的规章制度、联邦章程或国家法律(例如性别歧视等),否则他或她仍可能把事情交付给你的系主任处理。当然,院长可能决定把事情交给(或者向你推荐)教师申诉委员会处理。但是你必须仔细衡量采取这类行动的利弊。当教师能够**提出足够的证据**证明系主任的行动已经违反了学校的一些**正常的程序**时,利用已制定的申诉程序提出申诉是很可能会取得成功的。你这么做不一定正确,但是申诉委员会极少纠正那些没有明确违犯大学政策和程序的拙劣的(甚至不公平的)决定。申诉委员会主要处理那些对学校造成法律和财政后果的各种类型的偏差。因此,对你而言,重要的是区分系主任的行为中哪些是你不喜欢的,哪些是你不喜欢并且违背学校公平对待原则的程序的。关键的一点是,在大多数情形下,你不应该期望院长或者学校其他正式的机构直接介入你的事情,除非你能出示确凿的资料,证明系主任在程序上确实存在不规范的行为。

如果在你的大学里有代表教师的集体谈判机构(例如工会等),那么你可以向它们求助。也许,在特殊的情况下或者作为最后一搏,你可能需要寻求律师的帮助。也许问题十分严重,需要你采取这样的行动,但是显而易见,随之而来的是一笔相当可观的费用;并且,你必须再次从实际出发,考虑可能发生的后果。也就是在你开始采取正式的或诉讼的手段后可能出现的最乐观的结果是什么? 并且,这些结果是否超出你所能承受的个人、职业、经济以及心理上的代价呢? 学术界是一个充斥着许许多多非正式人际关系的小小世界,公开行动可能对系主任以及你本人都有长期的影响。正如你所猜测的,针对这类事情,我们无法提出最终的建议;你必须仔细考虑每一种情况的各个细节,以确保你的行动能够最大限度地达到目标。

结　论

在本章结束前,我们必须承认某些本应一开始就承认的事情。在如何处理与系主任的关系,并通过院系内部的权力机构走出一条属于自己的路这方面,我们并没有什么秘密的、简单的策略。如果你的系主任是一名诚实的、理性的、能力杰出的管理者,他或她就会公正地对待你。正如我们数次提到的那样,这么做对系主任有利。但要注意的是,我们说的是"公正地对待你",而不是"偏袒你"。与系里的其他教师一样,你有资格得到公正的对待,但这决不是偏袒你而忽略了其他与你一样有价值的同事。记住,公正的对待不可能总是能令你快乐。如果系主任的资源受到极大的限制,公正的对待可能无法提供你所需要的一切,或者,更为不幸的,甚至连你的大部分需求都无法满足。

在同等情况下,任何一位正直的系主任都是根据公平的原则和公正的程序进行管理的,他或她不会仅仅因为喜欢(或者讨厌)某些人而奖赏(或者处罚)他们。随心所欲、反复无常的行为是与院系、大学以及这些行为所涉及的对象的长期的最大利益背道而驰的。系主任不应该因喜欢、重视某个人就认定他达到院系所制定的优秀成功教师的标准。我们当中的某位作者曾经告诉一名申请终生教授职位未果的教师,"我喜欢你,我也爱我的母亲,但是我仍然不能推荐她参评终生教授的职位。"

因此,不论你的系主任是优秀的、平庸的、还是令人惧怕的,我们的最终所传达的信息都是相同的。要成功处理与系主任的关系,你必须清楚你所在的院系和大学的正式的准则和非正式的规范,了解谁拥有权力和权力的范畴,让别人了解你的为人、你所从事的工作及其原因,并且使他们确信(因为这是千真万确的)你是院系里有价值的、值得信赖的教师。从那时起,正是对你的信心和信任才使得那些拥有准确信息的善良之士做出正确的决定,公正地对待你。集体的经验告诉我们,机会之神正向你招手。

(本章作者:路易斯·彭纳 约翰·道维迪奥 大卫·思罗德)

第五篇

将事业进行到底

第十三章
学术马拉松

任何一所大学的教师都能够证明学术生涯的压力是很大的。在年轻时，我们以为一旦取得了一定的成就后，许多问题就会自行消失。但遗憾的是，我们发现情况并非如此。只是问题的形式和紧迫程度发生了变化而已。

我们把这个章节分成三个阶段，和马拉松的三个阶段正好大致吻合：起跑阶段，加速阶段，冲刺阶段（将事业进行到底）。这看来似乎是对"生活真没劲，生下来过一段无聊的日子，然后就死去（life's a bitch, then you die）"这一说法的委婉阐释。因此，为了避免造成这种印象，我们从一开始就想说清楚：我们选择这个事业只出于一个原因：它既给我们带来无穷的乐趣，又不断对我们提出挑战。然而，就像生活中任何重要的事情一样，需要对它进行积极的管理。在阐述每个事业阶段的时候，我们都假定自己的谈话对象是那些事业正好处在该阶段的读者；而对于已经是正教授的人来说，不妨做好准备再温习一遍，回想你还是助理教授时的经历，回想那些伤透脑筋的光辉岁月。

起跑阶段

当你还在读博士研究生的时候，你可能曾经憧憬过未来，以为到那时候你就有自由选择自己的方向，设定自己的议事日程，着手日常的事物，再不用担心压在心头的考试，论文或者其他的评估活动了。你期待着有一天成为教授的梦想会实现。

当博士生其实比当教授要容易，作为一位博士生，这可能会让你感到震惊。在刚成为教授的一个月里，对你的要求可能是对博士生要求的两倍甚至三倍。你必须设法达到这些要求，保持清醒。接下来的六七年里，你要完成足够的研究，为自己喜欢的工作争取一个终身职位。

令人沮丧的是，大部分的新任教授对于这份工作的现实情况，对于任务艰巨性的认识是微乎其微。大部分的博士生毕业时，都已经获得成熟的研究技巧和一些教学经验；然而，大部分的人没有认识到，成为一名教授必须自始至终承受着巨大的压力和自相矛盾的要求。

也许你正迁往新居，在那里没有任何人认识你。如果你的配偶或伴侣搬来和你一块住，他（或她）可能正在应付失业的问题，或者工作不那么令人满意，或者充其量，要接受一个具有挑战性的新职位。要是你的配偶或伴侣没有和你在一起，如何适应新环境的问题可能会更突出。如果还没有伴侣，你可能正设法建立一些社交生活。

比这些个人问题更大的压力是，你如此欢欣期待的人生阶段并没有你设想的那么顺利。你没法策划令人激动的研究项目或者撰写出色的论文；相反地，教学工作、委员会的工作以及一些与研究无关的任务把你的时间安排得满满的。你工作更加卖力，时间更长，工作到深夜，仍然有大量看来非常关键的工作无法做完。又一个月过去了，你还是没有办法启动研究工作。有这么一大堆的问题，难怪工作头几年很难应付。周围的环境也给你施加了极大的压力。其他所有的人似乎都在安居乐业。他们互相认识，彼此可以开些默契的玩笑。他们拥有运转良好的实验室，有自己的理论，已经著书立说，研究生中流传着他们的故事。他们看起来把一切都安排得井井有条，胸有成竹。新的助理教授可能会怀疑自己将来能不能也做到这样。答案是肯定的，只要付出时间，付出艰辛的努力，同时能做到主次分明，突出重点。

处理好教学任务

设计和教授一门课程必须付出大量的时间。如果课程是新的，对时间的要求则更高。大部分的助理教授都必须同时开一门、两门甚至三门课程。那些即使教授已有课程纲要的教师也很难抵制重新设计课程的诱惑。而教师用的大部分的教材通常是自己研究领域以外的内容。在开课之前新教师可能会把大部分时间都用在研究这些教材中的自己不熟悉的理论上，而不是用在准备讲稿和学生读书书单上。即使课前准备工作做好了，通常你可能也还需要重新再准备一次，因为你不了解学生在一个小时里其实很难接受你准备的大量知识，而且在一周里也读不完你列的书单上的书。安排好课程并把课教好所占用的时间比你想象的要多得多。

想要轻松地适应担任教师的角色需要花一段时间。即使你是以博士生的身份教学，第一天你也会紧张。教室里坐满了修必修课的本科生，面对他们，任何一个助理教授都知道什么叫害怕。即使是最有技巧的演说家也要与这种焦虑作斗争。紧张没有什么羞耻的，它会随着时间而消失。

如果你教的课程太多，在备课的过程中无论准备工作做得多好，仍然会感觉到吃力。繁重的教学任务是生活中不可避免的事,但在确认工作量之前,你先不要把教学任务承担下来。你的工作量可能比预想的更具有协调的可能。在大部分的高校里,第一年刚参加工作的教师承担的工作量更轻一些,你要去打听一下自己是否能够做这种选择。看看你所在院系的标准工作量。如果其他所有人都教四门课程,你就没有理由教五门课程。

你的教学计划应该有个平衡。如果你已经答应教一门繁重的课程,就不应该教两门课程。如果你已经教了3年的辅助课程,这时候也许该叫其他人来接替你了。和你的系主任谈谈这些问题。重要的是要让自己的教学工作更加令人愉快,和系里达成协议,使你的工作量既能符合自己的利益,又能满足系里的优先需求。

看看是否能请客座教授为学生开讲座。如果国内的专家们光临你的大学或者正在你的学校进行几天的访问,你又何必要花费好几天的时间研究新课题呢?偶尔中断课程,请客座教授给学生开讲座,对你和学生都有好处。希望最终你也能以客座教授身份和他人交换授课。

你可以请研究生担任助教,以此减轻工作量。他们可以帮忙改作业,如果碰到他们熟悉的课题,也可以偶然让他们开讲座。这对于研究生来说是个很好的经历,尤其是如果你还能给他们一些反馈意见的话。

最后,我们建议你如果开了一门课,你可以计划将这门课长期开下去。如果在备课中做了充分的笔记,所有的工作都是值得的。每次你教这门课时,更新讲稿。在第一次备课时,做好扎实的准备可以节约宝贵的时间。

行政工作

当你还是研究生的时候,你可能已经隐隐约约听到教职员工抱怨说行政工作(比如委员会的工作)非常耗费时间。生活中没有用在设计课程和教学上的时间,其每一分钟可能都会被行政工作所吞噬。

行政工作具有一定的吸引力。一些行政工作承担着很大的责任,也享有很大的权力,比如招生工作就是如此。你会因此很快觉得自己是院系里真正的一员。行政工组是高度透明的,常受到赏识,通常也较轻松。如果启动研究项目或者撰写研究结果让你感到有压力,委员会工作总是可以作为迟延研究的借口。但是没有任何人因为做委员会的工作而得到提升,明白这一点很重要。

尽管做太多委员会的工作不是个好主意,但你应该做好分内的工作。否则,会遭人怨恨。关键在于了解一般的惯例。向其他教师请教,问清楚他们担任几个委员会的工作,每一个委员会要花多少时间。一些教师参加了大量的委员会,但这些委员会每年只开一次会议。一些委员会却会不可思议地耗费大量的时间(比如招生委员会、员工调查委员会等),而官方说明却对此轻描淡写。

你的行政工作量是可以协商的。如果一个员工在系里承担了很多的委员会工作,就不必再参加大量的学校委员会。如果你觉得已经超负荷了,可能是因为是给你安排工作的人没有意识到你还做着多少其他的行政工作。你可以和系领导谈谈你在学校里承担的工作,或者和学校负责委员会工作的校领导谈谈你在系里承担的任务,问题可能会得到缓解或解决。

了解哪些委员会或者哪些责任是重要的,哪些是不重要的。人事招聘委员会很重要,研究生录取委员会也很重要。有些委员会根本就是微不足道的,比如,某个作者负责管理一个图书馆委员会,召开一些耗费大量时间的会议,讨论图书室的设计情况、阅览室里应该配备多少配有书架的桌子等问题。而建筑师在设计图书馆的时候,委员会根本没有向他们反映建议。如果你无法逃避像图书馆委员会一样的任务,请记住:不值得做的事情也不值得把它做好。

研究:你还记得研究这回事吗?

现在,你的感觉和小说家凯瑟琳·安·波特相似,她在回忆当小说家的岁月时曾经说过,"我认为我花在写作上的时间只有10%,其他90%的时间都用在如何维持生活上。"考虑到眼前对于教学和行政工作的要求,很难想起在大部分的大学里,科研如果不算是最重要的事情,也是最重要的事情之一。

鉴于新工作面临的严酷现实,必须对有限的科研时间进行分配。最重要的事情是重新修改博士论文争取出版。你的博士论文所做的研究是否能够发表,你可能已经从论文答辩委员会的反应中获得一种感觉。如果感觉能够出版,那么就要趁热打铁,进行修改并提交。这将带给你一种成就感,对于发展你的事业方面也提供了经验性的作用,打下坚实的基础。

考虑在专业会议上提交论文并发言。积极参加这些会议是一种非常好的做法,能让你和全国各地的同行见面。你可以截取论文的一部分或者展示一些初步的数据。写会议申请的原则是简明扼要。你只要写几个要点,不要试图阐述复杂的理论思想。如果在一份申请里的理论过于复杂,审阅人员可能会把它否定。所以要写一个简明扼要,恰到好处的会议申请。

在第一年里,你应该试图做一些新的研究。启动研究工作需要解决两件事情:你必须决定研究什么,如何解决经费问题。下面提供一些建议。

你不必对博士论文再继续研究。你完全可以肯定,你所在的院系既然聘用了你,说明对你的论文领域是持肯定态度的。不过,你自己现在对于博士论文的话题已经感到厌倦。如果你的心思已经不在这里,就不要再继续了。当教师最大的好处之一就是你有自由选择研究什么问题。在决定做什么研究时,可以考虑对他人的观点或者派生观点进行验证,进行这样的研究相对更容易些,研究的结果通常更容易出版,有助于提高自己的曝光率。但是,最终你还是应该验证自己的观点。注意不要太浮躁。没有经验的研究者容易被高度抽象、多元化的理论诱惑,这些理论应该包括该领域里前人留下的许多研究成果。这样的理论很少能够达到自己所承诺的水平;如果该领域里的明星专家发现,他们过去20年的所有思想全被囊括在你的理论中,他们肯定也不是很高兴。相反地,开拓一些范围适中的理论,这些理论可以用令人信服的、可靠的、有趣的、互相依存的研究进行检验。

在把稿件送出去审阅前,你应该先收集对稿件的反馈信息。在早期,你的论文可能太长,太琐碎,表达不够清晰。那些年长的同事几乎都会非常乐意提供反馈信息。接受他们的帮助,或者征求他们的建议。你可以结交一些别处的同行,比如研究生时代认识的朋友、以前的导师,或者在本研究领域里与你有过工作联系的人。后面这些人愿意为你提供这些服务,因为他们也希望得到你的反馈意见。这样做虽然很费时间,但还是很值得去做。一项令人激动的研究被某个刊物拒绝,通常与它的表达方式有关系。你的论文一旦被一个刊物拒绝了一次,可能就无法再投递同一家刊物,即使你知道其中许多的瑕疵都可以纠正。修改,再投稿,刊物的大门是向你敞开的。你通常不会遭遇彻底的拒绝。在投稿前,务必花时间完善你的论文。仔细挑选你的论文。想要又快又容易地发表文章,这样的好事是不存在的。做任何事情都需要花时间,把时间花在同一件事情上总比花在其他事情上要好。

你需要研究基金。也许你很幸运,学院已经给你拨了一笔研究启动基金。如果还没有,他们也许会愿意这么做。许多院系都有教师经费,或者有专门给予经费的项目,教师们只要填写一个简单的申请表,就可以获得小笔的经费。这是启动研究一种便捷的方式。如果你的院系没有提供足够的基金来支持为期更久的项目,你应该尽快写一份经费申请。这是一种特别的技巧。认真对待为你提供的这些指导建议。务必请院系里已经获得这项基金的人帮你审阅申请草案。在博士论文的基础上写一篇文章,在专业会议上提交一篇论文,计划一项研究,准备申请经费的研究项目——这样的研究目标似乎是适度的。如果你还能做更多的研究,当然很好。但是,在进行其他的研究项目前,务必要先完成上面这四个任务。在第一年时,很少人能够做那么多事。此外,你还需要挤出时间来完成生活中其他的事情。

阅读:与该研究领域的尖端水平保持同步

一位心理学家曾经说过,"你可以是读者,也可以是作者,但你不可能二者兼得。"他从一位读者转变为一位作者，不久之后很快出了名。一个领域里的研究资料足可以让一个人或者两个人甚至三个人花一辈子的时间去阅读。

如果你把《个性与社会心理学杂志》从头至尾地读下来，表明你并没有很好地安排自己的时间。专门研究那些与你的教学或者研究兴趣有关系的文章。不要把阅读局限于已经发表的文章上。等到一篇论文发表出来时，离作者写这篇文章的时候已经有一两年之久，作者可能已经转向其他的研究了。在事业刚刚开始起步时，挑出你感兴趣的研究领域里8个或10个有影响的人，给他们写信，向他们索要最新研究成果的预印本。在你的研究领域里如果有哪个人写了一篇给你留下深刻印象的论文，请他把你列入他的邮件发送清单里。浏览一下专业会议的纲要，寻找令人振奋的思想和研究，但是要有所选择。绝大部分的会议报告听起来都很有趣，但可能不值得花那么多时间。

要带着目的去阅读。这些目的包括计划写一篇论文或者一份经费申请的引言，为如何设计一项研究做出决策，或者写一篇文献评论等。把你想要阅读的论文整理归档，贴上与之相关任务的标签，这可能对你有所帮助。有用的资料才能得到最透彻的研究，得到最好的保存，否则，这些资料也不用持久保存下来。

院系同事

从专业的角度而言，大学里同事之间的关系比人们所谈论的可能更密切，也可能更疏远，两种情况都存在。人们认为大学同事之间会定期或者不定期地就重要问题进行充满机智的辩论，这其实是一种误解。另一方面，通过随意的交谈、合作教学、在讨论会上做报告、合作论文、与共同的博士生共事等渠道，同事对你的工作可能产生巨大的影响。一定要向同事学习。很多同事是充满思想的出色的学者，可以向你提供很多帮助。如果这样的同事做报告，去听一听！如果他要就自己正在进行的研究举办一个研讨会，务必考虑参加。你可能会获得回报，增长见识，让自己更有深度，甚至还能获得友谊。

有时候，同事可能会请你为他的论文提建议。你会感到很荣幸，但是也要慎重。向同事做一番冗长的评论可能对他有所帮助，或者可以表现你的聪明才智，但是也许同事想要得到的并不是批评，只是希望得到你的恭维或者感激。试着去辨别他的意图，然后再做出反馈。

同样地，同事也会对你的论文做出评价。不要全盘接受他们的反馈意见。你很容易受到诱惑，接受同事的意见，放弃遭受质疑的思想，接受那些与你的研究兴趣关系不大建议。毕竟，你的同事将决定你是否能够保留现在的职位。从根本上来说，你在本研究领域的地位取决于赢得更广泛的观众。

年轻的教师经常要面临选择，是否要接受年长同事发出的合作邀请。这样的合作能带来显而易见的好处。受到邀请是很荣幸的事情,你的研究工作也会更加丰富。但也有风险。即使有些想法是你提出的,你们共同努力的结果可能会归功于你年长的同事。即使同事的行为可圈可点,该领域里的其他人可能不会给你荣誉和认可,以致最终你无法获得终身职位。你一旦建立了自己作为一名学者的声誉,与同事合作,甚至和年长同事合作是完全可行的,甚至是理想的。然而,在你的职业生涯中如果过早过多地与年长同事合作,就得冒一定的风险。

助理教授通常会认为同事每天都在监督着他们进步。其实,情况并非如此。他们很可能会离开你,让你有机会独立安定下来。不管你是多么有趣的一个人,一定要记住你并不是他们注意的焦点。

不过,要记住,同事投票决定聘用你的其中一个原因是他们觉得你是一个令人愉快、容易相处的人。不要辜负他们的期望。一定要安排一些时间和同事开心玩一玩:出去吃午餐、喝喝酒、互相请客吃饭或者参加一些非正式的聚会。大学里的事情通常就是在这样的场合里解决的,所以要积极参加。如果你的院系是一个具有集体观念的团体,院系成员之间拥有真诚的友情,那么这个院系就是一个特殊但可以企及的场所,所以要向这个集体靠近。在本院系里建立一种属于你自己的生活。至少交一个。在一个人的学术生涯中,会发生许多奇怪的事情,如果有一个关心你、可以与之就一些事情进行交流的人的确是一件很好的事情。而你也需要以同样的方式去回报他人。

你应该早些意识到有一种被称为院系政治或者大学政治的现象。在你到来之前所发生的所有集体历史,将以各种各样正式或者非正式的形式存在于你的周围。个人冲突可能会在那些表面看来客观的问题上反映出来,比如在空间分配或者员工职位安排方面表现出来。

在院系政治方面,需要强调的一个要点是:刚到大学工作时,不要对那些你还不能马上理解的事情采取坚定的立场。保持高度警觉,仔细倾听,虚心请教,尽可能把本院系政治了解清楚一些。

最大的隐忧

新任助理教授最大的敌人可能就是他自己。调整心态,不要显得过于野心勃勃。你也不必将所有事情都应承下来。

充满压力的头几年过去后,最值得庆幸的事情是,这几年最终总算过去了。你不会再为教学和委员会的工作而烦恼,对于必须承担的工作量抱有的恐惧开始减退。你开始感觉到自己的工作实力,记起了当时你渴望成为一名教授的所有原因。

加速阶段

何时进入学术生涯的加速阶段,从根本上来说,采用何种研究策略和学习如何高效把握利用有限时间很重要。研究策略为你其他的活动提供了基础。

选择优先研究项目:或者说不要发表什么文章

在最初几年中,你必须慢慢淡出和导师一起做的项目,找到自己的项目,来发出你自己的"声音"。最好尝试在同一领域连续发表几篇文章。你必须脚踏实地地拓展思路,直到你拥有自己的见解并能提供实证证据。

一些研究人员直到中年还在绞尽脑汁写一些彼此互不相干的有趣文章。尽管在你职业生涯的头几年,做这种类型的研究可能有所回报,但这种回报最终会慢慢消失。如果继续发表这种类型的文章,你可能会获得不好的名声。人们认为你做的研究没有理论基础。为了准备获取终身职位,你必须开辟出一片自己的领域。因此,做了两三年助理教授后,你必须完善自己的理论观点,通过一系列彼此相关的研究正式检验自己的理论观点。

在选择了中心研究领域之后,你要慎重挑选须优先出版的成果。重点是要争取把高质量的实证文章发表在核心期刊上,人们主要通过你所做研究的质量尤其是经验性的文章来评价你。在二级期刊中发表文章,其收获就要小得多。不过,如果你想让某些论文有机会发表,或者如果你的合著者是学生,在二级刊物中发表文章也是值得去尝试的,因为对于学生来说,这样的论文可能会有帮助。

另外,也要努力在你的研究领域中作出重要的理论贡献。刊登这种论文的主要刊物有《心理评论》和《心理科学》。这种论文典型的做法是不仅对于问题提出了一些谨慎而富有创意的想法,而且还包含了一些数据,以此来证明你作为一个研究人员和理论家的实力。在《心理学公报》上发表这样的文章也很好。这种文章不用收集数据,其理论内容更可能是对一个既定领域提出新的观点,而不是对问题进行创新性的理论分析。

不要去抱怨或者攻击他人的文章,以免破坏自己的名声。可以对他人的文章进行研究,但不要钻牛角尖。洞察力来自于充满智慧的观察,对于你刚读过的《个性与社会心理学杂志》文章做进一步的派生研究并不能增强洞察力。

参与撰写一本书的其中几章是件有得有失的事情。你有相当大的自由阐述自己的看法,哪怕你用非正统的方式来阐述一个话题,编辑们也经常会表示赞同。和期刊编辑相比较,书籍编辑接受稿件的标准没有那么严格,不会有太狭隘的限制。对于这一点,每个人都很清楚,所以有时候人们不会把你参与撰写的章节算作出版成果。在事业早期，不要参与撰写太多的章节，仔细挑选少数几章即可。如果你有好的理论观点，但对于这些观点更深入的研究成果，你还没有把握在什么刊物发表比较合适，这时参与编写一章内容可能就很有用。你要选择参与撰写由大出版社出版的书。选择的主题应该相对广泛，热门一些则更好。你在撰写内容的时候，如果把目标读者锁定为本领域范围数量相对更小的研究人员，而不是数量更大的本科生或者实践者，这样做对你将会有利得多。如果你打算撰写一个章节，确保它的高质量并能在好的出版社发表。不要把同一章的内容稍加修改而在两处（或者更多处）发表，否则人们会注意到这个事实，而内容本身却不能给人留下深刻的印象。

和参编一样，主编书籍也是有得有失的事。你自己的观点并不是该书的主要思想，但是为了让这本书得以出版，你可能必须做许多不必动太多脑筋但通常又令人心烦的事（比如催促书稿、编辑书稿）。如果你真的要编书，那么请确保它的质量。

写作

学会把论文写好并享受其中的过程是你要面对的最大的困难之一。对于许多没有经验或者不那么有经验的科研人员来说，写作障碍是一个大问题。通常问题并不在于写不出文章，而在于任何文章在寄给编辑时都无法达到完美的程度。无数遍的修改可能会使文章晦涩难懂，并带有自我辩护的色彩。但是，即使文章还不成熟甚至还有差错，也比把文章搁上几个月甚至几年直到它的内容过时陈旧更可取。

有时候问题在于你没有花足够的时间写作。一个让写作得以顺利进行的方法是首先把论文当作会议论文来写。会议论文要求没有那么高，获得的反馈信息还能对你之后的论文写作有帮助，在把论文送交发表之前，提醒你应该进一步做怎样的研究。或者在写难度大的论文时，你可以对自己说："这只是一个初稿，没有人会看到的。"无论我们采取何种方式着手写作，事实就是我们必须去写。把论文分成几个部分。从简单的部分开始，比如先写有关方法论的问题。看看自己需要什么样的条件来养成写作习惯很重要。有一个作者需要长时间高度集中精力，所以她安排整天的写作时间。这种方法具有优势，把启动时间缩减到最低的程度。其他的作者更喜欢每天花两到三个小时。这种方法也有它自己的优势，即使在不可避免的状态不好的日子里下笔艰难时，浪费的时间也可以降低到最少的程度。要让自己严格遵守固定的写作时间很难，但是慢慢地按照一定的时间安排进行写作能给你一种节奏感，能教会你如何写作。这是你对你最有帮助的方法，无论在写作质量还是数量上都能促使你进步。

你应该安排每周最少约 10 小时的时间进行写作。把你安排好的写作时间当作是神圣的事情。最后，每天当你打算暂停写作之前，把第二天前半个小时要写的内容梗概写下来，以便中断后要接着写时有助于你顺利进行。

口授留声机能帮助你更高效地进行写作。你可以先从短信、备忘录、对学生论文的简短评论开始。当你口授时，标点符号和大写字母也要包括进去。慢慢地，你可以口授论文的部分内容。在至少进行两到三周的常规使用后，你才能学会有效地进行口授论文。

获取评论信息

你一旦学会了写作并把论文提交发表，就像打开了一个潘多拉的盒子。你的论文不可避免地会遭受评论。让自己坚强一点，因为看那些评论很可能是令人不愉快的经历。它们有时是充满敌意、毫不相干，或者缺乏逻辑性的。更常见的情况是，那些评论写得既详细又具有建设性的参考价值。

对于评论，你的第一反应可能是愤怒。那些评论员和编辑怎么可能看不出你的文章是多么优秀呢？当你要决定下一步该怎么做时，明智的做法是充分利用人们对你的批评，虚心听取如何对文章进行修改或重写的建议，它们也预示着你可能会从其他刊物得到类似的评价。你总会面临碰到同一评论员的危险，他们不乐意看到自己的真知灼见被冷落。

如果你的稿件被退回时附有鼓励你修改后再投稿的话，就要马上行动。你应该对编辑和评论员提出的所有批评都进行阐述。修改论文的内容，如果不做修改，要附上信说明不修改的原因。在信里，不仅要简单地说明如何解决那些主要问题，而且也要说明具体在哪里得到阐述。编辑对此会非常欣赏，你的稿件可能也会得到更快的处理。

不要在没有把握的情况下不断地重复投稿。如果一种刊物发现了你文章里研究中致命的瑕疵，情况很可能是其他刊物的评论员也会发现同样的问题。无论如何，为了把论文发表在一个不引人注目的刊物上，对文章进行再次修改，这么大费周折可能不太值得。把文章塞进文件抽屉里，继续进行别的研究吧。

为他人提供评论

你一旦开始发表论文，你不仅能得到别人对你文章的评论，你可能还会受到邀请对他人的文章进行评论。首先，要明白如何评论稿件是很困难的。新手可能会挑出语法拼写方面的错误，而忽略了更重要的要点。要明白在评论里该包括哪些内容，可以多看看其他人写的评论。问问你的研究生导师是否愿意让你看看其他的评论，这样你就能对于如何写好评论获得一种感觉了。

新的评论员一旦明白了在评论时该写些什么之后,他就会变得面目可憎。要抵制这种诱惑。要意识到作者比你花了多得多的时间,来考虑他所阐述的问题,对于你提出的批评他可能已经仔细考虑过,只不过没有把它写好而已。所以,用一种不会打击作者的方式指出文章的缺陷。把写评论看作是一个提供建设性反馈建议的机会。作者该如何完善论文,或者能否设计出第二种研究方案,以弥补第一种研究方法的缺陷?把写评论看作是一个进行匿名科学交流的机会。

在事业不断发展的过程中,你会发现自己不断受到邀请给他人写评论。即使已经很有经验,写出好的评论至少也要花费几个小时。有一个从经验中获得的秘诀很有用,即在给定的一段时间内接受的评论邀请不要接受超过两个。如果你在一年为别人提供二十多个的评论,那就很显然已经过量了。

自我推销

如果你已经计划好了研究策略,也已经发表了几篇论文,而你却仍然在等待被人发现。这时候不要屏息以待,没有人会主动发现你,你必须自我推销。你的导师已经给你写过推荐信,或者在会议里推荐过你,以引起他的同事对你的注意。现在他还有别的学生需要推荐,你只能依靠自己了。自我推销有一种标准的操作程序。因此,你该怎样推销自己的作品呢?

首先,如果你有一篇引以为豪的文章,把它送出去。寄给那些在工作中具有举足轻重的地位、与你的工作息息相关的人。这些同事最有可能对你的论文产生兴趣。

尽你所能增加人们阅读你寄出论文的机会。不要把你所有的论文都寄给他们。大部分的人都没有时间看。相对于纯粹一篇已经发表的论文,他们对一个装着四篇论文的大信封的兴趣要小得多。在论文中附上一张小条子,说明为什么收信人可能会对这篇论文感兴趣。要注意,至少有四分之三的收信人会把你心爱的论文扔进纸篓里,只有少数人会看一看。把论文寄给那些在你的研究领域工作的人、那些工作性质与你一样的在写书和编教材的人、编写《心理学评论年刊》的作者或者从事类似工作的人。这些策略能增加你的论文被人引用的机会。自我推销的感觉不太舒服,但是也只能这么做。你费尽心思写出了论文,希望有人阅读它们并欣赏他们。你的同行们也正在这么做。

那么什么时候把论文寄出呢?预印阶段是个很好的时机,这时候论文"正在出版中",已被同行评论过,之后也被修改过,正在准备付印中。如果你需要反馈信息,可以把预印稿送出去。把论文发出去很重要,把它挂在网络上,让人们知道它的存在。

谈论你的论文。你可以自己开座谈会、举行会议论文陈述。设计一个正合时宜的讨论会话题,自己组织一个讨论会。邀请本领域中工作出色的人参加小组辩论。邀请本领域老一辈的科学家提交论文。著名人士参加会议需要给他们报酬。要有心理准备,这些著名人士可能希望担任会议主席或者讨论会列席者,而不是来宣读论文的。当然,给他们打电话这个举动本身就已经增加了让他们记住你和你的著作的机会了。

邀请人们到你系里开讲座或进行其他活动,从而为他们提供认识你和推销他们自己的机会。邀请对会议主题有出色研究的人士参加。你在该领域表现出的兴趣会让他们感到高兴。看到本领域里最出色的人所做的模范性的工作,同事们也会更欣赏你的工作。在会议谈话中人们甚至会提到你。

在学术领域里必须要做这些自我推销的工作,这看起来可能令人沮丧。如果你不参与这些活动,也不是什么致命的事,但这会阻碍事业的发展。认识本领域的人,让讨论围绕着你的想法来进行,这可能是一件令人感到相当愉快的事。

处理有关媒体事宜

与新闻界产生联系有两种方式。其一,媒体主动找你对某个问题进行评论;其二,你主动联系媒体,因为你要把出版著作的消息公之于众。那些在高级媒体、主要报刊杂志供职的新闻记者工作的方式与其说像记者,不如说更像同事。预先做好准备工作是他们典型的作风;他们和你一样不想浪费时间,所以总是马上直截了当地提出问题,而且问题通常切中要点。这些媒体将会把写好的稿子寄给你审阅,或者核对你寄给他们的信息。过去,我们认为记者在出版我们的作品时会不可救药地出错,现在情况已有所好转。

但是,对于那些不那么起眼的刊物来说,情况就并非如此。记者们对于他们要写的内容还很模糊。你最常用的引语可能要重复三四遍,他们才能明白其真正含义。在这种情况下,礼貌地拒绝他们,可能是一个好办法。

当你要宣传一部业已完成的重要著作时,先从自己学院的宣传部开始着手。写一篇新闻稿。你应该和本校专业人员一起合作,准备一篇两到三页的文章,介绍你的著作。好的新闻稿非常有价值,并不仅仅是因为你因此可以给记者提供有关你著作的稿件,而是因为它能强行让你自己去考虑人们对它会有什么反应。写新闻稿要简洁,语气要亲切。务必要附上一两行文字,说明以后你准备如何继续开拓思路。写下几个例子,也许记者在写文章的时候会引用这些实例。要确保让那些对你的工作不熟悉的人看看你的稿子,最好请那些喜欢浏览报刊的人看。他们将会告诉你在哪些方面还表达得不够理想。

如果你的新闻稿一旦被采用,在大约三到五天内,媒体将会把你淹没。在接下来的几周内,他们会不断打扰你,因为记者之后要跟踪报道你的事迹。如如果你所在的单位有新闻处,让工作人员为你解决这些联络事宜。他们善于应付这种事。有经验的新闻工作人员会保护你,使你不至于显得过分热情。他们会帮助你决定该接受那些邀请,安排与媒体的见面时间,让他们来拜访你,而不是让你去见他们。如果没有这些工作人员帮助你,你自己就必须有自制力。

如果你的新闻稿没有被采用,也不必失望。可能有许多原因,比如因为你的稿件与记者当时正在寻找的新闻题材不吻合等。你仍然可以从这篇稿子中获得启发,因为它能使你和自己的著作拉开一段距离,能让你欣赏它的普遍性。

心理学家在自己的学科研究中对这类预先准备性的工作做得还不够。我们习惯等待,直到其他人已经开始研究这门科学。如果这样的话,你经常会处于被动的位置,要对他人的阐述做出反应,而不是先让自己的阐述公之于众。一篇写得出色、合乎时宜的新闻稿是预先准备好的武器,你付出时间和努力写好它是非常值得的。这对于本领域来说是一大贡献。我们中的成员每一次在刊物上得到赞赏的时候,这也反映了我们整个领域的水平。

收支相抵

关于我们的职业一个令人不愉快的事实就是报酬太低,尤其是在事业发展的早期阶段。它甚至连单身汉不安定的生活方式都不足以维持,如果有家庭的话,会使家庭挣扎在贫困线上。事实上,有一个同事甚至得到通知,因为他家的收入太低,他的孩子有资格享受学校提供的免费午餐项目。

当你在决定是否要接受一个能挣钱的项目时,要考虑三个因素:(1) 从投入进去的所有时间来看,你究竟能挣多少钱?(2) 要花多少时间?(3) 做这件事是否对你的专业有益?在你的工作中,能自由思考的时间只是你工作总时间的五分之一或者四分之一。从事那些只能挣钱而对专业无益的事情,时间被分割得支离破碎,有损你的事业。

要警惕那些一次性付款的差事。大部分的人对于做任何事需付出的时间都过于低估了。比如,评论一本教材一次性付款 200 美元,这看来是一份美差。可是一周以后,当你还在为总结评语伤脑筋时,你可能会后悔接受了这份差事。

在商业机构里担任顾问,按小时或者天数计算报酬,这个利润是可观的。但是,这可能会耗费大量的时间,而且有可能使你无法保证自己专业上的日程安排。你的出版成果记录可能会下滑,最终,你可能获得了短期的经济援助,但却失去了获得终身职位的大好机会。

为继续教育学院开讲座又是另一个摆在你面前的诱惑。通常,你写好一份讲稿后可以全国演讲,报酬也相对不错(有时每次可达到1500美元)。这看来是所需额外收入的一个来源,但它也有缺点。你要花很多的时间在路途上奔波。讲座时间不是由你自己来安排,而是由代理处来安排,所以当同事希望你参加会议时,你却经常缺席。当你外出开讲座时,学生可能也需要你。更典型的问题是,听众不是你的同仁,他们的评价不像你在座谈会中得到的那样有洞察力和启发性。

编教材(或者编写一本教材的部分内容)的机会经常也会出现。做这样的努力所费的时间是巨大的,你必须写初稿,然后修改,核对编辑稿,一页页校对,注明参考书目等,对这些你预先要有心理准备。专业上的获益很少,而版税收入比你预想的可能要低。不过,一旦你编的教材因为质量不错被采用了,你所要做的就是每隔几年再更新一次,还能保持同样的经济收入。因此,如果你决定编教材时,第一次多花费时间保证质量是值得的。编教材的好处是能挣钱、获得机会发挥自己的优势开辟一个领域、迫使自己跟上该领域的最新发展,因为你每隔三四年就要修订该教材。

另一个增加收入的途径是在暑期学校里任教。为了经济原因你可能必须这么做,但是也有风险。暑假期间,工作节奏减慢,机会难得,你可以用来思考和写作。如果在暑期承担和一年中其他时间一样的工作压力,你可能会让自己筋疲力尽。

如果你不参与挣钱的活动,还能维持生计,你就能保证把空余的时间用来进行高质量的思考。但是,如果你不得不要赚钱,就要从事那些收入真正可观、能够推动而不是阻碍你的事业、不会占用你所有自由时间的活动。

安排好你的时间

正如前面所证明的一样,你需要仔细规划时间。工作量失控简直会要了你的命。你的工作因此会痛苦不堪,个人生活将不复存在。如果你在时间使用上一丝不苟,你就能掌控工作量。学会现实地安排时间,列出最先需做的工作、计划和时间表,你就知道该怎么做了。你有了合乎实际的计划,就更可能不让自己失望。承担你原来没有做到的责任,你也更可能不使他人失望。

要制定有效的计划,第一步必须确定什么是该最先去做的事情。研究计划应该是你主要的指导依据。最先应该从事实证研究,用一两个理论来补充。其次是要对那些已经接近尾声、无法取消的、从道义上来说也坚决要完成的研究项目;第三批要考虑的是那些你在未来某个时候可能从事但现在还有正式投入的研究。

使用某些组织方法帮助你把优先要做的事牢牢记在心上是很用的。一个同事就用21个分类盒子,上面标明了项目名称,学生名字以及课程名称。其中一个作者用一个统计文件,把要做的目标按照优先顺序分成高、中、低三档。你也想出一个对你适用的方式。

使用流水线方法

组织好你的研究生活,使它像一条持续不断的流水线。在这流水线上的每一个部分都应该有研究项目。一些项目可能还在构思问题阶段,另一些则可能在设计阶段、收集资料、资料分析、写作或者评论阶段。在每个发展阶段,你可能只有一个项目,但要,保持流水线上每个阶段都畅通完整,这样能够提高你的各种技能,使你持续有成果面世,使你有机会得到不同的研究任务,从而让工作具有持续性。如果你对一个总的主题有了彼此关联的一系列观点,流水线方法使用起来将会得心应手。随着第一次研究结果的清晰化,你将能学会如何调整理论,为第二次的研究做好设计。业已结束的研究结果也能帮助调整优先研究项目,取消一些对你的工作来说不再具有价值、不再重要的项目。如果研究过程中的某个部分比别的更有趣,完整的流水线就能给你提供机会,在更理想的和不那么理想的研究项目中进行转换。

从优先性的研究项目到具体任务的陈述和时间估算

大部分拙劣的计划者犯了三种类型的错误。首先,他们的计划不够具体,只列出像"写一篇准备在《个性与社会心理学杂志》发表的文章"这样泛泛的计划,而不是像"周二上午撰写有关方法论的部分"这样具体的计划。第二,他们总是对时间估算过于乐观,没有预料到可能会出现的障碍。结果,他们无论是对自己还是对研究过程都一再感到失望。第三,拙劣的计划者经常想不到把任务委托给他人来做。这个问题在学术界中尤其严重。作为一个团体,我们却往往更愿意单枪匹马地进行研究,所有的事情都自己完成,而不知道投资一点时间来寻求帮助,或者培训其他人,比如代课教师、研究生等。

要避免这些错误是有可能的。对于每一项优先研究项目,把剩下的工作分成具体的任务,比如设计调查表、预备调查参与人员或者撰写论文的方论法部分,把这些任务分细分具体。估算需要的时间——以小时而不是天数来计算,把算出的时间乘以两倍。如果在更少的时间内完成任务,你会感觉非常舒服。不过更有可能发生的情况是,由于出现未预料到的困难,这表面看来比较保守的时间估算结果却相当精确。

如果你能把任务委托给他人,就由他人来帮忙完成。如果你认为不能这么做,可以考虑雇佣或者培训一些人。超过10个小时的任务应该再分工,因为它还不够具体。再分工以便能够委托他人来完成这些任务。预算好招收新成员、培训和指导的时间。

下一步就是把这些任务填入日程表，要合乎实际地考虑到研究工作之外的时间需求因素。考虑到会出现一些意想不到的困难，为了修改方便，要用铅笔来填。

写日程表。此外，你如果不随时更新日程表，你就感受不到删去已完成的任务时带来的满足感。

时间安排的辅助方法

你按照每月、每周甚至每天的周期来进行的时间安排要非常具体。首先，你需要准备一本记事本。你可能会选择一本便携式时间指南手册或者每日时间安排手册。一些记事本提供详细的每周一览表。本书一个编辑使用一种每天一页的墙上挂历。其中一个作者则选择配有每月一览表的记事本，但供每天记事用的平均空间非常小，很难填写上很多的安排，结果他把很多的时间都安排用来阅读和写作。所以这种每月一览表记事本还需要补充配备详细的每天计划表。

有些人的记事本只有每天计划表。这需要冒两个风险。首先，因为空间很大，人们会在一天内安排太多的事情；其次，人们每次只会把眼光集中在一天的计划里。我们更倾向于使用能够把握全局的体系表（比如根据个人的喜好，可以每次同时看到整周、整月甚至整年的安排），同时补充有详细的每天计划表。

日程安排

你应该安排如何利用每天的时间。要有效利用时间，首先要了解自己的生理节奏。每个人每天都有几个小时处于最佳状态，有几个小时只适合做最简单的事情。把处于最佳状态的时间用来做优先研究项目。

避免把时间安排得很零乱，比如你安排10点、12点、3点做什么，而其中间隔的时间却什么安排也没有。不要按照他人的喜好来组织自己的安排。让其他人尤其是学生和研究助理适应你的时间安排是合理的。如果能把会议和约会放在一起，你的工作会更有效率。一定不要把20分钟的会延长到一个小时。正如在不同会议地点穿梭也能起到散步的作用一样，午餐和下班后的小饮也能发挥到双重的作用。详细安排每天的时间，以保证研究时间不受影响。安排研究助理或者秘书保护你的研究不被中断。找到一个"藏身之处"做研究，无论在家里、在实验室还是在图书馆单独研究室里都可以。

利用科技工具协助你工作。当电话响时，不一定要去接；把电话当作接听语音信息的工具。在电脑屏幕上接到收有电子邮件的信息，这并不一定意味着你就要去看邮件。现在每个人都在发邮件。你的邮件一天就可能高达100

封或者更多。用分类传统信件的方式来分类电子邮件。把那些还能等上一阵或者需要花更多时间深思熟虑做出回应的信件先放在一边。生命是短暂的,不要浪费在打字上。我们曾讨论过我们在回邮件时总是敷衍了事。我们中有个人经常用她名字的第一个字母来签名,简练的程度几乎到了粗鲁的地步。其他人的信写得比较长,尤其是和欧洲人通信时,欧洲人是把简洁看做是唐突甚至是粗鲁的表现。每个人都认为其他人的风格都有缺点,也许两种风格结合起来的效果是理想的。因此,你要为自己找到一种既高效率又令人愉快的方式。

处理和学生有关的事情

当你刚刚成为助理教授时,对任何学生的突然拜访可能都怀有一种感激之情。但是现在你拥有更多的学生,在时间安排上已经感到力不从心。对于你指导的学生数量和种类你必须有所控制。

你一旦接纳了一个学生,就意味着要为他付出一定的时间和精力。每当你同意指导一个新的学生,花在第一个学生上的时间就会相应减少。要做出决定,你能够同时指导多少学生,或者同时做几个研究项目。超过这个极限时要学会说"不"。指导四五个研究生可能是最多的数目,在此基础上,可以再增加四个本科生,但条件是只有当他们的许多指导工作已经由研究生直接承担才行。和那些对你的研究项目感兴趣的学生一起工作。仅仅因为学生想要研究一个新的领域,你要从头涉足这个新领域是很困难的。如果一个聪明的学生提出一个你不大了解却非常有趣的观点,要抵制这种诱惑很困难。然而,这意味着你要投入更多的时间去学习这个新的领域。你可以信任学生自己把这个课题了解透彻,但情况经常不尽如人意。最终的成果可能无法发表,你也浪费了很多时间。在此推荐几种本书作者们较为常用的拒绝方法:

1. "我现在指导的学生已经有 7 个人了。你的课题听起来非常有趣,但如果我同意指导你的论文,这对你我来说都将会是一个伤害。"

2. "如果没有参与这个课题的设计过程,我就不能做论文指导,因为概念化理论和设计才是我的专长,我在这方面才可以提供最大的帮助。"

3. "很抱歉,对于你的选题我了解不多,不能给你提供帮助。我的领域在于……(简练描述你的研究课题,尽量使它听起来与学生的选题完全不相关)。"

不应该做什么

如果你的工作生活和我们的一样,你需要了解一些规则,明白什么事情不该做。要控制来访客人的数量。如果你住在每个人都想要在此过冬的地方,来访的客人可能会超出你能应付的数量。如果由你自己主动邀请想见的人，而不是别人想来的时候通知你，接待工作就最为顺利。对于可能来访的外国朋友要慎重，他们经常需要你付出很多的时间和精力，所以要么做好付出的心理准备，要么委婉拒绝。担任校外论文答辩委员会的成员要自担风险。（如果你承担了这样的责任，要给自己一个很好的理由。）

是否参加会议需要仔细挑选。当你想要展示自己的风采或者宣传作品时，参加会议很有必要。如果会议地点不错，这可以看作是对自己努力工作的一种犒劳。然而，许多教师马不停蹄地奔波于各种会议之间。如果你也这么做，工作就无法做完。在担任助理教授的头几年，在会议中宣读论文是很好的，因为这是个让人们认识你和你的作品的机会，但当你成了副教授或者正教授之后还继续这种做法，那可能就是没有充分利用时间的表现了。

不要无限制地堆积材料。不要把任何东西都集成一堆，免得需要一遍遍去筛选。不再需要的材料第一时间就清除掉。只为与你的领域有直接联系的报刊文章做评论。对于那些你不想评论的文章，立刻寄回去。我们中有个人（比较没有自制力的一个）留下许多希望以后再看的论文，在地上堆积成山。当这堆论文倒塌时，她浏览了一下，然后留了两篇，把其他的都扔掉了。

要调控好工作生活的一个关键因素在于你怎样处理信件。第一个原则：永远不要看你没必要看的信件。浏览寄信人的名字和头衔，如果必要的话，甚至是第一段或者摘要，然后做出是否读下去的决定。你的信件大部分无非与政策变化、备忘录、出版社书本的介绍、校报等有关。尽量少去看这些邮件，很多信息本身就已经过时了。

第二个原则：不要把邀请你做评论的论文堆积起来。三四个月之后，编辑可能会寄给你一封怒气冲冲的信，质问你究竟有没有打算给某篇论文做评论。如果你有意参与评论，就快点做完。否则，附上一个说过得去的理由马上回复拒绝。

如能遵守这些原则，那么留下来的材料几乎全是你想要阅读的论文。即使是这样的材料也能够而且应该不断彻底缩减。把材料"按时间顺序排列"，使之得以满足教学和研究项的需求。比如说，如果你收到一封有趣的论文，可以留着你教学相关话题的那一周使用。把它保存在那周的教学文件夹里。等到要准备那一周的课程时，文件夹里装着你可以利用的论文以充实教学内容。同时，你也要阅读这个领域里当前的文献。类似的方法也可以用在与研究有关的论文上。对于每个研究项目都要备有一个与之相关的论文档案夹。在着手设计和撰写研究项目时，先把摘要和论文浏览一遍。

按时间顺序归类，堆积起来的论文属于那些不需马上阅读的文章。许多这样的论文也要处理掉，选择一些归入文件夹，不要保存太多。令人吃惊的是，装文件的橱柜很快就整理好了。这样留在桌上的文件应该只有四五件——那些在本领域里作出杰出贡献的人所写的论文，他们的思想能够给你的思想予启迪作用。

在费尽心思做所有这些事情的同时，你要让自己的事业充满活力和趣味。你可能想增添一些能够刺激你想象力的冒险活动。在某一天，当你完成一次特别有价值的写作之后，就把这当作是餐后甜点犒劳自己。偶尔小憩一会，给自己放哪怕几个小时的假。去听听讲座，只因为它听起来很有趣。和来自另一大学的访问学者共进午餐。去听听同事的课。我们正是在这样的领域中学习成长起来的。类似这样的活动会使你在本领域里固有的兴趣再重新焕发生机。

应该换学校吗？

如果工作出色，你将有机会得到一个或者更多大学的邀请，请你加盟新的大学。是否要调动工作可能会成为你人生最难抉择的事情之一。你的家庭能轻易接受彻底离开吗？这么做他们会感到高兴吗？你能够离开那些好不容易才建立起的朋友圈子吗？

纯粹从学术的角度来看，因为某些情况的存在，跳槽可能具有优势。这些情况包括将会拥有好的或者更好的研究生，好的或者更好的同事，可以马上得到重要的资源，或者能够很大程度提高生活质量。

在考虑更换工作时，要注意避免几个易犯的错误：如果在原来的大学里你感到不愉快，一定要弄清楚令你不开心的原因。感觉不好可能是出于你自己的原因。如果是这样的情况，做一些弥补工作或者改变自身的态度比起更换工作可能对你更有好处。注意不要受到新学校里那种温暖而令人兴奋的氛围的影响。有时候，出现这种氛围主要是因为你是个来校访问的客人；你一走，每个人重又回到自己的办公室关上自己的门。

在考虑跳槽时，你经常会集中考虑新学校的好处以及你目前所在学校的责任。要提醒自己眼前这份工作让你心动的东西是什么，问问自己在新的地方你是否可以仍然拥有这些你喜欢的东西。找出新学校的缺点。获得更大声望的同时是否也要遵守刻板的礼节。你是否还能穿着随意（如果这种随意是你所珍视的）？那是否是个国立大学？如果情况属实，官僚作风有多严重？这对你的生活影响有多大？如果立法机关不能通过预算，你的工资会不会发不下来？如果你想住在新学校附近，你有能力支付房租吗？如果不能，住在较远的地方对生活质量有什么影响？

如果你决定到新的大学工作，要确保这对你来说是一个大的提升，因为一旦到了新地方，跳槽真正的代价就会表现出来。你将要重新经历一个新任助理教授要经历的许多问题——孤独、寻找干洗店、哪里可以买到纸夹板等问题。你到那里后,在面试中对你欣赏有加的人对你也不那么崇拜了。过去你认为很简单的任何事情,现在都变得很困难。

但在很多情况下,跳槽是正确的选择。它能激发你的思维,给你以往意想不到的机会从事实证研究工作,为你提供新的合作者,推动自我的发展。但是你首先要做的是擦亮眼睛、权衡利弊,然后作出正确的决定。

腾出休息的时间,获得新的视角

一学年的节奏可以自然为你提供机会进行休息、思考、评估自己的工作,如果你愿意,也可以改变自己的做法。在新学期开始的前几周或者在暑期,是重新评估工作的好时机。记住在研究工作中潜移默化的作用。脑子表面上处于休息的时刻,而实际上却获得解放,在这看来不可能的时刻问题迎刃而解,解决问题的办法自然而然浮出水面。课余时间,包括暑假和学术假的闲暇时间能够为你提供这样的机会。要充分利用这些时间,你必须离开学校。比如,在暑假离开一段时间是很有用的。当你回来重新开始工作时,你会改变优先研究项目,在离开时那些看起来如此重要的琐事,现在它们的重要性也慢慢退至恰到好处的位置。

在大部分的大学里,每4年到8年的期限内,你都有资格获得一到两个学期的学术假。如果你有幸获得一个学期或者一年的学术假,尽量离开学校。对一些人来说,尤其是那些担任双重职位的人来说,可能很难做到这一点。如果呆在自己的大学里,你可能会受不了诱惑和学生一起工作,或者协助系主任做一些行政工作。很快你就会发现,学术假已经完全被你一直想要逃避的无聊琐事占满了。此外,如果你还呆在原来的学校里,不像在新环境里学习,你得不到任何新的激励。因此,尽力找到一所适合的大学,这所大学在时间方面对你并没有正式要求,却能为你提供办公空间,还能为你创造机会与本领域鼓舞人心的同行共事。如果这所大学充满了激动人心的文化机遇,还有美酒佳肴相伴,效果更佳。据说普罗旺斯春天景致很美,伦敦冬天的剧院激动人心……学术假这段时间是对你努力工作的回报,同时也可以刺激思维,为将来的工作做好准备。

你如果为学术假制订了一个计划和日程表,它就能发挥最有效的作用,否则诱惑太多。有了计划,你就可以排除一些事情,学习新知识,让你的生活重焕生机。如果你的系主任或者院长对你说,你是系里唯一能带头组织某个委员会的人,要认识到这种话是言不由衷的,不要就此妥协。学术假太珍贵了。

享受工作之余的生活

是的,也需要享受工作之余的生活。不过,也许本文有关这部分的内容较短,并非是出于偶然的缘故。充满压力的头几年耗尽了精力,事业进入腾飞状态几乎总是意味着有规律的、长时间的工作。尽管很难找到时间享受生活,把握好后半辈子的生活非常关键。毕竟,如果不知道如何同时享受个人生活和工作的乐趣,那么工作这么艰辛、时间安排得这么有效率究竟是为了什么?有时候工作会暂时遭受挫折:你指望已久的经费申请可能没有通过,对你特别重要的文章发表不了等。当发生这些事情时,想到还可以指望后半辈子会感到好受些。

私人生活是属于你个人的。你自己最清楚需要在哪方面下工夫。我们的父母、老师总是敦促我们要吃好,要锻炼,保证睡眠时间,还要有社交生活。后者尤其重要,因为我们选择了这样的职业,要成功地减缓工作的紧张和时间上的压力,来自社交生活的支持是基本的。许多人都发现家人和朋友是最重要的支援后盾。留出时间和他们在一起,否则,当你需要他们的时候,他们也无法给你提供帮助。安排一些时间放松生活。提前买好电影票或者音乐会的票,这样你就不得不挤出时间去看。有规律地安排时间看网球赛。安排时间和一群朋友共进晚餐。

如果你喜欢自己的工作,在这过程中能享受到什么乐趣对你是显而易见的。不过你可能曾经忽略了工作中的一些优势和乐趣。比如,作为一个大学教师,你的时间是灵活的。只要没把工作时间缩短,也没有影响生活的其他需求,为什么一定要坚守刻板的朝九晚五的时间安排呢?如果文思泉涌,为什么一气呵成写到天亮,用其他时间再补足睡眠呢?如果写论文时没有灵感,为什么不先找点其他乐趣?

学术生活也能让你灵活选择工作地点。一方面,你不想养成让同事们感到绝对怪异的工作习惯,但是另一方面,有些差异是完全可以接受的。和大部分的工作不一样,在大学里工作,你能够自行选择研究什么问题,接下来安排什么任务。如果你一直在埋头写论文,到了写不下去的时候,先做些别的事情。想要做什么,就开开心心决定做什么。如果你总是做自己认为应该做的事情,对于你认为可能非常有趣的事,从来不敢去尝试,最终你会觉得自己被剥夺一空。你不能为此怪罪于自己的工作,不是工作剥夺了你的乐趣,而是你自己剥夺了生活的乐趣。

冲刺阶段

当你获得了教授和其他头衔后，原来的一些问题解决了，但新的问题也出现了。首先，对时间的要求越来越多。学校会要求你参加越来越多引人注目的委员会，参加这些委员将会耗费很多时间，但它们确实需要经验、有见识的资深教师来参加。这包括选举或者评估学校的高级行政人员，策划改变课程设置，或者修改课程，评估各个层次人事任命候选人，招待外校来访的团队，在学校附属机构里担任顾问后者委员等。

其他院系或者其他大学将会邀请你担任答辩委员会的委员。来自其他大学或者其他国家的访问学者可能会提出请求，请求你答应他们和你一起工作一个学期或者一年。中学生可能会在网上对你做跟踪报道，对于你是如何选择事业和你对本领域今后的发展方向有何看法进行耗费大量时间的采访。如果你在本领域里有一定的知名度，五花八门的会议会把你淹没，你的邮箱里爆满了各种邀请信。人们会要求你花更多的时间为国家服务，比如参加国家科学研究院研究小组，参加经费评审小组，担任访问委员会委员，到其他大学为某些院系做评估……

你只有一个选择：你可以不做研究，对诸如此类的许多事情一一承应下来，或者拒绝接受很多邀请，激怒很多人，仍然活跃在自己的研究领域里。真的没有两全其美的办法。要把两边的事情都做好对你的要求太苛刻了。得到这些邀请是令人高兴的。它们证明了你在自己的学术领域里受到尊重，获得了举足轻重的地位。然而，你必须承认自己不能胜任所有的事情。

你面临的最大问题

成为正教授碰到的第一个问题是要做大量的评估工作。等到成为正教授时，单单本专业接触过的人就有几百人，甚至几千人。你每年都要为自己以前的和现有的学生写推荐信。如果你在本领域里小有名气，人们可能会邀请你对本校或者外校的终身职位候选人或者教授提名候选人进行评估。每进行一个终身职位评估，你都要对候选人至少近7年的研究成果进行阅读、评论和思考。同事正在申请奖学金，更年轻的同事正在申请成为某些专业机构的会员，他们都需要你帮忙，认真推敲为他们写推荐信。

我们唯一可以拒绝的邀请属于这种情况：那些候选人不在我们专业领域工作，对其工作情况我们一无所知。只为你对其工作和才干都了解的人做评估，这不仅对你自己比较好，对于候选人也更公平。如果你为同事或者学生写了一封很好的推荐信，你要再次利用它的机会很高，所以把它放在你常用的档

第十三章 学术马拉松

案夹里,以便随时更新。

第一次写终身职位或正教授职位推荐信时,你可能要花很多时间,但委托院系通常会告诉你他们要了解什么情况。很典型的做法是,你会提及该候选人在其特定研究领域里的地位。他是人们公认的学术带头人吗?那个研究领域本身有什么重要性?候选人的论文发表在什么刊物上?合作者是谁?他已经不再依附于导师了吗?他是否受学生欢迎?他是第一作者吗?他是否获得了研究基金?未来的前景会怎么发展?是否可以预测出将会有好的成果?(在这种情况下你个人的陈述能起作用。)和事业处于同一发展阶段的同事相比较,该候选人的表现如何?他在你的学校会得到提升吗?这些问题是系里想要知道的情况。通常,只有你所写信件的摘要才会出现在系里的报告中,所以一定要写些适合被引用的句子。

第二个问题是,单单是要求你参加的委员会的数量尤其是大学委员会的数量就让你头疼。当任命你加入一个委员会时,这表明你是被大家器重的、有地位的资深人士。它们经常会占用你的黄金时间,但你付出努力的结果可能是微乎其微的。你所在大学越小,你的影响力越大。学校越大,就越有可能解决表面看来棘手的问题,你必须说服教师们一起来承担这份管理工作。这并不是说你就不能对所在大学的管理政策产生影响。但是,如果这一点对你很重要,也许你该去从政,担任几年的系主任或者院长。拥有这样的职位后,你在政策上的建议很可能产生重要影响,并被贯彻实行。但仅仅作为一个委员会的委员,你对于长期存在的复杂问题提出的新观点很可能没人听取。

委员会名目的激增速度之快真的有点可怕。你必须学会拒绝大部分的邀请,但可能需要参加一两个委员会。一旦决定了,就不要被那些看起来更好的委员会诱惑。

对你们中执掌决策大权的人,我有一个请求:不要组织新的委员会。几个有见识的人用电子邮件就可以完成同样的目标。电话会议可以取代传统会议。当然有些职责需要优秀的团队共同承担。但是那种特别冗长、主题散漫、令人昏昏欲睡的委员会有时候能够取消。

然而,偶尔参加访问委员会、评估委员会或者国家科学院研究小组,有时候能鼓舞人心。这类委员会经常是跨学科的,你会碰到相关领域里一些有趣的人物。

在事业的这个时期,考虑到你肯定承担了越来越多的责任,那么有什么事情可以合乎情理地拒绝或者减少吗?应该具体拒绝什么?对此我们进行探讨,最后勉强得出结论,认为评上正教授以后,如果有人请你评论期刊的文章,对此你应该特别慎重对待。在事业的这个阶段,你可能已经对某个特定的问题或者某种观点做了深入的探讨,所以评论文章时你可能会显得很武断,甚至有些刚愎自用。你应该把大部分评论的时间都用来评论自己所属领域里最了解的论文,这些论文通常是在你自己著作的基础上写成的。因为现在,你已经不再具有专业上的广度,对于所有最近的文献也不可能像其他评论者一样了解得那么新。

当你到了最后冲刺阶段,失去把马拉松比赛进行下去的热情时,该怎样完成比赛呢?我们无法帮助你解决所有这些问题,但可以提供下面的几点建议。把解决问题的方法程序化,因为大部分的事情发生的频率不止一次。保存一套自传性的材料,里面包括适度更新过的照片。这些材料可以为那些想要了解你的职业生涯的人提供。你可能想补充一些关于自己研究的哲学思想,以及对于该领域发展方向的观点,作为这些材料的部分内容。这些材料很快就会就能分发给那些向你索要个人资料的中学生和本科生,可以附上一封邮件,温和地向他们解释,尽管你很乐意回答他们的问题,但你没有时间,非常希望这些材料能够满足他们的需求。

迅速而诚恳地处理这些请求。你的年龄越大,你发现那些受到你真诚相待的人们越能记得与你的交往。考虑清楚把来信中的请求转交给谁去处理。当被邀请评论文章、被记者邀请谈论那些你知之甚少的话题时,你可能会想把这些请求转给同事。你越是这么做,同事也越会把此类的请求转回给你来回答。最好想到出一种亲切的方式表示拒绝。

有许多对你时间上的要求你无法拒绝,所以最好的处理办法就是把这些事情放在一起同时处理。处理这些事情时不要占用一天中的黄金时间,而选在你感觉比较疲倦的时候。尽量控制好烦躁情绪。记住,人们的记忆力是很好的。你如果是该领域的资深人员,他们对你的记忆比起你对他们的记忆要久远得多。

毕竟,最终还是由你自己决定该做什么,所以把握好要做的工作,安排要优先去做的事情,回绝不必要做的事,把挑选出来的事情做得又快又好。成为写回绝信的专家:"我真的很乐意这么做,但遗憾的是……"

在事业上保持活力

在准备写这个章节时,我们参阅了另外一本书中描写学术生涯不同阶段任务的有关章节。关于担任正教授期间,有这样的描述:通常,在事业的这个阶段,服务活动更重要,研究工作处于次要的位置。从一定程度上说,这是符合事实的。许多五十几岁、六十几岁的人发现这时候可以放慢脚步,感到很安慰。这是很好的时机,不用再去创造知识,相反,可以利用通过艰辛的努力获得的智慧。我们的几个同事很顺利地过渡到这个阶段。有些人已经能够对某个设想提供具体的模式,比如为年轻的同事建立种子基金,为该专业的学生开辟一个新的核心学术领域。其他人选择辅导年轻教师。年轻教师有时候对于那些做此选择的教授感到不耐烦甚至看不起他们，因为这种工作不像著书立说那样引人注目。但是上年纪的同事已经习惯了这种道路，大部分的人都接受了这个事实，而他们服务工作方面所作的贡献如果没有立竿见影的效果，也是非常重要的。

有些人在担任正教授期间，选择在某家刊物担任编辑工作，为此付出的代价是显而易见的：工作量巨大，而且还容易得罪别人。好处是你能够学到很多东西，（在一定程度上）你可以影响该领域的发展，你在该领域的知名度和地位都在提高。

可能有人会邀请你担任某个专业组织的主席。这不像听起来的那么糟糕。会议总是很低调，其他一些工作人员都是熟悉的朋友，会议总是在不错的地方举行。该组织有管理机构，通常在你到来之前就安排了一个执行官员，这样可以把你的工作量降到最低的程度。

尽管我们所有人都需要做一些类似的高级服务工作，但许多人拒绝了，因为他们希望自己的研究事业尽可能长久地保持活力。也许我们仍然认为最好的科学工作还在前面。但如果人们想要留下什么精神遗产的话，现在正是可以这么做的时候。

你要留下的精神遗产包括你的理论或实证性的著作、你指导出来的学生和你通过评论和其他服务对本领域所产生的影响。毕竟，科学是集体努力的结果。你的作品会被引用，和其他人的著作混合在一起，只是改变了形式。说现实些，你的影响充其量能够持续一二十年。如果某个本来应该引用你著作的人没有这么做该怎么办？一般说来，就随他去吧。你可以寄给他一篇相关的论文，附上礼貌的信件，说明它的相关性，但是不要大呼小叫，硬要逼迫别人把你的论文写入他的参考书目里。如果你被别人误解怎么办？礼貌地纠正他人的错误。如果你现在不抓住机会进行纠正，其他人以后也会犯同样的错误。

随着你的年龄越来越大，与学生以及合作者共事的方式可能也在改变。你所了解的知识和学生了解的知识距离在增大——你并不总是见识最广的人。他们比你更了解最新的文献、最新的科技以及最新的统计技术。你对整个领域的发展具有更宏观的把握，对跨领域之间的联系你比学生清楚得多。而学生对更狭小领域里的动向分析更透彻。你可能对他们的观点有些不耐烦，希望尝试更大的行动，但如果站在学生的角度来看，那样做是不明智的。你在寻找时机表达自己的观点，而学生的目的在于在《个性与社会心理学杂志》发表文章。

你该如果弥合这种差距呢？你想要努力弥合吗？在你和学生的需求间寻求平衡是很好的。参与学生正在做的一些集中性的、实证性的研究项目，也让学生参与你那些目标更远大的某些研究。你必须拥有大笔的研究经费,这样,你就能够中断研究中一些便于处理的部分,让个别学生把它当做实证性的研究项目进行研究。但你也要向学生学习。他们现在了解一些你不了解的知识,这能够把工作做得更好。不过,你也会发现,和以前相比,你现在很自然地更经常和优秀生、博士后甚至是助理教授一起共事,因为他们尽管需要发表文章,他们通常也拥有更开阔的视野。你会找到适合你的一种平衡。

能使自己对研究兴趣历久弥新的秘诀之一是开辟一个新的领域。这并不是说你需要在事业上完全改变方向。更常见的情况是,人们可以为自己研究的领域增加新的研究技巧。这包括使用新的统计技术和方法论,对心理现象的生理本质做专业研究,培训有关神经显像的知识等。使用新的技术做新的事情,有许多有趣的事情可做。但是做这些改变可能不会马上获得完全的成功。许多你要尝试掌握的新技术有很大难度,要迅速学会必须付出很多大的努力。你年纪越大,付出的努力就要比年轻的时候更多。当你在学习新技术时,会很尴尬地犯一些事实上不可避免的错误。也要认识到你正在努力迈进去的领域对你的到来也并不欢迎。新来者经常会碰到无情的现实:你的新工作很难获得资金,文章也不容易被认可,很难发表出来。

在事业的这个发展阶段会出现另一个问题,即如何在新的工作以及维护原有的成就之间达成一种平衡。新的工作是如此令人激动,以至于你有可能把原有的工作放在脑后,但是如果有人对你的著作存有误解或者以一种你认为不公正的方式进行攻击,你经常就会处于一种不得不回头来应付这些问题的处境。这样做有正确和错误两种方式。受到攻击后用尖酸刻薄的信件进行炮轰反攻并不是维护自己著作的正确做法。用更好的科学证据来处理此事总是最有效的。这需要花费大量的时间,你必须在二者之间进行权衡,纠正人们对你作品的误解到底有多重要,这么做要从你现在更为投入的工作中占据多少时间。但是,在事业的后期阶段,留下遗产是主要的任务之一,为早期作品进行辩护是这项任务的一部分。如果你坚信自己是对的,那么对于他人对早期作品的攻击置之不理,不论对你自己还是对本领域都是不负责任的做法。

如何让教学工作再重新焕发生机?如果你一直对某些东西怀有强烈的好奇心,可以就此开一门新课;为大学新生开设座谈会,或者举办荣誉讲座。和其他系的教师合作共同教授一门课程;和其他老师进行分组教学;可以就你打算写的一本书开一门课程;或者和年轻教师合作教学。如果这些建议都不适合,寻找至少能暂时减缓工作量的办法,即使这意味着必须承担一些其他的、在某些方面也令你不快的任务。

第十三章 学术马拉松

要注意避免不愉快的结局

在职业生涯的后几年,你可能会失去耐性,感到厌倦。你已经听过每一个问题,同一门课教了十几遍,几乎同样的论文看过了四五次。你阅读的一些所谓"科学"看起来如此渺小,毫无意义。另一方面,任何事情发展的脚步都不够快,但其他事又发展得太快。助理教授们看起来充满无穷的精力,你却感觉需要打一会儿盹。

正如助理教授的风险是容易成为急功近利的人,正教授尤其是资深正教师的风险就是容易变成脾气乖戾的老家伙。如果你对本领域的问题老是喋喋不休不停地抱怨,你很难在退休的时候,既留下精神遗产,还能受到同事的尊重。我们知道,你的著作并不像应有的那样被人们争相传阅,它的价值没有得到应有的重视,即使你的著作是现有思维的知识基础,但是它甚至没有得到认可。

当你看到自己的精神遗产不可思议地不断缩水甚至流失的时候,要认识到在你的前面还有成千上万的教授遭遇同样的情况。不要用你观察到的这种无法避免的现象和你的坏脾气来折磨你的同事。把它看做是学术上的关节炎,它会伴随着年龄的增大而到来,需要用良好的饮食搭配、身体锻炼和乐观的思想来控制。

结 束 语

我们大部分的人选择成为教师,是因为我们认为自己将会在工作中获得乐趣,这些乐趣可能来自于研究带来的满足感,来自于和学生的融洽关系以及教学本身的过程,也可能是因为我们拥有不断学习的理由,拥有自由选择什么研究课题等等。在这一章,我们主要讨论了学术生活中的要求,而不是乐趣。然而,享受其中的乐趣才是这份充满压力、薪水很低的职业之所以值得去追求的主要原因。我个人认为,最终的动力应该是研究带来的一种纯粹的乐趣。

(本章作者:雪莱·泰勒 琼妮·马丁)

第十四章
做好长远打算

这一章的目的在于展望未来，思考许多年后的事情。如果和大多数人一样，你是在读完研究生或者获得博士后头衔之后从事学术研究，你的年龄大概已经二十八九岁或者三十岁出头了。你的当务之急是找到工作，启动研究项目，建立一个实验室，从事教学活动，考虑如何获得终身职位等，这些都已经在本书的其他章节详细分析过了。考虑到眼前更为迫切的需求，为什么还要花费心思去考虑5年以后的事情呢？为什么不把精力放在当前更为严肃更为迫切的问题上呢？

我们坚信，建议你从长远的角度考虑事业的发展，至少在三个方面对你有利。第一点，可能也是最重要的一点，你可以更好地为自己定位，达到长期研究和教学的目标。要使研究事业得到发展，不仅需要考虑短期目标，比如做完下一个实验(写下一篇论文)，而且也需要考虑长期目标，比如撰写一系列彼此相关的文献，(如果运气好的话)可以影响整个领域的发展方向。在教学策划方面，情况也是类似。你不仅要考虑正在承担的教学课程，也要考虑将来你可能要教授的课程，想想这些课程如何能够既能适应院系的目标又能达到你个人的目标。第二，你可以考虑一些你本来可能不会考虑的事业目标和选择。比如，你是否考虑过成为系主任，或者进入学校的领导层。如果你确实有这样的打算，应该做什么准备？第三，只要想想学术界里其他人所做的选择，就可以帮助你看清楚那些将与你产生联系的人的前景。即使你从未有过担任院长的抱负，你也可以考虑一下为什么其他人那么热衷于这个职位。毕竟，将来某个院长对于你将来获取终身职位和职称评定方面将其关键作用。

策划未来是一件危险的事情。我们的建议是为将来策划可能的方案，但并不需要完全投入其中的某个具体计划。原因是长期计划，即使是最精心策划的计划也很少能够实现的。设定一个计划，但不要拘泥于此，随着时间的流逝，对其进行修正。自始至终要睁大眼睛，适应不断变化的形势，抓住机会并利用机会。

为未来打算

如果你在二十几岁的时候进入学术界，大约七十岁的时候退休，那么你将拥有四十年左右的学术生涯。该如何做一个长达四十年的规划呢？我们的建议是：为小块的时间制定具体的计划，至于更遥远的未来，只要制定较为笼统的计划即可。有关个人和机构如何进行长远规划的书很多。我们的建议是规划尽量简单。我们建议对长短不一的时间段做好规划，随时修正计划，把要实现的目标简单地罗列出来（而不要长篇大论地告诉自己具体该做什么）。让我们一起考虑如何规划短期、中期和长期目标。

短期目标

许多有条理的人把要做的事情都列在清单上，并且不断地考虑修改。列出的任务清单应该有前后主次之分。这一周你究竟要做什么？准备五个讲座，参加两个委员会会议，参加系里举办的研讨会等。显然，必须完成的事情要优先去做。事实上，你可以直接把它们填入日程表里，而不需要列在清单上。任务清单专门用来记录时间安排比较随意的事情。你可以把"撰写需要写的文章""完成稿件评论"等事写在清单里。有些人每天都要列出需做的事情，有些人一周罗列一次。所有这些都是你短期时间需要做的事情。然而，即使在短期任务清单的旁边，你也可以按照稍微有些不同的分类法，填上那些需要花费一天多时间或者甚至一周多时间才能完成的项目，比如需要提交的文章，需要写的经费申请等。这样能时时提醒你，不能用学术生活里的日常事务（如教学、讲座、会议等）把短期任务表填满。是的，所有这些事情你都必须去做，但是在你的计划表里也要留出一些时间，安排那些最终能为成功打下基础的活动。

这为我们提出了如何进行短期时间管理的问题。很显然，就我们工作时表现的生理节奏而言，我们在一天或者在一周里的精力、创造力和工作生产力表现都是不一样的。因此要合理安排时间。如果写作是你所从事工作中要求最高的部分，就把效率最高的时间留出来写作。比如，有些人把效率最高的时间中固定几个小时（比如每周5到10个小时）用在写作上。我们最成功的一位同事把每天上午最早的几个小时都用在理论分析和开发试验方法上。其他人把一周中的一两天用作研究专用时间。有些人发现在这些专用时间里，因为远离外界的干扰，效果非常好。把其他处于非巅峰状态的时间用来做要求更低但又不得不做的事情。你一旦把写作和研究的时间安排到日程表里，就要严格遵守时间安排，除非出现紧急情况，否则不要让任何事情打乱安排。我们坚信,把效率最高的时间用在某些特殊的事情上,适当安排时间,这是关键的一步,我们因此能够最高效地工作。

在考虑更长远的规划之前,我们已经对如何进行短期规划做了阐述,但事实上,这个过程是在不断重复的。你可以依照我们的建议,进行远大的长期目标规划。但是,除非你每天、每周的计划都能及时为实现长期目标服务,否则长期目标是无法实现的。所以要确保你每天、每周的计划能够为实现更长远的目标而服务。

中期目标

中期目标可以涵盖许多时间段。我们发现以六个月作为一个时间段很有效果。我们中有个人一年举行两次试验室会议。在会上,每个参会者都要说明,在过去的六个月中完成了哪些主要目标,在以后的六个月中将要实现哪些目标。因留有记录,所以每六个月中已经取得的成就可以和原来设定的计划目标进行比较。完成的目标可以得到赞赏,没有完成的目标可以记录下来。你为什么没有完成目标?要做哪些改变以便将来可以实现更多的目标?你该如何改变每天或者每周的计划,以便这些中期目标(提交经费申报或写某篇论文)得以实现?你可能会发现,如果你独立承担工作,这种半年一次的工作计划回顾对你很有帮助,但要做到实事求是。如果你和密友、同事能够一起进行这样的半年工作总结,对于未实现的目标互相提出提醒,找出问题所在并解决问题,这样做起来可能更容易。根据我们的经验,每隔半年,在众人面前对过去半年所做的工作以及未来的目标进行总结和说明,是一个很好的动力。建立一个试验室团队可以有效地达到这个目的。

由于教学活动只安排九个月,另一个需要计划的时间单位是暑假。暑假期间能够完成什么目标,人们通常对此抱有不切实际的想法。应该制定合理的目标,包括度假的时间,然后坚持按照计划表来行动。在暑假里不要制定太多目标,以免因为同时要做太多事情,反而什么也做不好。如果因此无法实现其中任何一个目标,这会让你感到失望。我们认识的每个大学教师都有过这样的体验,暑假过得太快了。在假期刚开始的时候,时间似乎可以无限延续下去,但是突然间就到了八九月份,你必须为新学年做准备。因此,要为暑假每一个月制定合乎实际的目标,一定要尽可能严格遵守计划的安排。

另一个需要规划的时间是一年,这和制定新年计划颇为相似。有时候,院系要求每个教师在年度报告中具体说明每年的目标和取得的成就。令人遗憾的是,制定的年度计划和目标通常会遭遇和新年计划同样的命运:几周后,它们就被抛之脑后。那就是为什么在每天、每周的计划单里必须囊括更长期的目标(半年或者一年的目标)。另外,每年考虑一次(多半在新学年开始前的八月份)下面这个问题是很好的做法:"下一年度我必须完成什么目标?"然后,罗列出具体的目标。

长期目标

这种类型的规划可能更加困难,但你应该做这样的计划。从上下文来推断,你可能会明白,所谓长期目标已经超越了具体的行为目标范围,而是属于梦想、希望和抱负的范畴。你渴望成为本研究领域的尖端研究学者吗?你希望成为获奖教师吗?你是否希望在行政管理领域有所发展,从系主任提升为学院院长、教务长甚至是校长?你希望成为某个刊物的编辑吗?你是否能够想象在一个需要学术专业水平但又游离于学术界之外的机构里工作(比如在一个基金会或者在联邦机构担任工作人员)?你想编写教材吗?你是否想过自愿提早从学术界退休,从事别的工作?在一生中,你不可能尝试所有的事情,所以必须进行选择。然而,你必须对学术界提供的范围广泛的选择项目都进行权衡,这样你才能做出明智的抉择,不至于到 55 岁的时候才说:"我 35 岁的时候,为什么没有考虑做某某事呢?"

在你(可能的)40 年左右的学术生涯中,你希望在本领域取得什么成就?你所制定的长期目标能够回答这个问题。有一种做法:在度过漫长而圆满的一生之后,假设由你自己按照内心的愿望给自己写讣告,你想在讣告写些什么?你希望人们如何纪念你?什么对你最重要?在这些方面,人们的观点大不相同。人们在不同的方面各有建树,有的人能够成为优秀的教师、伟大的研究者、杰出的研究生导师、了不起的行政管理人员或者伟大的著书立说者。当然,有些人似乎能在各个方面都出类拔萃,但大部分的人只能在某一方面取得突出的成就。通常,人们会选择把各个方面都做好,而不愿为了在某个方面出类拔萃,却放弃了其他方面的发展。仔细想想,什么是你认为最值得去做的事情,同时也要仔细考虑自己的技巧和能力,然后再做出相应的选择。但要牢牢记住,无论你做什么,你都是在进行选择;当你瞄准某些目标的时候,通常也就等于放弃了其他目标。所有的选择都要仔细考虑,之后再做出明智的选择。

前面所述只是针对如何选择职业道路的问题。当然,还有许多外在的要求和利益。在这些方面,也需要有独立的目标和目的。你可能对工作过于投入。许多大学教师把所有的时间和精力都用在事业上,他们会发现自己在处理人际关系上是失败的。在学术界中,工作狂的现象至少和其他行业一样普遍(在学术界中可能更加普遍),可能是因为"工作"这个词的定义不清楚,总是有更多的材料需要阅读,更多的项目需要做,更多的论文需要写。所以,工作可能一直在增加,从而取代了生活本身。我们强烈建议,你要设法防止这种现象的发生。留出神圣的专用时间,发展人际关系、和家人团聚、锻炼身体或者从事业余爱好。从学术工作中抽取这些时间，当你重新工作时，也许还能帮助你提高工作质量。不要让学术工作取代了生活，最终只好在办公室和实验室里生活和睡觉。你从事所选择的领域，是因为你对该领域非常感兴趣，但是不要因此把生活中其他的事情全部排斥在外。当某些工作不可避免地遭受挫败时，你能够转而从其他事情获得乐趣是令人振奋的事情。

在该章节的剩余部分，我们将对你生活中各个阶段可能的事业目标进行思考。所提的建议和想法只反映了我们自己的观点和经验，并非所有的人都赞同。

职业生涯规划：早期

本书大部分内容都是关于如何在早期把握好事业，所以我们将就这一点做简洁的说明，用简练的方式把它们罗列出来。每一个要点在本书其他地方都有说明，有的甚至用整个章节的篇幅进行论述。

1. 如果你在研究所里工作，就要让研究工作顺利进行，在期刊上发表论文。记住，这是在大部分的研究机构里获得终身职位的主要标准之一。不要发表或者试图发表简单、单一性的研究成果。那也许能增加数量，但是谨慎的、多样化、系统性的研究计划能够帮助你建立良好的声誉和事业。

2. 教授院系需要的课程，做好教学工作。教学可能会吞噬你的生活，但尽量避免这样的情况发生。备课效率要高。在事业发展初期，经常教授同一门课程可以把备课时间降低到最少的程度（但每次教学时都要对所教课程进行更新改进）。睁大眼睛，寻找可能愿意和你一起做研究工作的优秀学生。你也可以从教学中学到很多东西，所学的新信息可以融入你的研究中去。

3. 和院系里的教师探讨价值标准。通常，当我们获得第一份工作或者刚换到另一所大学时，会认为新的院系和我们以前所处的地方具有同样的价值观。情况并非一定如此。和其他的年轻老师讨论这个问题对于有所帮助，但是我们也建议你在系里找一个资历较高的教师寻求指导，也许他还可以成为你的学术导师。

4. 坚持不懈！学术生涯对于任何一个人来说都充满了挫折。每个人的论文都有遭遇退稿的经历，每个人都有令人不满的学生，都有太多的事情需要做。但是不要让这些事情把你打垮。当你要被击垮时，可以请"病假"，给自己放一天假，让精神得到康复，这么做并不是罪过，但不要做得过度。没有理想的代课老师，永远不要旷课。

5. 要有合作精神，但也要保持警惕心理。人们可能会邀请你参加合作项目，这个项目可能要花费大量的时间，但是却没有成果可以出版，或者即使能就该项目发表文章，你也得不到太多的好处。要警惕这样的同事，对他们来说，所谓"合作"，不过意味着"做我的助手，协助我完成这个项目或者监督该项目，但我将是第一作者"。

6. 要跟上本领域的发展。留出时间阅读刊物文章。浏览是一个重要的技巧。浏览你所在领域里的文章，但不要只局限于你自己的狭窄的研究范围。尽量坚持不懈地把你所在领域里一些重要期刊的文章摘要浏览一遍。

7. 参加全国专业会议，多参加一些研讨会，这些会议费用你是承担得起的。有些教师认为可以不必参加这样的会议，因为发表的论文可以代表他们的心声。但会议场所是个很理想的地方，你可以遇见那些最终能为你的提升写推荐信的人。考虑在全国会议中组织一个你所属领域里的座谈会。这将能为你提供一个场所，使你有机会和本领域的学术带头人进行交流。在座谈会上发言，以便人们在你的论文发表之前就有机会对你最好的作品有所了解。但是，在正式发言之前，一定要预先排练一下。

8. 要乐于为你所在的院系或者所属的领域提供服务，尤其是当这种服务并不会占据太多的时间，或者有助于你的专业发展的时候。系主任大多时候都会为你考虑，使你不必参加各种委员会，所以当他确实叫你帮着系里做些事情时（可能是相对较不重要的事情），千万不要说你的工作太忙了。记住，系主任为了服务工作，放弃了比你多得多的私有时间。

9. 当编辑们开始找你写评论文章时，要一丝不苟、有条不紊地去做这件事。不要把每篇论文都挑剔得一无是处，不要把文章的所有瑕疵都挑出来，不要以这种方式向编辑炫耀你是多么聪明。问问自己：这篇论文有趣吗？是不是处于该领域的领先水平？没有论文是完美无缺的，即使是最优秀的论文也是如此。另外，要尽快写好评论。让自己成为一个可靠的、享有良好声誉的评论员，这样可能有人会邀请你担任社论版的成员。

10. 是答应还是拒绝他人的邀请，要适当权衡。随着事业的发展，你会受到邀请承担越来越多的责任。刚开始时答应下来很容易，但你需要确保答应此事不至于在你承担其他更为重要的事情的期间，分出太多的时间。同样，不要整天埋头呆在实验室里，承担一些对自己的院系或者整个领域的有益的责任，是很有益处的。另外，在这个时刻，德高望重的年长导师能够为你提供宝贵的建议。

我们可以沿着这个思路继续说下去，但现在要告一段落。只要阅读本书的其余部分，就可以知道关于事业发展初期该做什么有哪些建议可以参考。参考他们的建议，找到适合自己的道路。

职业生涯规划：中期

让我们做下列令人愉快的假设：你从研究生院毕业七年左右，事业发展顺利，已经获得终身职位，正展望未来。获得终身职位曾经是如此难以跨越的目标。但现在你已经实现了这个目标，它带来的成就感似乎反而锐减。毕竟，你的薪水虽有略微提高，但不足以改变你的生活方式。除了在信笺上可以写上"副教授"的头衔外，学术生活中任何其他方面都还保持原样。此外，你可能必须参加更多的委员会会议，人们期待你对院系和学校作出更多贡献。这些事实看起来很令人失望，但这正是展望未来的时刻。下一步你该怎么做？

许多人仍然和以前一样按部就班地工作，尤其是在刚刚获得终身职位以后。旧的习惯很难打破。然而，我们认为，在几年内，你应该着手考虑其他的选择，而不是按照通常的模式行事。通常说来，在获得终身职位后，无论是在研究方面还是其他活动方面，你都可以考虑四处看看可以拓展的职业范围。

显然，拓展职业范围最激动人心的一种做法就是调到另一所大学。在职业生涯的任何阶段都可以调动工作。但是，我们决定在这个阶段针对这个话题进行阐述，因为在这时候，人们最有可能刚刚获得终身职位，有可能成为该领域里最具推销价值的冉冉升起的新星。无疑，跳到另一所大学可以为一个人的职业生涯注入新的活力。在新的大学里，你通常可以拥有更好的同事，你可以抛开在原来学校里养成的老套的办事方式。学术氛围有了巨大的改变，这本身就可能令人鼓舞。任何人都渴望成为抢手货，所以被另一所大学追捧本身就令人振奋。当然，也需要谨慎行事。有时候，人们并非真的想离开原来的大学，只是认为外校提供的机会可以改善他们现有的处境（比如，提高薪水，或者得到研究经费）。危险在于，在某些情况下，你所在的大学无法提供外校给你提供的条件，所以人们被迫调换到一个不太令人满意的地方，或者被迫尴尬地留下来。当考虑调往另一所大学时，在社交聚会方面要花费大量的精力，所以底线是，在事情发展过程还不会太深入之前，要确保调动的确是有可能的，这一点很重要。在和其他大学进行谈判拉锯战的时候，人们会很容易心烦意乱而影响研究和教学，而且在无意间会得罪一些同事。然而，如果调动工作真的能改善处境，是值得去尝试的。

现在，我们假设你还在原地不动，但还是准备调动。那么，首先要考虑研究的问题。为了获得终身职位，你可能采取了一个策略，在有限的主题范围内就你了解透彻的内容发表了许多实证文章。像大学教师经常做的那样，你在相对狭窄的主题范围里进行研究和写作，已经以此获得了一定的名气。在你获得终身职位以后，回过头来审视你的研究项目。结果是不是表明你在对越来越少的内容做越来越多的研究？如果是这样的情况，要考虑拓宽到你感兴趣的其他领域里，学习相关领域的知识。或者你刚刚参加了一个学术讨论会，它引起了你对相对较远的某些领域的兴趣。学习这些内容，和那个研究领域的人们交流，通过考虑你的知识、技能和背景，瞄准一个全新的课题领域，也许你能开辟出一个有趣的合作项目。另外，指导相关领域里本科生的荣誉论文也是一种拓展研究前景的理想方法。

此外，你的学术假可能到了，前提是你所在的学院或者大学同意你休学术假。如果你的学术假申请能获得审批，尽量到鼓舞人心的大学进修。在那里，你的头脑可以重新充电，你可以了解振奋人心的其他领域。考虑学习一套新的方法和分析程序，这会对工作有帮助。拥有进行不同项目研究的新同事，这能够帮助你开辟一条新的道路。学术假也为你提供了机会，可以不受中断地完成研究项目的论文撰写。另外一种类型的学术假是只待在家里，尽量利用时间研究正在进行的项目，这样做也能较有成效，如果有家庭因素需要考虑，这也许是唯一的选择。然而，如果你做这样的选择，意味着你经常要参与系里的日常事务。因此，如果可能，到其他大学休学术假是有益处的。

除了考虑新的研究领域以外，你也可以考虑参加不同的学术活动。在下面几个段落中，我们将考虑不同的途径，可供你参考。当然，并非所有这些建议对每个人都适用，但是它们至少值得去考虑。

首先，如果你撰写的大部分论文都是关于研究实验结果的实证报告，可以考虑投其他类型的稿件。其中一种办法是撰写综合性评论文章，那种类似于发表在《心理学公报》等刊物中的文章。如果这些论文有助于概括和阐明某一特定领域的研究，它们就属于那些能被经常引用的重要稿件。那些发表在《心理学评论》和其他刊物上的理论型论文，情况也是如此。你一旦在本领域获得了一定的地位，人们就会邀请你为那些也出于同样目的而编写的书本撰写几个章节。然而，在整个心理学领域里，人们编写的有关书籍卷帙浩繁，这意味着其中任何一卷或者一章碰到的读者都很少，毫不引人注目，所以务必在期刊中发表这类综合性的文章，这是一个好得多的举措。此外，撰写发表这样的章节很自由，因为相对于大部分编辑艰难的审稿过程，这些编辑的评审和编辑工作通常都很宽松，你可以按照自己的方式畅所欲言。

你也许会考虑撰写一本专著，一本关于你所选领域的学术专著。相对于编著，学术专著比较少。它们具有对该领域作出更大贡献的潜能。从实用的角度来看，你一旦开始考虑从副教授提升为正教授，院系里和大学里的许多委员会除了看你一系列实证文章外，还会着手寻找某种理论性或者综合性的论著，以此证明你在所属领域里的地位。重要的评论性文章、理论性强的论文或者学术专著将有助于证明你在所属领域里的资历。

假设你并没有为自己确立主要作为一个研究者的地位,而是成为了一名成功的教师,或者假设你是属于那种在两个方面都很出色的人员之一。无论是属于哪一种情况,你都可以考虑编写一本教材。如果你在教授一门课程,你可能对这门课程的大部分书籍都很熟悉,了解它们各自的优缺点。如果你喜欢写作,其他人也认为你是一个表达清晰、善于写作的人,那么你可以考虑编写教材。编写教材对你来说可能是一项令人畏惧的任务,但不要放弃。毕竟,如果这门课程你已经有多年的教学经验,它属于你很了解的领域,那么就这些主题写一本教材不应该会把你压垮。教材公司总是在密切关注着振奋人心的新教材,一本出色的教材能为本领域定下一个标准。在下面几个段落中,我们将从正反两个方面考虑编写教材事宜。

如果你编写一本概论性的教程,也许能够挣点钱。这类教材包括心理学入门、研究方法、统计学,以及每个系都在教授的概论课程——变态心理学、发展心理学、社会心理学或者认知心理学以及其他的课程。然而,大部分初级教材的编者在进入大市场前,应该考虑编写更专业的教材。如果关于"态度转变"的内容属于你的专业领域,可以写一本相关的教材。如果写这个教材对你来说是个不错的体验,那么以后某个时间可以考虑写一本社会心理学的教材。遗憾的是,教材越专业,市场销路越小,能够期望挣到的钱也越少。编写教材的另一个好处是:你将以一种全新的方式把握你的专业领域,如果你没有编写该教材,你就不会有这样的看法。要把一门学科了解透彻并编写相关教材,你必须进行深入阅读并综合自己的知识。编写教材(和教授一门课程一样)是一个极好的(也是能拓展知识的)学习过程。此外,更为广泛的知识面能够产生一种良性循环,对你的研究大有帮助,使你的研究更具有知识性。另外,你所编写的教材如果被广泛采用,不仅能提高自己的知名度,也能提高你在本领域的荣誉。

编写教材也有几个缺点。首先,这非常耗费时间。出版公司的编辑们通常总是用下列赞誉之言来鼓励教授们编写教材:"这门课你已经有多年的教学经验,教材已经烂熟于心,唯一要做的事情就是把上课用的讲稿详细抄写下来而已。"然而,情况从来没有那么简单。把一门课程了解清楚,给对此知之甚少的本科生开课,这是一回事;而如果你想就一门你了解不够透彻的课程编写教材,还要受到其他大学的同仁的评判,那又完全是另一回事。你必须做好充分的准备,终日埋头工作,至少把所写话题的评论性文章都通读一遍。编写教材的另一个缺点是:在大学里,教材的分量经常被低估,而且到了有些令人吃惊的程度。人们似乎抱有这样的态度:在评定职称和终身职位的时候,要慎重考虑的是学术专著,认为编写教材只是"为了挣钱而已"。如今,大学里对于教学日渐重视,也许对于编写教材的态度会有所改变。毕竟,某一所大学的优秀教师只能影响该所大学里的学生,但是一位优秀的教材编写人员却能教育全世界的整整一代学生。编写教材当然并不适合每一个人,但是如果你思路清晰、擅长写作,就可以考虑编写教材。

在职业生涯中期另有一个建议常可供参考:参加全国性组织,比如美国心理学协会或者"美国心理学学会"等。显然,这些机构不是自行运营的,而是依靠致力于推进该学科发展目标的人们的捐款来运行。考虑自愿承担一些委员会的工作,或者参加某个职位的选举。加入全国性的组织能为你提供机会更好地认识到该领域的多样性,了解这种大型的机构是如何运行的。这些机构也能为你提供机会认识该领域里的学术带头人。

最后一个建议是,你对管理工作有何看法?你善于和他人打交道吗?你性格正直,办事又快又好,受到人们的拥戴吗?你所在院系是否因此而邀请你担任委员会的主席?这样的才能在学术界中并不是很常见的。事实上,有些人选择学术生涯,似乎是因为他们生性聪明,喜欢思考和研究,但是没有社交才能,在需要有高度合作精神的现实环境中,难以取得成功。学术界对住在象牙塔里孤僻的学者和他们难以相处的性格仍然持宽容态度,有时候甚至是到了姑息纵容的地步。学术界几乎总是从本学术圈子里挑选领导,被选上的可能性有的时候是很小的。如果一个人成了系主任、院长、教务长或者校长,这意味着他在承担一个没有受过训练的职位。他们对于这份工作必须多加学习。你也许就可以成为其中一员,你会发现从事行政管理工作是有回报的。

在你刚刚迈入事业发展中期的时候,人们可能只会邀请你担任委员会的主席,但是你要看看自己是否喜欢这种做领导的体验,是否喜欢安排事情,是否喜欢和他人打交道。如果你喜欢这种感觉,在以后的某个事业发展时期,可以考虑承担一些行政工作。第一步是担任系主任。当然,不是由你来选择——而是由你所在的院系和院长来提拔你。有些令人惊讶的是,如果对系主任一职的兴趣表现过于强烈,有时在选举过程中只会招致失败。你所在院系会认为你是权力欲很强的人。此外,关于你在管理技能方面的潜能,咨询一下你的同事。他们的反应可能会让你感到吃惊。然而,许多的院系都具有轮流担任系主任的制度:一个人做三四年后,由另外一个人接着做,依次轮流下去——因此,系里许多人都会在某个时候成为系主任。

在行政方面,很少人能够在担任系主任之后得到进一步的提拔,但我们确实希望至少有一些读者能够考虑这一步。当然,(在众多其他职位中)担任院长、教务长或者学校校长,要取决于是否能够被校外遴选委员会选上。但是,为什么有人会考虑走这一步?这意味着要他要离开自己的研究领域,或者离开教学和研究岗位吗?这是很难回答的问题,要取决于个人的选择。然而,每一所大学在这些重要岗位上都需要杰出的学术带头人。心理学作为一门学科来说,培养一批学术带头人担任这些要职很重要。从事行政管理工作是相当有益的,因为这些工作能够推动一个院系、一个部门甚至整个大学的发展。但是,他们的工作要求很高,要做艰难的决定,会碰到令人头痛的事情。

在职业生涯中期,你对研究工作和其他的学术活动更加投入;但如上所述,我们希望你也能把它看作是一个可以暂时停下手头工作、考虑拓展工作领域的时期。学术界在自己领域里为你提供了各种各样的机会。

职业生涯后期指导

在美国的学术界,对于退休时间不再有强制性的规定,所以什么年龄段构成了事业发展后期呢?这个问题没有固定的答案,但是因为大部分的人仍然在65岁到70岁之间退休,我们可以把事业后期的起始时间定在55岁。到那个时候,一个人的事业道路通常相对稳定,虽然即使在这个时候人们的兴趣也可能还会有巨大的改变。我们已经强调过,要对自己不断进行自我评估,但55岁或者60岁左右是另外一个你需要回顾过去、严格审视自己的时刻。你对正在从事的工作仍然有兴趣吗?如果回答是肯定的,那太好了;面向未来,机会出现时审视并抓住机会。但是如果你已经焦头烂额,如果你已经无法忍受再看到另一批本科生的新面孔,再试图用你所属领域的知识去教授他们,如果你已经厌倦了研究——那么可能是到了重新评估自己选择的时刻了。

如果你决定不想再从事教学,就不要勉强自己。如果再继续教下去,你付出的努力和热情会越来越少。行动起来,离开学术界,让更年轻的一代人去接班。如果因为教学效果太差而使学生失去了学习的乐趣,代价就太大了。如果还喜欢从事研究工作,你也许可以继续担任研究教授,不过要自己提供经费。一些已经厌倦了教学的教授在正式退休后,还可以拥有自己的实验室,他们从自身的退休金计划中抽取研究经费。其他一些人则还能从外界获得资金作为研究经费。然而,有些大学没有办法再让业已退休的教师继续使用实验室,所以这个方案也许算不上是一种选择。关键在于,如果教学和学术已经不再让你激动,我们建议找些别的工作以发挥自己的能力,而不是在原来的工作上停滞不前。

对于老教师来说还有别的选择。我们已经探讨过可以在院系里或者在学校里担任行政工作。为自己的研究找到一个令人振奋的新方向、新目标,重塑一个全新的自我,在这个年纪也是有可能的。我们经过观察,发现许多年纪大的学者对于普通心理学以及自己所在具体领域的历史更感兴趣。可以考虑对自己的领域进行反思,撰写本领域的历史纵览,从时间上追溯某些思想和思潮运动的来龙去脉(你的年龄越大,亲身经历过的历史就越多)。对于明智的老教师来说,可以发挥另外一项非常有用的功能,即指导年轻教师。你可能在自己的院系里也曾经得到过指导,那么通过这种方式可以回报你的院系(或者给予他人你曾经希望得到的指导)。每个院系都需要一群富有经验的教师。年轻教师可以向他们寻求建议。

许多心理学家直到事业发展后期,仍然保持高产水平,在研究、教学和服务各个方面都作出巨大的贡献。所以只要下定决心,你没有原因不对自己充满同样的期待。不过,如果你发现自己的热情确实在消退,那么四处看看,寻找新的方向和工作。

退　休

退休的概念在大学教师中会引起不同的情感。在一些领域里,人们期待退休时刻的到来,他们经常尽早退休,以便"能够做真正想做的事情"。据我们观察,在活跃的大学教师中,相对来说较少的人拥有这样的感觉。他们已经在做他们真正想做的是——那正是他们选择这个领域和专业的原因。因此,退休看来可能是令人沮丧甚至是危险的概念:"如果退休了,我就不能够做我想做的事了。"

我们已经提过,在美国,对于大学教授的退休时间没有硬性的规定。不过,似乎仍然还有一个不成文的惯例,认为人们在 65 岁到 70 岁之间"应该"退休,理所当然地认为退休时间不该超过 75 岁。如果你不这么做,人们会认为你是个工作狂——如果你不是工作狂,那么人们会认为你是个绊脚石,妨碍那些研究生刚毕业的年轻人的工作。不过,对于超过 70 岁的人来说,保持活跃还有许多策略。在 21 世纪,有一个短语是"成功地变老"。许多退休的大学教师仍然很多产,还可以作出重要的贡献。有些人搬到某所大学附近的地方过退休生活,在该大学里还可以兼职,偶尔也能从事一些教学工作。其他人继续写作、评论,也可以和更年轻些的学者合作。写书、评论文章,或者编书也很有用。许多人通过在全国性的机构里任职等方式充分利用了过去 40 几年积累下来的智慧。

有一种策略有助于慢慢适应退休生活:即阶段性的退休方式。在真正退休的前几年,可以将教学减少至原来的一半。这样你就可以利用一些空闲时间去寻找新的方向和途径。有些人发现,当工作量更轻的时候,他们甚至能完成更多的学术工作。

还有一种选择,通常也是一种令人钦佩的选择,即选择退休生活,不要再往回看。你在学术界里可能已经度过了三十或四十几年,现在你将要告别旧的生活方式,进入到生命的另一个阶段。也许在一年里只会浏览一次期刊,只是看看在你所属领域里是否有惊人的新动向。

　　有关退休事宜,也许甚至比本章中涉及的任何其他话题更加因人而异,没有适用于所有情况的普遍原则。每个人必须找到适合自己的方式,处理好职业生涯中最后的事务,为职业生涯划上圆满的句号。

结　束　语

　　本章节已经对职业生涯进行了长远的规划。我们想传达的最重要的一点是在终身职位以外,我们还要规划好生活,并把生活安排得最充实。但是构成充实生活的要素对不同的人来说大不相同。所以我们需要不断评估自己的技能、目标,以及在各种各样的选择中(不管是学术圈内还是学术圈外的选择)审时度势,找到最适合自己的道路。

[本章作者:亨利·罗迪格三世　大卫·巴洛塔]

英汉译名对照表

Accessibility 可访问性
American Educational Research Association 美国教育研究协会
American Psychological Association 美国心理学协会
American Psychological Society 美国心理学学会
Annual Review of Psychology 《心理学评论年刊》
APS Observer 《APS 瞭望者》
Associate's Colleges 专科学校
Baccalaureate/Associate's Colleges 本科/专科学校
Baccalaureate Colleges—General 本科大学—普通
Baccalaureate Colleges—liberal Arts 本科大学—文科
Canadian Psychological Association 加拿大心理学协会
Carnegie Classification of Institutions of Higher Education 卡内基高等教育院校分类
Carnegie Foundation for the Advancement of Teaching 卡内基教学促进基金会
Catalog of Federal Domestic Assistance 《联邦国内资助机构目录》
Chronicle of Higher Education 《高等教育记事报》
citizen performance 公民行为
Cognitive Science 《认知科学》
College Teaching 《高校教学》
concept paper 项目意向书
Copyright Law 《版权法》
Death of a Salesman 《推销员之死》
Doctoral/Research University—Extensive 博士/研究型大学—广泛型
Doctoral/Research University—Intensive 博士/研究型大学—密集型
Doctoral I 博士一类院校
Doctoral II 博士二类院校
Grant writing 《资金申请写作指导》
Human factor 人因素
Journal of Personality and Social Psychology 《个性与社会心理学杂志》
Lawrence Erlbaum Associates 劳伦斯·厄尔美厄协会
Lexis-Nexus 律商联讯
Master's Colleges and Universities I 硕士学位授予一类院校
Master's Colleges and Universities II 硕士学位授予二类院校
Monitor on Psychology 《心理学监察》
Monitor 《监察》

National Academy of Science 国家科学院
National Fiction Administration 全国虚构管理局
National Institute of Health 国家卫生研究院
National Research Service Award 国家研究服务奖
National Science Foundation Graduate Fellowship 国家科学基金会研究生奖学金
Newsweek 《新闻周刊》
North American Free Trade Agreement 北美自由贸易协定
North Atlantic Treaty Alliance 北太平洋公约组织
Observer's Employment Bulletin 《观察者就业简讯》
Observer 《观察者》
Occupational Outlook Handbook 《职业前景手册》
Professional Membership 专业协会会员资格
Psychological Bulletin 《心理学公报》
Psychological Review 《心理评论》
Psychological Science 《心理科学》
Psychometrika 《心理测试学学报》
PsyInfo 心理学信息
Publication Manual of the American Psychological Association 《美国心理学协会出版手册》
Requests for Applications 征集申请
Requests for Proposals 征求课题申报
Research Ⅰ 研究型一类院校
Research Ⅱ 研究型二类院校
Science 《科学》
Scientific review administrator 学科评审执行官
Social Science Citation Index 社会科学引用索引
Specialized Institutions 专门院校
task performance 任务绩效
TEACH Act 《科技教育和版权协调法案》
The Academic Research Enhancement Award (AREA) 学术研究促进奖
The Compleat Graduate Student 《优秀研究生的成长之路》
The Elements of Style 《文体的要素》
The Los Angeles Times 《洛杉矶时报》
The Marathon Man 《跑马拉松的人》
The National Teaching and Learning Forum 《全国教学与学习论坛》
The New York Times 《纽约时报》
The Ontario Science Center 安大略科学中心
The San Francisco Exploratorium 旧金山探索馆
The Society of Personality and Social Psychology 个性与社会心理学学会
The Teaching Professor 《教学型教授》
U. S. C. 《美国法典》
wet lab 生物实验室

北京大学出版社教育出版中心
部分重点图书

一、北大高等教育文库·大学之道丛书
  美国文理学院的兴衰——凯尼恩学院纪实 〔美〕P. E. 克鲁格
  大学的逻辑(第三版) 张维迎 著
  我的科大十年(续集) 孔宪铎 著
  教育的终结——大学何以放弃了对人生意义的追求 〔美〕安东尼·克龙曼 著
  欧洲大学的历史 〔美〕威利斯·鲁迪 著
  美国高等教育简史 〔美〕约翰·赛林 著
  哈佛通识教育红皮书 〔美〕哈佛委员会 著
  知识社会中的大学 〔美〕杰勒德·德兰迪 著
  高等教育理念 〔美〕罗纳德·巴尼特 著
  知识与金钱——研究型大学与市场的悖论 〔美〕理查德·布瑞德雷 著
  美国大学时代的学术自由 〔美〕罗杰·盖格 著
  高等教育何以为"高"——牛津导师制教学反思 〔英〕大卫·帕尔菲曼 主编
  美国高等教育通史 〔美〕亚瑟·科恩 著
  现代大学及其图新 〔英〕谢尔顿·罗斯布莱特 著
  美国现代大学的崛起 〔美〕劳伦斯·维赛 著
  印度理工学院的精英们 〔印度〕桑迪潘·德布 著
  哈佛规则:捍卫大学之魂 〔美〕理查德·布瑞德雷 著
  美国大学之魂 〔美〕乔治·马斯登 著
  大学理念重审:与纽曼对话 〔美〕雅罗斯拉夫·帕利坎 著
  学术部落及其领地:知识探索与学科文化 〔英〕托尼·比彻 保罗·特罗勒尔 著
  麻省理工学院如何追求卓越 〔美〕查尔斯·韦斯特 著
  后现代大学来临? 〔英〕安东尼·史密斯
   弗兰克·韦伯斯特 主编
  高等教育的未来 〔美〕弗兰克·纽曼 著
  德国古典大学观及其对中国的影响 陈洪捷 著
  大学校长遴选:理念与实务 黄俊杰 主编
  转变中的大学:传统、议题与前景 郭为藩 著
  学术资本主义 〔美〕希拉·斯劳特
   拉里·L. 莱斯利 著
  美国公立大学的未来 〔美〕詹姆斯·杜德斯达 等著
  高等教育公司:营利性大学的兴起 〔美〕理查德·鲁克 著
  21世纪的大学 〔美〕詹姆斯·杜德斯达 著
  公司文化中的大学 〔美〕埃里克·古尔德 著
  什么是世界一流大学? 丁学良 著
  东西象牙塔 孔宪铎 著
  我的科大十年(增订版) 孔宪铎 著

美国高等教育质量认证与评估　　　　　　〔美〕美国中部州高等教育委员会 编

二、北大高等教育文库·大学之忧丛书
大学之用（第五版）　　　　　　　　　　〔美〕克拉克·克尔 著
废墟中的大学　　　　　　　　　　　　　〔加拿大〕比尔·雷丁斯 著
高等教育市场化的底线　　　　　　　　　〔美〕大卫·L.科伯 著

三、21世纪高校教师职业发展读本
给大学新教员的建议　　　　　　　　　　〔美〕罗伯特·博伊斯 著
学术界的生存智慧　　　　　　　　　　　〔美〕约翰·达利、〔加〕马克·扎纳、
　　　　　　　　　　　　　　　　　　　　〔美〕亨利·罗迪格(III)编
如何成为卓越的大学教师　　　　　　　　〔美〕肯·贝恩 著
给研究生导师的建议　　　　　　　　　　〔英〕萨拉·德兰蒙特、保罗·阿特金
　　　　　　　　　　　　　　　　　　　　森、奥德特·帕里 著
如何提高学生学习质量　　　　　　　　　〔英〕迈克尔·普洛瑟
　　　　　　　　　　　　　　　　　　　　基恩·特里格维尔 著

四、北大高等教育文库·管理之道丛书
世界一流大学的管理之道——大学管理决策与高等教育研究　　程星 著
美国的大学治理　　　　　　　　　　　　〔美〕罗纳德·G.艾伦伯格 编
成功大学的管理之道　　　　　　　　　　〔英〕迈克尔·夏托克 著

五、学术道德与学术规范系列读本(学习之道丛书)
科技论文写作快速入门　　　　　　　　　〔瑞典〕比约·古斯塔维 著
给研究生的学术建议　　　　　　　　　　〔英〕戈登·鲁格 玛丽安·彼得 著
如何撰写和发表社会科学论文　　　　　　蔡今中 著
学术道德学生读本　　　　　　　　　　　〔英〕保罗·奥利弗 著
做好社会研究的10个关键　　　　　　　　〔英〕马丁·丹斯考姆 著
阅读、写作与推理：学生指导手册　　　　〔英〕加文·费尔贝思
　　　　　　　　　　　　　　　　　　　　克里斯托弗·温奇 著
如何为学术刊物撰稿：写作技能与规范(英文影印版)　〔英〕罗薇娜·莫瑞 著
如何撰写和发表科技论文(英文影印版)　　〔美〕罗伯特·戴
　　　　　　　　　　　　　　　　　　　　巴巴拉·盖斯特尔 著
社会科学研究的基本规则　　　　　　　　〔英〕朱迪思·贝尔 著
如何查找文献　　　　　　　　　　　　　〔英〕莎莉·拉姆奇 著
如何写好科研项目申请书　　　　　　　　〔美〕安德鲁·弗里德兰德
　　　　　　　　　　　　　　　　　　　　卡罗尔·弗尔特 著

六、北大高等教育文库·学问之道丛书
高等教育研究：进展与方法　　　　　　　〔美〕马尔科姆·泰特 著
比较教育研究：路径与方法　　　　　　　贝磊 鲍勃 梅森 著
比较教育中的话语形成　　　　　　　　　〔德〕于尔根 施瑞尔 著
教育研究方法：实用指南　　　　　　　　〔美〕乔伊斯·P.高尔 等著
社会研究：问题、方法与过程　　　　　　〔英〕迪姆·梅 著